RESPONSABILIDADE CIVIL EXTRACONTRATUAL

GABRIEL DE FREITAS MELRO **MAGADAN**

RESPONSABILIDADE CIVIL EXTRACONTRATUAL

CAUSALIDADE JURÍDICA
Seleção das Consequências do Dano

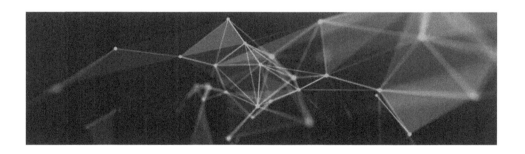

Editora dos Editores

©TODOS OS DIREITOS RESERVADOS A EDITORA DOS EDITORES LTDA.

Produção Editorial: Pé de Lima Comunicação e Treinamento Ltda-ME

```
Dados Internacionais de Catalogação na Publicação (CIP)
              Angélica Ilacqua CRB-8/7057

Magadan, Gabriel De Freitas Melro
    Responsabilidade civil extracontratual : causalidade
jurídica : seleção das consequências do dano / Gabriel De
Freitas Melro Magadan. -- São Paulo : Editora dos Editores,
2019.
    232 p.

Bibliografia
ISBN 978-85-85162-07-8

1. Causalidade (Direito) 2. Responsabilidade (Direito)
3. Danos (Direito) I. Título

18-2121                                         CDU 346.03
```

Índices para catálogo sistemático:
1. Direito : Danos : Causalidade 346.03

RESERVADOS TODOS OS DIREITOS DE CONTEÚDO DESTA PRODUÇÃO.
NENHUMA PARTE DESTA OBRA PODERÁ SER REPRODUZIDA ATRAVÉS DE QUALQUER MÉTODO, NEM SER DISTRIBUÍDA E/OU ARMAZENADA EM SEU TODO OU EM PARTES POR MEIOS ELETRÔNICOS SEM PERMISSÃO EXPRESSA DA EDITORA DOS EDITORES LTDA, DE ACORDO COM A LEI Nº 9610, DE 19/02/1998.

Este livro foi criteriosamente selecionado e aprovado por um Editor científico da área em que se inclui. A **Editora dos Editores** assume o compromisso de delegar a decisão da publicação de seus livros a professores e formadores de opinião com notório saber em suas respectivas áreas de atuação profissional e acadêmica, sem a interferência de seus controladores e gestores, cujo objetivo é lhe entregar o melhor conteúdo para sua formação e atualização profissional.

Desejamos-lhe uma boa leitura!

EDITORA DOS EDITORES
Rua Marquês de Itu, 408 – sala 104 – São Paulo/SP
CEP 01223-000
Rua Visconde de Pirajá, 547 – sala 1.121 – Rio de Janeiro/RJ
CEP 22410-900

+55 11 2538-3117
contato@editoradoseditores.com.br
www.editoradoseditores.com.br

Para Lucila, Marina e Lucas.

PREFÁCIO

EUGÊNIO FACCHINI NETO

1. O AUTOR.

Conheci Gabriel de Freitas Melro Magadan ao participar, na condição de docente externo, inicialmente de sua banca de qualificação de doutoramento e, na sequência, de sua banca de defesa de tese na Faculdade de Direito da UFRGS.

Impressionou-me, nessas ocasiões, a segurança mostrada pelo então doutorando, ao tratar de um dos temas mais áridos e complexos da responsabilidade civil, o nexo de causalidade, tanto que posteriormente o convidei para lecionar essa disciplina no Curso de Especialização em Contratos e Responsabilidade Civil, que co-coordeno na Escola de Direito da PUC/RS.

Gabriel Magadan formou-se em Direito pela PUC/RS em 1997. Posteriormente, foi bolsista do programa "Alfa Tanta" da União Europeia, proposto para a elaboração de um Código Tipo Único em matéria de "Responsabilidade Civil" para a América Latina, durante o período de 1999 e 2000, em Roma, onde concluiu o "Mestrado em Direito Romano e Civil" na Università di Roma 'Tor Vergata', título reconhecido pela USP. Na sequência, frequentou e concluiu seu Curso de Doutorado em Direito Civil, pela UFRGS, defendendo sua tese em 2016. Ainda na área acadêmica, iniciou Mestrado em Relações Internacionais na UFRGS em 2002 (incompleto), tendo participado do curso de "Diritto del Commercio Internazionale" na Universidade 'La Sapienza', em Roma, e do "International Comercial Litigation and Arbitration" na London School of Economics (LSE), em Londres. Além da atividade jurídica, estudou jornalismo na PUC/RS, tendo participado como membro da equipe editorial da *Rivista Next*, sob a coordenação editorial do sociólogo italiano Domenico De Masi.

Gabriel exerce intensa atividade advocatícia em Porto Alegre e é sócio da Magadan e Maltz Advogados desde 2003. Trabalhou também na área de direito internacional privado na cidade de São Paulo.

Seguindo recomendação dos membros da banca de doutoramento, sua tese acadêmica agora ganha formato de livro, para grande proveito dos leitores interessados neste importante tema.

2. O TEMA.

O objeto central da obra que ora vem à luz diz respeito à causalidade jurídica. O tema da causalidade vem ganhando cada vez mais atenção na doutrina contemporânea, tanto estrangeira quanto brasileira, especialmente após o aumento dos casos de responsabilidade objetiva. Sabe-se que a necessidade de prova da culpa, durante muito tempo, foi o filtro que impedia o sucesso de demandas indenizatórias. Com o declínio da culpa, a defesa dos demandados em ações de responsabilidade civil coloca maior ênfase na discussão sobre o outro pressuposto da responsabilidade civil, qual seja, a necessidade da existência de um vínculo causal entre uma conduta e o dano.

A originalidade do enfoque do autor consiste em dar maior atenção não à causalidade enquanto pressuposto do dever de indenizar, mas sim na sua função de indicar os danos pelos quais se responde, ou, nas palavras do autor, na *seleção das consequências danosas*. É essa função que Gabriel Magadan denomina *causalidade jurídica*.

Após rever, com olhar crítico, as clássicas teorias da causalidade, o autor analisa a função e os elementos da causalidade jurídica, informa o leitor sobre o estado da discussão do tema no âmbito europeu e depois aprofunda o estudo da questão no direito brasileiro, onde o tema tradicionalmente foi pouco desenvolvido pela doutrina clássica, talvez em virtude dos escassos aportes normativos fornecidos pelo legislador. Um dos capítulos mais interessantes da obra diz respeito aos *hard cases* relacionados ao tema, como o alcance virtual da causalidade, o dano em ricochete, a perda de chance e a probabilidade na seleção de danos.

Para este prefaciador, este último tema, o da probabilidade em matéria de nexo de causalidade, é fascinante. Sempre se entendeu ser o nexo de causalidade um pressuposto inafastável da responsabilidade civil. Na ausência de prova convincente de que o dano efetivamente tenha decorrido de alguma conduta imputada ao réu, a pretensão indenizatória seria desacolhida. Mais recentemente, porém, vêm surgindo teorias que claramente apontam para a flexibilização deste pressuposto da responsabilidade civil, aceitando-se, em certas situações, a lógica da probabilidade.

De fato, a relação causal indica se há responsabilidade, quem é o responsável e por quais danos deve responder.[31] Não há necessidade, porém, de que a prova seja absolutamente incontroversa. Procura-se aliviar tal encargo probatório mediante presunções, pois a dúvida científica sobre uma relação causal não pode sistematicamente

---

[31] MIRANDA BARBOSA, Ana Mafalda Castanheira Neves de. **Responsabilidade civil extracontratual:** novas perspectivas em matéria de nexo de causalidade. Cascais/Portugal: Principia, 2014, p. 9.

ser um obstáculo ao acolhimento da pretensão,[32] já que, do ponto de vista da justiça, tanto é injusta a condenação de quem não contribuiu para o dano, como deixar-se sem reparação quem sofreu um dano para o qual igualmente em nada contribuiu.

A doutrina mais atenta vem referindo que ainda que haja suficiente conhecimento científico vinculando genericamente determinadas condutas a determinados tipos de danos, por vezes é difícil, ou quase impossível, fazer a vinculação específica entre a conduta e o dano.[33] Por isso, tem se procurado garantir reparações por meio da alteração dos parâmetros prevalecentes do raciocínio jurídico sobre o nexo de causalidade.

No mundo da *Common Law*, costuma-se distinguir o grau de rigor probatório exigido em ações criminais (onde se exige o *standard* do "beyond any reasonable doubt"), daquele exigido em demandas cíveis, onde se contenta com uma "balance of probabilities".[34] Honoré[35] refere que quem expõe a sociedade a certos riscos deve ser tido como responsável caso o dano se concretize, havendo um vínculo probabilístico entre eles.

Na Alemanha, costuma-se fazer uma diferenciação, quanto à prova da causalidade, entre o nexo causal vinculando o dano à conduta do agente e o nexo causal entre o dano em si e as demais consequências derivadas do dano. Enquanto o primeiro exige uma prova robusta, para a definição do segundo o magistrado pode contentar-se com um nível razoável de convicção sobre a causalidade.[36]

O exame de experiências estrangeiras demonstra que paulatinamente se vem abandonando o modelo da exigência de certeza absoluta para se poder acolher uma pretensão autoral. Admitem-se raciocínios probabilísticos, troca-se a verdade (inatingível) pela verossimilhança, levam-se a sério os dados estatísticos fornecidos pela ciência.

Algumas das teorias e práticas já são conhecidas há tempos; outras são mais recentes. Todas têm em comum o fato de que o acolhimento da pretensão reparatória não resulta de uma certeza do julgador, mas sim de um juízo de probabilidade.

---

[32] QUÉZEL-AMBRUNAZ, Christophe. **Essai sur la causalité em droit de la responsabilité civile**. Paris: Dalloz, 2010, p. 690.

[33] MARTÍN-CASALS, Miquel; PAPAYANNIS, Diego M. (ed.). **Uncertain causation in tort law**. Cambridge: Cambridge University Press, 2016, p. 2.

[34] TURTON, Gemma. **Evidential uncertainty in causation in negligence.** Oxford: Hart Publishing, 2016, p. 83.

[35] HONORÉ, Anthony Maurice. **Causation and remoteness of damage**. Chapter 7 do Vol. XI (TORTS, coord. por André Tunc), da International Encyclopedia of Comparative Law. Tubingen: J. C. B. Mohr (Paul Siebeck), 1983, p. 58.

[36] VAN DAM, Cees. **European tort law**. Oxford: Oxford University Press, 2006, p. 270; e WINIGER, Bénédict; KOZIOL, Helmut; KOCH, Bernhard A.; ZIMMERMANN, Reinhard (eds.). Digest of European Tort Law – Vol. 1: **Essential cases on natural causation**. Wien: Springer-Verlag, 2007, p. 594).

Dentre as mais antigas e conhecidas, citam-se a *teoria da causalidade alternativa,* a *doutrina da perda de uma chance,* a *doutrina da res ipsa loquitur,* a *doutrina do market share liability,*[37] a *teoria da redução do módulo probatório,* algumas delas analisadas na obra ora prefaciada.

Dentre as demais teorias, merece destaque a do *dano probatório (evidential damage),*[38] segundo a qual, em simplificada síntese, responde o agente por ter criado uma complexidade probatória por meio de sua conduta. Disso decorreria a autonomização de um dano – o dano probatório – para os seguintes casos: a) *Casos em que o agente não é identificável* (dois caçadores disparam e apenas um atinge a vítima; casos de *market share liability*; b) *Casos em que o lesado não é identificável* (ex.: uma fábrica emite radiações que podem causar câncer, havendo a probabilidade estatística de a incidência de câncer, na área, aumentar em 25%, sem que se possa identificar, dentre as pessoas que contraíram câncer depois de a fábrica começar a funcionar, quem adoeceu por causa da radiação e quem adoeceu por outras causas); c) *Casos em que o dano foi causado por vários agentes, separadamente, sem que se possa saber qual parte do dano foi causado por qual agente*; d) *Casos em que o dano é originado por um ato ilícito e também por uma causa alheia, sem se conseguir determinar a medida em que cada um dos eventos contribuiu para o dano.* Em todas as hipóteses aventadas pelos autores, está presente o elemento da incerteza, contentando-se o julgador com um juízo de probabilidade.

O direito anglo-americano conhece a teoria da *preponderance of the evidence* ou da *more probable than not.* Trata-se de uma técnica de balanceamento de probabilidades. O *standard* utilizado para julgamento de situações em que não se tem certeza da real situação em disputa é simbolizado pela proposição de que uma versão é "more likely to be true than not true" (em tradução livre: mais provável que seja verdadeira do que não seja).

A *teoria da presunção de causalidade* é baseada no mecanismo do cálculo de probabilidade estatística. Segundo tal teoria, em casos de atividade impregnada de risco, resultando um dano tipicamente associado à referida atividade, em sendo impossível ou difícil a prova do nexo de causalidade, pode e deve o julgador contentar-se com um juízo de probabilidade estatística quanto à relação causal.[39]

---

[37] No campo do direito ambiental, desenvolveu a *pollution-share liability.* Segundo essa adaptação, sendo impossível demonstrar qual a instalação industrial concretamente causou o dano, pode-se responsabilizar todas as plantas industriais que poderiam ter causado a poluição, na proporção das respectivas emissões, sem necessidade de demonstrar qual emissão concretamente conduziu ao dano (OLIVEIRA, Ana Perestrelo de. **Causalidade e imputação na responsabilidade civil ambiental**. Coimbra: Almedina: 2007, p. 31).

[38] PORAT, Ariel; STEIN, Alex. **Tort liability under uncertainty**. Oxford: Oxford University Press, 2001.

[39] MULHOLLAND, Caitlin Sampaio. **A responsabilidade civil por presunção de causalidade**. Rio de Janeiro: G/Z Editora, 2010, p. 278-279.

PREFÁCIO | XI

Na França, tal teoria vem sendo consistentemente aplicada pela Corte de Cassação, que reconhece a presença de nexo de causalidade quando houver a presença de *sérias, precisas e concordantes* presunções de causalidade.[40]

As chamadas *teorias probabilísticas* admitem a convicção judicial baseada em probabilidades estatísticas.[41] Em terras lusitanas, Canotilho[42] defende a possibilidade de se aceitar a causalidade probabilística. Embora refira que "só existe responsabilidade civil se houver provada a existência de uma relação causa-efeito entre o fato e o dano", contenta-se, porém, com uma "causalidade probabilística".

Na Itália, Infantino[43] aborda as *teorie probabilistiche*, referindo que essas teorias procuram evitar que uma obscuridade probatória sobre os acontecimentos resulte sempre em julgamento desfavorável ao autor. Aceita-se que um fato possa ser considerado causa de um resultado negativo se for alta a probabilidade, à luz de estatísticas científicas, de que este último tenha ocorrido em razão da presença do primeiro. Ainda em solo peninsular, Bordon[44] refere julgamentos que aceitam a *teoria della causalità scientifica*. Cita julgamento das Seções Criminais Unidas da Corte de Cassação (n. 30328, de 11.9.2002,), que assim dispôs: "O saber científico sobre o qual o juiz pode embasar suas decisões é constituído tanto por 'leis universais' (muito raras, na verdade), que identificam no encadeamento de determinados eventos uma invariável regularidade sem exceções, como por 'leis estatísticas', que se limitam a afirmar que a verificação de um efeito decorre da identificação de certo evento num certo percentual de casos e com uma relativa frequência".

Porat e Stein[45] analisam dois importantes casos britânicos julgados pela *Court of Appeal* e um terceiro caso (*Fairchild*), julgado pela então *House of Lords*. Segundo eles, os julgamentos nos casos *Holtby*, *Allen* e *Fairchild* representam decisões re-

---

[40] GOLDBERG, Richard. Using scientific evidence to resolve causation problems in product liability: UK, US and French Experiences. In: GOLDBERG, Richard (ed.). **Perspectives on causation**. Oxford: Hart Publishing, 2011, p. 178.; VINEY, Geneviève. Responsabilidade Civil por Ato Ilícito. In: BERMANN, George A.; PICARD, Etienne. **Introdução ao direito francês**. Tradução de Teresa Dias Carneiro. Rio Janeiro: Forense, 2011, p. 303.

[41] Interessante perceber a diferença como raciocina o profissional da estatística e o profissional do direito sobre a questão da causalidade: "statistician think of causality as an uncertain relation that needs to be described and qualified probabilistically, while lawyers may be more naturally inclined to a fundamentally deterministic view" (DAWID, Philip. The role of scientific and statistical evidence in assessing causality. In: GOLDBERG, Richard (ed.). **Perspectives on causation**. Oxford: Hart Publishing, 2011, p. 133.

[42] GOMES CANOTILHO, José Joaquim. **Introdução ao direito do ambiente**. Lisboa: Universidade Aberta, 1998, p. 142.

[43] INFANTINO, Marta. **La causalità nella responsabilità extracontrattuale**: studio di diritto comparato. Napoli: ESI, 2012, p. 115.

[44] BORDON, Raniero. **Il nesso di causalità**. Torino: UTET, 2006, p. 50s.

[45] PORAT, Ariel; STEIN, Alex. Indeterminate causation and apportionment of damages: an essay on Holtby, Allen, and Fairchild. In: **Oxford Journal of Legal Studies**, vol. 23, n. 4 (Winter), 2003, p. 667-702.

volucionárias, abordando um aspecto importante do problema da indeterminação do nexo de causalidade. Neles, as cortes britânicas abandonaram a tradicional abordagem binária, segundo a qual o autor obtém a reparação da totalidade do seu dano, ou nada recebe, substituindo-a pelo princípio da indenização proporcional, em que o réu repara os danos sofridos pelo autor na proporção de sua participação estatística na produção de tal dano.

O Tribunal de Justiça da União Europeia, em julgamento realizado em 21/06/2017, considerou que vacinas podem ser causa de uma doença, mesmo na ausência de evidências científicas que confirmem tal relação. O caso envolvia um cidadão francês (J.W.) que em 1998 vacinou-se contra hepatite B. Um ano depois, desenvolveu esclerose múltipla. Como ele, até então, tinha uma perfeita saúde e não havia histórico familiar da doença, atribuiu à vacina sua doença. Ajuizou uma ação indenizatória contra o laboratório Sanofi Pasteur, fabricante da vacina, em 2006 e faleceu em 2011. Sua pretensão foi acolhida em primeiro grau (Tribunal de Primeira Instância de Nanterre), mas a decisão foi revertida pela Corte de Apelações de Paris, sob o argumento de que inexistia prova do nexo causal entre a vacinação e a doença. Após alguns desdobramentos processuais, a Corte de Cassação francesa solicitou a manifestação do Tribunal de Justiça da União Europeia, pois o caso envolvia potencial aplicação de normas comunitárias sobre responsabilidade do produtor. O TJUE entendeu que, como não havia qualquer outra explicação para a doença, mesmo na ausência de provas concretas sobre o nexo de causalidade era possível a responsabilização do fabricante, havendo prova consistente sobre o bom estado de saúde prévio da vítima, a ausência de histórico familiar da doença e a existência de outros casos semelhantes, como era o caso em tela.[46] Determinou, assim, que o caso fosse julgado pela justiça francesa à luz dessa orientação.[47]

---

[46] Segundo o T.J.U.E., "a proximidade de tempo entre a administração de uma vacina e o surgimento de uma doença, a inexistência de antecedentes médicos pessoais e familiares de uma pessoa vacinada e a existência de um número significativo de casos registrados de apariço de tal doença em seguida à administração de referida vacina podem constituir, em seu caso, indícios suficientes para constituir tal prova". A ementa do acórdão está assim redigida: "«Reenvio prejudicial – Diretiva 85/374/CEE – Responsabilidade decorrente de produtos defeituosos – Artigo 4.º — Laboratórios farmacêuticos - Vacina contra a hepatite B – Esclerose múltipla – Provas do defeito da vacina e do nexo causal entre o defeito e o dano sofrido – Ónus da prova — Meios de prova — Inexistência de consenso científico – Indícios graves, precisos e concordantes deixados à apreciação do juiz que conhece do mérito – Admissibilidade – Requisitos» – disponível no site oficial do tribunal, no seguinte endereço http://curia.europa.eu/juris/document/document.jsf?text=hepatite%2BB&docid=192054&pageIndex=0&doclang=PT&mode=req&dir=&occ=first&part=1&cid=77345#ctx1, acesso em 02/09/2018.

[47] Sobre as inúmeras demandas francesas envolvendo doenças alegadamente vinculadas à vacina contra hepatite B, veja-se BORGHETTI, Jean-Sébastien. Litigation on hepatitis B vaccination and demyelinating diseases in France – Breaking through scientific uncertainty?. In: MARTÍN-CASALS, Miquel; PAPAYANNIS, Diego M. (ed.). **Uncertain causation in tort law**. Cambridge: Cambridge University Press, 2016, p. 11/42.

Percebe-se, assim, uma diversidade de teorias que sustentam ser possível o julgamento favorável a determinadas pretensões reparatórias, mesmo sem uma convicção absoluta sobre o nexo causal vinculando um dano a uma conduta. Corroborando isso, em obra comparativa sobre as mudanças na concepção de prova do nexo de causalidade, Sandy Steel[48] refere que enquanto na França e na Alemanha a questão do standard exigível para o convencimento passa pelos expedientes da inversão do ônus da prova ou da redução do standard probatório, na Inglaterra a questão é vista como uma alteração do próprio conceito de causa em contextos particulares.

Doutrina, jurisprudência e até mesmo a legislação vêm lentamente, mas com firmeza, aceitando que se acolham demandas indenizatórias mesmo sem provas contundentes sobre o nexo de causalidade entre uma conduta e determinado dano.

Se o dano é certo, e se estatisticamente aquele dano encontra-se ligado a determinada atividade do demandado, dentro de um grau elevado de probabilidade científica, então é mais aceitável acolher-se a pretensão condenatória, mesmo sem provas inequívocas, do que se deixar a vítima permanecer com o dano para o qual ela comprovadamente não deu causa.

Todavia, analisar mais profundamente o tema e suas implicações não é a tarefa desse prefaciador, que já pecou pela falta de isenção, pois se apaixonou pela matéria e alongou-se em tamanho. A mesma paixão certamente tomará conta do leitor que teve a bondade de seguir até aqui, pois igualmente será cativado pelo tema e pela maneira de abordá-lo, com maestria e conhecimento de causa, pelo autor.

Eugênio Facchini Neto
Professor titular dos Cursos de Mestrado e Doutorado em Direito da PUC/RS
Doutor em Direito Comparado pela Universidade de Florença (Itália)
Mestre em Direito Civil pela Universidade de São Paulo
Desembargador no Tribunal de Justiça do Rio Grande do Sul

---

[48] STEEL, Sandy. **Proof of causation in tort law**. Cambridge: Cambridge University Press, 2015, p. 376.

PREFÁCIO

JUDITH MARTINS-COSTA

Sendo o Direito ciência prática, seus institutos – produtos de uma técnica que há milênios se renova continuamente – têm, necessariamente, determinada função, pois se não a tiverem, simplesmente não fazem sentido. Seriam meros ornamentos intelectuais, e não *artefatos do pensamento* para que os juristas e as instituições jurídicas pudessem agir na realidade. Ninguém põe em dúvida, porém, que os institutos e as regras jurídicas "são objetos de *pensamento* e momentos da *vida*",[49] e, como tal, são pensados, vividos e transformados continuamente através das gerações. Conquanto flexíveis, são (devem ser) *identificáveis*, e não rótulos vazios a preencher com qualquer conteúdo. Sua identificação se dá, fundamentalmente, pelo recorte da função principal a que estão voltados, sendo esse o traço que os peculiariza.

Adotada esta perspectiva, parece ainda consensual afirmar ser *função primordial* da disciplina da Responsabilidade Civil – aquela que identifica a sua singularidade como instituto jurídico – a de determinar, por meio de pressupostos de configuração e critérios racionalmente apreensíveis, quais são os eventos danosos que devem ser transferidos da vítima ao autor do dano,[50] e quem por eles deve responder. Quem responde, responde por existir uma *relação causal* entre ato ou omissão a si imputável pelo Direito e o resultado danoso para a vítima. Isto porque, embora possa haver – excepcionalmente – o nascimento do dever de indenizar mesmo na ausência de antijuridicidade ("responsabilidade por ato lícito"), o certo é que não há, em nenhuma hipótese, responsabilidade sem nexo causal *direto e imediato*, entre a ação antijurídica do lesante e o dano sofrido pelo lesado.

É deste pressuposto inafastável da responsabilidade civil – o nexo de causalidade – que se ocupa Gabriel de Freitas Melro Magadan em seu primeiro livro

---

[49] PONTES DE MIRANDA, Francisco Cavalcanti. *Tratado de direito privado*. Tomo I. Atualizado por Judith Martins-Costa, Jorge Cesa Ferreira da Silva e Gustavo Haical. São Paulo: Revista dos Tribunais, 2012, § 2, p. 67.

[50] ZWEIGERT, Konrad; KÖTZ, Hein. *Introduzione al diritto comparato*. Vol. II. Milano: Giuffrè, 1998, p. 31, como segue: "(...) il compito principale della disciplina della responsabilità per fatto illecito consiste nel definire, tra gli innumerevoli eventi dannosi che occorrono quotidianamente, quali di essi debbano essere trasferiti dal danneggiato all'autore del danno, conformemente alle idee giustizia ed equità dominanti nella società".

de doutrina, fruto de muito exitosa tese de doutorado defendida na Faculdade de Direito da UFRGS sob a sempre competente e cuidadosa orientação da Professora Vera de Fradera.

O trabalho que agora tenho a alegria de prefaciar é dotado de relevância prática, mas não é um "manual de instruções", pois o Autor não se isenta de mencionar as referências teóricas pertinentes. A razão de sua utilidade prática está em que se ocupa Gabriel Magadan por *oferecer critérios* para aquela que apoda como "segunda função" do nexo causal na responsabilidade civil extracontratual, qual seja: a função de apurar as consequências advindas do dano.

Como é sabido, são funções do nexo de causalidade *determinar a quem* se deve atribuir o resultado danoso de outro e *informar quais* são os danos que devem ser ressarcidos, então servindo como medida da indenização. Normalmente, os doutrinadores se ocupam da primeira dessas duas funções,[51] apontando como e com base em qual formulação teórica deve ser traçado o nexo que liga o autor de determinado ato ilícito (por princípio) a determinado resultado danoso, pois nexo causal não é a causa, mas a relação "de natureza lógico-normativa, e não fática – entre dois fatos (ou dois conjuntos de fato): a conduta do agente e o resultado danoso".[52] Porém, como a causalidade jurídica, ou *causalidade normativa*, é inconfundível com a causalidade física, ou naturalista, é preciso que o intérprete se guie por critérios dogmaticamente fundados. Do contrário, recairia na incerteza, primeiro passo para o arbítrio, que é o avesso do Direito.

Aí reside o primeiro mérito do trabalho de Gabriel Magadan: *oferecer critérios* permissivos da seleção das consequências indenizáveis na responsabilidade civil, é dizer: que permitam apurar "até onde" se estendem as consequências jurídicas objeto de indenização. Para tanto, após tracejar as origens do problema da causalidade e discernir entre aquela dupla função que lhe é cometida, trata da causalidade em si – referindo as diversas formulações teóricas e os seus elementos – apresentando,

---

[51] Ressalve-se, dentre outros, a excelente monografia de CRUZ, Gisela Sampaio da. *O problema do nexo causal na responsabilidade civil.* Rio de Janeiro: Renovar, 2005, p. 22 ss.

[52] Assim o STF, pelo voto do Min. Teori Zavaski (STF, REsp. n. 843.060/RJ), ementa *in verbis*: "Por nexo causal entende-se a relação – de natureza lógico-normativa, e não fática – entre dois fatos (ou dois conjuntos de fato): a conduta do agente e o resultado danoso. Fazer juízo sobre nexo causal não é, portanto, resolver prova, e sim estabelecer, a partir dos fatos dados como provados, a relação lógica (causa e efeito) que entre eles existe (ou não existe). Trata-se, em outras palavras, de pura atividade interpretativa, exercida por raciocínio lógico e à luz do sistema normativo. Daí não haver qualquer óbice de enfrentar, se for o caso, mesmo nas instâncias extraordinárias (recurso especial ou recurso extraordinário), as questões relativas. Nesse ponto, é pacífica a jurisprudência assentada no STF (especialmente a tratar da responsabilidade civil do Estado), no sentido de que o exame do nexo causal, estabelecido por fatos tidos como certos, constitui típica atividade de qualificação jurídica desses fatos e não exame de prova. Paradigmático, nesse sentido, o precedente do RE 130.764, 1ª Turma, Min. Moreira Alves, *DJ* de 07.08.92.433".

por fim, um cuidadoso exame da seleção das consequências pela via da causalidade jurídica.

Nesse ponto está, no meu modo de ver, o ponto alto do livro. Oferece o Autor a individualização de elementos integrantes da causalidade jurídica, visando a verificação, apuração, extensão e delimitação das consequências dos danos decorrentes da responsabilidade civil extracontratual subjetiva.

Como bem observa Magadan, "a profusão de escritos e derivações teóricas tem contribuído, paradoxalmente, para um emaranhado de proposições que resultam na incompreensão dos conceitos e na desarticulação de ideias", não sendo incomum, infelizmente, ser o nexo causal apreendido com base em mera percepção intuitiva e baseada em bom senso.[53] Porém, na ausência de critérios, a própria função prática do nexo causal, a utilidade que pode proporcionar no julgamento dos casos concretos, fica prejudicada. Daí o valor da tese ao tratar a causalidade jurídica como *modelo dogmático*.

Como não canso de anotar, a elaboração e o desenvolvimento dos modelos dogmáticos é a tarefa primeira da doutrina jurídica.[54] É "objeto primordial" da Dogmática Jurídica "a análise das significações" dos modelos jurídicos, "de sua linguagem específica, bem como do papel e das funções que eles desempenham como elementos componentes das estruturas normativas fundamentais, integradas, por sua vez, no macromodelo do ordenamento jurídico".[55] É mister da doutrina atuar como instância de orientação e reflexão, formulando, com base no sistema e nos parâmetros oferecidos pela Ciência do Direito, *modelos dogmáticos* (também ditos "modelos hermenêuticos") os quais servem para explicitar, confirmar, sistematizar, propor, e corrigir os modelos prescritivos (legais, jurisprudenciais, costumeiros, negociais) em vigor. Bem por isso, é útil a doutrina (e só é útil a doutrina) quando se ocupa com diligência e rigor da dogmática, este verdadeiro "núcleo da investigação científica no âmbito do direito",[56] tecido e permanentemente reconstruído a partir da reflexão sobre o sistema e a atenção à prática, objeto empírico da dogmática jurídica.

Este trabalho foi feito por Gabriel Magadan ao explicitar um modelo jurídico que utiliza a causalidade jurídica como critério jurídico-conceitual na apreciação

---

[53] GUEDES, Gisela Sampaio da Cruz. *Lucros cessantes*: do bom-senso ao postulado normativo da razoabilidade. São Paulo: Revista dos Tribunais, 2011, p. 339-344.

[54] MARTINS-COSTA, Judith. Autoridade e utilidade da doutrina: a construção dos modelos doutrinários. In: *Modelos de direito privado*. São Paulo: Marcial Pons, 2014, p. 10. Ainda em: Como harmonizar os modelos jurídicos abertos com a segurança jurídica dos contratos? (notas para uma palestra). In: *Revista Brasileira de Direito*. Rio de Janeiro, IBDCivil, vol. 5. Jul./Set. 2015, p. 67-76.

[55] Assim, REALE, Miguel. Vida e morte dos modelos jurídicos. em: *Estudos e filosofia e ciência do direito*. São Paulo: Saraiva, 1978, p. 16.

[56] NOBRE, Marcos. *Apontamentos sobre a pesquisa em direito no Brasil*. (Cadernos de Pesquisa). São Paulo: Publicações EDESP/FGV, 2004, p.12.

das consequências do dano, a fim de fixar-se sua extensão e seus limites. O modelo proposto inclui, como *critério* afeito ao sistema subjacente ao Código Civil vigente, a *probabilidade do dano*. Porém, bem discerne Magadan entre probabilidade e causalidade, não apenas porque assim o é na Teoria da Ciência,[57] quanto pela circunstância de, também no Direito, o significado e as funções das ideias de "probabilidade" não serem unívocos. No Direito Probatório, por exemplo, a probabilidade atine à existência de razões para sustentar-se que um enunciado é verdadeiro ou falso; na Responsabilidade Civil, quando invocado o juízo abstrato (*id quod plerumque accidit*), serve o conceito de probabilidade para auxiliar na seleção, dentre as condições *sine qua non* de um evento danoso, daquela que possui idoneidade para provocá-lo. Nesse caso, sua função não é a de *substituir* a causalidade tal qual prevista no art. 403 do Código Civil, mas de atuar como um elemento seletivo auxiliar (*juízo de probabilidade*[58]) no recorte da causa e, por consequência, no estabelecimento do nexo de causalidade.

Bem se vê assim que, ao oferecer a probabilidade como critério auxiliar à fixação da relação causal, Gabriel Magadan *não escorrega* na chamada "probabilidade estatística", doutrina que, para além de carecer de amparo no Direito Civil brasileiro (mais aparentando servir, de modo instrumental, para finalidades de política do direito[59]), deriva de fundas confusões entre culpa e causa; entre "probabilidade" como figura da linguagem comum, da linguagem jurídica e da linguagem científica; e, mesmo, de incorreta equiparação entre "probabilidade" e "verossimilhança"[60]; e, ainda, entre

---

[57] Como acertadamente refere Otavio Luis Rodrigues Junior, desde os escritos de Andrei Nikolaievich Kolmogorov (matemático russo que em 1932 publicou *Grundbegriffe der Wahrscheinlichkeitsrechnung*, obra seminal sobre a probabilidade) não se confundem causalidade e probabilidade: do ponto de vista da Ciência, a causalidade "converteu-se em um caso específico de probabilidade" (vide: RODRIGUES, Otávio Luiz Junior. Nexo causal probabilístico: elementos para a crítica de um conceito. *Revista de Direito Civil Contemporâneo*, vol. 8, 2016, p. 115-127). Para um exame, ainda, do tema da probabilidade na responsabilidade civil, ver, também: CARPES, Artur Thompsen. *A prova do nexo de causalidade na responsabilidade civil*. São Paulo: Revista dos Tribunais, 2016, p. 136-155.

[58] ALMEIDA COSTA, Mário Júlio. *Direito das obrigações*. 10. ed. Coimbra: Almedina, 2006, p. 763; MARTINS-COSTA, Judith. *Comentários ao Novo Código Civil*. Vol. V. Tomo II. Rio de Janeiro: Forense, 2009, p. 203-208; REALE JR., Miguel. *Instituições de direito penal*. Rio de Janeiro: Forense, 2002, p. 248-249.

[59] Similar alerta é feito por Taruffo em relação ao Direito italiano, tendo em vista a importação acrítica de conceitos norte-americanos em tema de causalidade e probabilidade. Porém, avisa, "[d]ebería estar claro también que existe una neta diferencia *cualitativa*, no reducible a cuestiones de grado o de flexibilidade de los conceptos, entre la configuración de um nexo causal en sentido estricto y las hipótesis probabilísticas de la conexión entre eventos". Veja-se: TARUFFO, Michele. *La prueba*. Tradução espanhola de Laura Manríquez e Jordi Ferrer Beltrán. Madrid: Marcial Pons, 2008, p. 255.

[60] Desfazendo a confusão terminológica ver, por todos: TARUFFO, Michele. *La prueba*. Tradução espanhola de Laura Manríquez e Jordi Ferrer Beltrán. Madrid: Marcial Pons, 2008,

PREFÁCIO | **XIX**

causalidade geral e causalidade específica. Nesses equívocos não se enreda o Autor, que bem alerta: "O juízo hipotético de probabilidade deve ser realizado sempre em comparação ao caso concreto, de modo a impedir a generalização e se aplicar o critério de 'adequação' à situação real".

***

Ao escrever, alhures, sobre o papel social da doutrina, também registrei que seu desempenho é alcançado não apenas quando *explica* o sistema, mas, por igual, ao *antecipar* possibilidades de sentido e soluções práticas que venham a atender as necessidades sociais, e – principalmente – ao formular e permitir a sobrevivência – de *modelos orientadores*, provendo a comunidade jurídica com representações, indicações e proposição de comportamentos. Tenho certeza de que, ao findar a leitura deste livro, chegará o leitor à conclusão de ter Gabriel Magadan realizado obra de doutrina.

Canela, 23 de outubro de 2018.

---

p. 30-31 e ainda em: TARUFFO, Michele. *Uma simples verdade*. O Juiz e a construção dos fatos. Tradução de Vitor de Paula Ramos. São Paulo: Marcial Pons, 2012, p. 112-113.

APRESENTAÇÃO

Muito honrada, recebi o convite para apresentar aos cultores do Direito a excelente tese de Gabriel de Freitas Melro Magadan, produzida sob minha orientação, ora, merecidamente, transformada em livro.

Com efeito, na condição de professora/orientadora do autor, acompanhei, com muito interesse, o percurso e a evolução de suas ideias ao longo do Curso de Doutorado em Direito, realizado na UFRGS, tendo culminado na defesa de sua tese doutoral, cujo tema é dos mais relevantes no referente a pesquisa e estudo da Responsabilidade Civil.

É bem verdade que abundam teses sobre a Responsabilidade, mas muito poucas tratam da questão do nexo de causalidade, malgrado o fato de ser este o tema crucial dessa área do Direito, tanto no âmbito civil como no penal, dado que só haverá responsabilização quando houver relação entre a ação e o dano por ela produzido.

Diante das dificuldades inerentes ao tema elegido como objeto de sua tese, Gabriel Magadan foi um destacado doutorando, não só por sua personalidade, muito agradável, como também por sua formação. Antes de ingressar no curso de Doutorado na UFRGS, cursara o Mestrado na Itália, na Università degli Studi di Roma, Tor Vergata (2000), tendo sido aluno de renomados professores dessa universidade, dentre eles o romanista Sandro Schipani.

Importante referir o fato de Gabriel Magadan ter mantido, durante o doutoramento, o seu escritório no mesmo ritmo de trabalho, independentemente dos esforços dedicados à redação da tese, demonstrando, desta sorte, capacidade de concentração e de otimização do tempo.

Com extrema dedicação à redação da tese, aproveitou os períodos de férias para realizar pesquisas na França e nos Estados Unidos, onde frequentou as melhores bibliotecas com a finalidade de buscar informações o mais atualizadas possível, fator decisivo para o sucesso de sua tese, amparada na melhor doutrina e na jurisprudência mais inovadora no referente ao seu tema de pesquisa.

Esse trabalho tornou-se ainda mais valorizado pelo fato de Gabriel Magadan ser fluente nos idiomas nos quais é versada a mais relevante literatura jurídica sobre esse tema, quais sejam, o francês, o italiano, o espanhol e o inglês, tornando a tese mais amplamente fundamentada, mediante o recurso a autores de várias origens e escolas de pensamento.

A descrição que acabo de fazer da forma como Gabriel Magadan desenvolveu e concluiu seu Doutorado, obtendo qualificação excelente, ficaria incompleta se não descrevesse a pessoa Gabriel, porquanto estou apresentando o trabalho e o seu Autor.

Conheço Gabriel há muitos anos, e nunca pude nele perceber qualquer comportamento que não fosse o melhor para aquele dado momento. Sua postura de jovem equilibrado e extremamente bem-educado é a sua marca característica, tanto no trato com os professores como com os seus colegas, que sempre lhe devotaram elevada estima e consideração.

O que mais me marcou no contato com Gabriel foi o fato de ele, mesmo sem qualquer vínculo com o ensino superior, ter buscado defender uma tese, cujo tema é matéria extremamente difícil, com o fito de ampliar seus conhecimentos e compartilhar com a comunidade jurídica os frutos de sua longa, exaustiva e bem elaborada pesquisa.

Poucos são os que têm a capacidade e a generosidade de investir em um projeto tão longo e complexo, apenas pelo prazer do estudo e da circulação das ideias, circunstância que torna o doutorado de Gabriel Magadan ainda mais valioso.

Ao finalizar esta apresentação, aproveito para felicitar o autor pelo excelente trabalho realizado e desejar-lhe permanente sucesso em sua trajetória, tanto como advogado, como, enquanto possível, futuro docente.

Vera Jacob de Fradera
Professora da UFGRS (até 31-12-2019)
Advogada em Porto Alegre, RS

SUMÁRIO

INTRODUÇÃO 1

1 Causalidade Jurídica **9**

    1.1. Evolução histórica 9

        1.1.1 Raiz filosófica 9

        1.1.2 Raiz jurídica.. 13

    1.2. Dupla função da causalidade: pressuposto da responsabilidade civil e seleção das consequências danosas.................................... 22

    1.3 A causalidade jurídica com categoria autônoma 31

2 Teorias da Causalidade **37**

    2.1 A teoria da equivalência das condições ou da conditio *sine qua non* ... 40

    2.2 Teoria da causa próxima ou dos "danos diretos e imediatos"......... 46

    2.3 Teoria da causa eficiente e da causa preponderante 52

    2.4 Teoria da causa adequada.. 53

    2.5 Teoria do escopo da norma.. 58

3 Função e elementos da Causalidade Jurídica **63**

    3.1 Observador experiente – prognose objetiva.................................... 65

    3.2 Regularidade e o curso normal dos acontecimentos...................... 72

    3.3 Causa final.. 78

    3.4 Juízo de adequação.. 80

    3.5 Distinção de causas 86

    3.6 Probabilidade e previsibilidade 91

4 Causalidade Jurídica na Seleção das Consequências **95**

    4.1 Reparação integral e o critério da causalidade jurídica 98

4.2	Expansão e delimitação das consequências	109
4.3	Causalidade necessária – leading case brasileiro	115

5 Casos Difícies na Seleção dos Danos **133**

5.1	Casos difíceis	133
5.2	Alcance virtual da causalidade	149
5.3	Dano por ricochete e perda de chance	153
5.4	Probabilidade na seleção de danos	161
5.5	Questão fática e natureza lógico-normativa da causalidade	173
5.6.	Carga probatória da causalidade e regra da máxima da experiência	175

Síntese das Ideias **183**

Referências Bibliográficas **191**

INTRODUÇÃO

L'idea di causa è incerta. Noi non disponiamo di uma nozione preconstituita di causalità; non sappiamo, cioè, cosa essa ontologicamente sia; e non sappiamo neppure se un'ontologia vi sia. Non è quindi azzardato affermare che ci troviamo davanti ad um contesto carico di mistero.

Rocco Blaiotta, *Causalità giuridica*[31]

O propósito desta obra é a identificação das bases teóricas da causalidade jurídica como modelo dogmático e de indagação zetética a ser utilizado na apuração das consequências indenizáveis decorrentes do dano advindo na responsabilidade civil extracontratual.[32] Essa proposição utiliza para tanto uma metodologia de individualização de elementos componentes da causalidade, partindo de conceitos adotados e discutidos pelas principais vertentes teóricas, bem como pela casuística, que possibilitem a seleção das consequências que devem ser ressarcidas.

O problema da causa surge em inúmeras passagens da jurisprudência pretoriana, como nas locuções da *legis actiones* e da *Lex Aquilia* na responsabilização por danos.[33] No direito medievo e, na ramificação do direito, no campo penal, a causalidade serve como fator de imputação da pena.[34] Modernamente, está expressa

---

[31] BLAIOTTA, Rocco. *Causalità giuridica*. Torino: Giappichelli, 2010, p. 1.

[32] Esta obra é resultado de pesquisa científica em nível de tese de doutoramento originalmente defendida na Faculdade de Direito da Universidade Federal do Rio Grande do Sul (UFRGS), em 2016, devidamente revisada e adaptada para a publicação em livro.

[33] Descamps afirma, a propósito, que a causalidade é um elemento central na mecânica da Lei Aquília (DESCAMPS, Olivier. *Les origines de la responsabilité pour faute personnelle dans le Code Civil de 1804*. Paris: LGDJ, 2005, p. 94).

[34] Realmonte afirma que "enquanto a sanção punitiva é sempre subordinada à circunstância que o evento danoso ou perigoso do qual depende a existência do crime seja consequência de um comportamento humano e pode ser atribuída somente ao sujeito autor do crime, na responsabilidade civil, ao contrário, há outras previsões legislativas ao lado do dolo e da culpa, diferentes critérios de ligação do fato danoso. A obrigação ressarcitória não é condicionada aos danos produzidos por uma ação ou omissão, nem é necessariamente atribuída ao sujeito autor do dano" (REALMONTE, Francesco. *Il problema del rapporto di causalità*

nas mais diversas codificações europeias. O tema teve relevância na discussão da responsabilidade civil, na elaboração de cláusulas gerais de indenização por danos extracontratuais, inicialmente na França,[35] com o advento do *Code Civil* em 1804, e, posteriormente, no final do século XIX, nos países latino-americanos, influenciando juristas encarregados das codificações, como Teixeira de Freitas, Vélez Sarsfield, Andrés Bello.[36]

Atualmente, neste início de século, o tema ressurge de forma mais abrangente na literatura jurídica, recuperando a importância da causalidade e a ela assegurando novas funções.[37]

À causalidade (ou nexo causal), tradicionalmente compreendida como elemento fundamental da responsabilidade civil extracontratual,[38] já no direito moderno,

---

nel risarcimento del danno. Milano: Guiffrè, 1967, p. 25-26). Pirovano afirma que "basta que um só elemento da responsabilidade jurídica seja mais importante do que os outros (a culpa no direito penal e o dano no civil), para que o conjunto dos fatores da responsabilidade suporte esta preponderância" (PIROVANO, Antoine. *Faute civil e faute pénale, Librarie Générale de Droit*, Paris, 1952, p. 182. Na matéria penal, a respeito da causalidade, além dos autores citados, vide: JESUS, Damásio Evangelista de. O risco de tomar uma sopa. *Revista Síntese de Direito Penal e Processual Penal*, São Paulo, v. 3, n. 16, (out./nov. 2002), p. 8-10; PIROVANO, Antoine; SUMMERER, K. *Causalità ed evitabilità: formula della conditio sine qua non e rilevanza dei decorsi causali ipotetici nel diritto penale*. Pisa: ETS, 2013; VIDAL, Hélvio Simões. *Causalidade científica no direito penal*. Belo Horizonte: Mandamentos, 2004; HUERTA FERRER, A. *La relación de causalidad en la teoría del delito*. Madrid, [s.n.], 1948; CASSIA, A. *Rapporto di causalità e concorso di persone nel reato*. Roma: Stab. tipo-litografico V. Ferri, 1968; GÓMEZ LIGÜERRE, C. *Solidaridad y derecho de daños: los límites de la responsabilidad colectiva*. Cizur Menor, Navarra: Thomson Civitas, 2007; PAVON VASCONCELOS, Francisco. *La causalidad en el delito*. Mexico: Jus, 1977.

[35] Galant-Carval explica que a exigência de um vínculo de causalidade resulta da leitura dos textos expressos nos artigos 1382 a 1386 do Código Civil francês, que, mesmo sem defini-la, exprimem a exigência de um liame causal (GALANT-CARVAL, S. Causation under French Law. In: SPIER, J. (ed.). *Unification of Tort Law: causation*. Haia: Kluwe Law International, 2000, p. 53).

[36] BELLO, Andrés. *Obras completas de Andrés Bello: Código Civil de la República de Chile*. 2. ed. fac-similar. Caracas: La Casa de Bello, 1981.

[37] Como a função de delimitar a extensão das consequências danosas e obter o *quantum*; nesse aspecto é importante a distinção trazida por De Cupis a respeito da questão do cálculo ou da avaliação do dano, que não é o mesmo da extensão objetiva do dano a indenizar, assim como seriam, na sua visão, operações distintas a de fixar a extensão de um terreno dentro de certos limites e a de medir o terreno (cf. DE CUPIS, Adriano, *Il danno*. Milano: Giuffré, 1979, p. 167). Sobre a questão, já afirmava Wilson Melo da Silva para quem a responsabilidade civil passou a ter por foco na "pessoa do ofendido e não a do ofensor; a extensão do prejuízo, para a graduação do *quantum* reparador, e não a da culpa (SILVA, Wilson Melo da. *O dano moral e sua reparação*. 3. ed. Rio de Janeiro: Forense, 1983, p. 573).

[38] A responsabilidade civil extracontratual pressupõe a verificação de elementos indispensáveis à sua caracterização e de cuja efetiva configuração decorre a obrigação de indenizar. Segundo Clóvis do Couto e Silva: "um dos aspectos importantes para que decorra o dever

INTRODUÇÃO | **3**

adiciona-se uma segunda função: de apuração das consequências advindas do dano.[39] A causalidade assume, assim, função dúplice; na configuração da responsabilidade, em conjunto com o ilícito e o dano, e na apuração e imputação das consequências a serem ressarcidas, a qual se tem denominado "causalidade jurídica".

A obra suscita algumas questões que envolvem a evolução histórica do conceito de causalidade culminando na abordagem e na importância que assume no âmbito da responsabilidade civil extracontratual. A concentração é na referida segunda função que exerce na apuração e seleção das consequências indenizáveis do dano, e visa contribuir para a elaboração de um regime de imputação, nos moldes do que já se verifica em proposições teóricas, jurisprudenciais e, até mesmo, legislativas, como a adotada no Código Civil argentino[40][41] ou na que se discute no âmbito europeu.[42]

---

de indenizar é o da verificação de causa e efeito entre o evento danoso e o ato de alguém, ou ainda, ato-fato, que se vincula, por igual, a uma pessoa" (COUTO E SILVA, Clóvis. O dever de indenizar. In: FRADERA, Vera Maria Jacob. O direito privado brasileiro na visão de Clóvis de Couto e Silva. Livraria do Advogado: Porto Alegre, 1997, p. 194);
MARTINS-COSTA, Judith. Os fundamentos da Responsabilidade Civil, *Revista Trimestral de Jurisprudência dos Estados,* Seção Doutrina, v.. 93, ano 15, p. 29–52, out.1991, Editora Jurid. Vellenich Ltda.. Santana, São Paulo, S.P.

[39] A "apuração de danos", que para esta tese compreende fatores de "extensão e limitação", dá-se pela utilização da "causalidade jurídica", que permite a seleção das consequências indenizáveis na responsabilidade civil.

[40] O Código Civil argentino, de 1869 (e em vigor a partir de 1871), elaborado por Dalmacio Vélez Sarsfield, com forte influência e inspiração no trabalho do jurista brasileiro Teixeira de Freitas, no seu Esboço, acabou por incorporar um capítulo especial em relação ao problema da causalidade, prevendo situações específicas que contemplam a relação de causa e efeito no âmbito jurídico. Estabelecem especificamente um regime de imputação de danos em seus artigos 901 a 906. Em agosto de 2015, foi promulgado novo Código Civil e Comercial Unificado que inovou ao trazer expressa no seu artigo 1726 a adoção da teoria da causalidade adequada, conforme a transcrição: *"Relación causal. Son reparables las consecuencias dañosas que tienen nexo adecuado de causalidad con el hecho productor del daño. Excepto disposición legal en contrario, se indemnizan las consecuencias inmediatas y las mediatas previsibles".*

[41] Hugo Acciarri informa que o sistema de atribuição de consequências danosas no código de Vélez Sarsfield é bastante detalhista, em oposição ao modelo antecedente do código francês, cuja causalidade se exprime do texto, e não há definição, considerando que em sua elaboração acerca da causalidade Vélez se filiou à tradição germânica, especialmente o *Landrecht* prussiano de 1794, que é fonte para a matéria no dispositivos do código argentino (in: ACCIARRI, Hugo A. *La relación de causalidad y las funciones del derecho de daños:* reparación, prevención, minimización de costos sociales. Abeledo-Perrot, 2009, p. 71).

[42] Nesse caso, particularmente, os princípios que regem a responsabilidade civil e que servem a debate no âmbito europeu, mormente o que se vem debatendo no European Centre of Tort and Insurance Law, constituído em Viena, em 1999, com o intuito justamente de consolidar princípios no tocante à matéria. O trabalho realizado pelo Ectil, no tópico da causalidade (*causation*), está reunido em obra que aborda o tratamento recebido pela legislação e casuísticas de variados países da Europa, na publicação *Unification of Tort Law:* causation (SPIER, J. *Unification of Tort Law:* causation. Haia: Kluver Law International, 2000).

A perspectiva da utilização da causalidade jurídica para tal finalidade é timidamente vislumbrada pela doutrina brasileira que trata do tema e não é comum aos julgados de responsabilidade civil, que se restringem a fazer mera e eventual menção a esse propósito de apuração. A jurisprudência no País em relação à matéria é normalmente voltada à primeira função da causalidade. E mesmo nesse contexto, o debate aparece de forma desordenada e por vezes confusa, embaralhando os conceitos de uma teoria com outra, sem o necessário aprofundamento.

O caminho está aberto para uma maior elaboração teórica visando ao alargamento das suas funções e à solidificação de conceitos. Assim, centra-se o trabalho nessa questão, pretendendo a delimitação da obra à área de estudo da causalidade jurídica, de forma a contribuir para a reelaboração de conceitos no âmbito da causalidade, e identificando seus componentes com a intenção de fundar proposições que deem base à sua aplicação na instância da apuração dos danos.

Com esse propósito, expõem-se determinados elementos integrantes da causalidade jurídica, como o que denominou "observador experiente", um *standard* de observação, além dos de "regularidade" e de "adequação". São reelaborações que seguem a linha do desenvolvimento doutrinário das principiais teorias jurídicas da causalidade. O objetivo é assentar base teórica e discursiva para a sua aplicação prática e alçá-la à "categoria autônoma" ao fim de seleção de danos.

A atribuição de uma função delimitadora de consequências danosas à causalidade jurídica (função preenchedora da responsabilidade) é já manejada por parte da doutrina estrangeira,[43] especialmente na França[44] e na Itália.[45] Nesse aspecto,

---

[43] Na obra *Unification of Tort Law*, editada por Helmut Kozol, apresenta-se o resultado de uma série de encontros do European Group of Tort Law, reunidos em artigos a respeito da utilização da causalidade na casuística de diversos países da União Europeia com vistas à discussão da unificação de princípios comuns no direito europeu com relação à matéria (SPIER, J. *Unification of Tort Law: causation*. Haia: Kluver Law International, 2000, 161 p.).

[44] Segundo Marty, "*la causalité ne se presente pas seulement sous l'aspect d'un condition de la responsabilité: considérée à un autre point de vue, elle intervient pour déterminer l'étendu de la réparation; car le responsable n'est tenu de réparer le préjudice que dans la mesure où le fait (fautif ou non fautif) dont il te'répond peut être réputé avoir causé le dommage*" (MARTY, Gabriel. La relation de cause à effet comme condition de la responsabilité civile. *RTD Civ.*, 1939, p. 685). Para Quézel-Ambrunaz, "*c'est le lien de causalité, considéré comme un mouvement de valeur, qui donne la mesure de la reparation*" (QUÉZEL-AMBRUNAZ, Cristophe. *Essai sur la causalité em droit de la responsabilité civile*. Paris: Dalloz, 2010, p. 448).

[45] Na Itália, exemplificativamente nesse sentido, Salvi fala na causalidade jurídica como critério para a "*determinazione dell'intero danno cagionato, che constituisce l'oggeto della obbligazione risarcitoria*" (SALVI, Cesare. *La responsabilità civile*, Milano: Giuffrè, 2005, p. 171-176); Franzoni, por sua vez, afirma que os critérios da causalidade jurídica são empregados para "*determinare e misurare il danno risarcibili*" (FRANZONI, M. *Il danno risarcibile*. Milano: Giuffrè, 2004, p. 15), e ainda que mediante a causalidade jurídica "*sono delimitate delle conseguenze pregiudizievoli dell'evento di danno che è legittimo riferir al sogetto reso responsabilize*"; Visintini afirma que em relação ao tema da "determinação do dano para fins de

o trabalho se pretende original com relação à individualização e à articulação de determinados elementos integrantes e na sua aplicação em uma metodologia de seleção de danos. E que se utiliza também na leitura dos dispositivos integrantes do Código Civil brasileiro, que compõem o que se pode denominar de um "regime de imputação de consequências do dano".

A valoração jurídica das consequências fáticas decorrente do evento danoso para a apuração de suas consequências, pela metodologia proposta, dá-se pela consagração de conceitos elaborados a partir da prática e individualizados conforme o papel que exercem. Extraem-se (tais conceitos) das situações causais analisadas historicamente e que permitem um ponto de inferência atual,[46] não por isso estanque. Assegurados que têm como elementos que podem seguir suportando alterações, necessárias à dinâmica do direito e de seu ideal de justiça.[47] O que se prescreve não

---

ressarcimento" a norma fundamental está contida no artigo 1.223 do Código Civil, cuja parte preceptiva do dispositivo limita o dano às *"conseguenze immediate e dirette"*, que, segundo a autora, é o critério jurídico acolhido pelo legislador para fixar o limite da responsabilidade por dano (VISINTINI, Giovanna. *Trattatto breve della responsanilità civile*. 3. ed. Padova: Cedam, 2005, p. 680 ss.); ainda: SCONAMIGLIO, Renato. Responsabilità civile. In: *Novissino digesto italiano*. Milano: Utet, 1968, vol. XV; BUSSANI, Mauro. Causalitá e dolo nel diritto comparato della responsabilitá civile. *Revista Trimestral de Direito Civil*, Rio de Janeiro, v. 7, n. 27, p. 127-143, jul./set. 2006; DE MAGLIE, C.; SEMINARA, S. *Scienza e causalità*. Padova: Cedam, 2006; MONATERI, Giuseppe. *La responsabilità civile*. Torino: Utet, 1998; PUNZO, M. *Il problema della causalità materiale*. Padova: Cedam, 1951; PASCALI, Vicenzo. *Causalitá ed inferenza nel diritto e nella prassi giuridica*. Milano: Giuffrè, 2011; LICCI, G. *Teorie causali e rapporto di imputazione*. Napoli: Jovene, 1996; *La metafora della causalità giuridica*. Napoli: Jovene, 2011; BRUSCO, Carlo. *Il rapporto di causalità: prassi e orientamenti*. Milano: Giuffrè, 2012, p. 22 ss.; TARTAGLIA, Angelo; TRAMONTANO, Luigi. *Il nesso di causalità*. Milano: Giuffrè, 2012.

[46] Violante explica que a aparente lacuna que o legislador deixou em tema de nexo causal representa uma escolha sábia, pois, prevendo uma normativa "elástica" que remete o problema-causa ao intérprete, assegura-se uma aplicação evolutiva da normativa sobre a responsabilidade civil e se realiza a exigência de adequá-la ao momento do contexto histórico no qual o fato danoso se verifica. VIOLANTE, Andrea. Causalità flessibile come limite di risarcibilità nella responsabilità oggettiva. In: *Danno e responsabilità*. IPSOA Scuola d'Impresa, n. 12, 1999, p. 1182; nesse sentido, e citando o mesmo autor: BERTI, Ludovico. *Il nesso di causalità in responsabilità civile: nozione, onere di allegazione e onere della prova*. Milano: Giuffrè, 2013, p. 15.

[47] Berti (BERTI, Ludovico. *Il nesso di causalità in responsabilità civile: nozione, onere di allegazione e onere della prova*. Milano: Giuffrè, 2013, p. 15), ao mencionar que a doutrina civil na Itália esteve durante longo período pouco ocupada a respeito da causalidade, ressalvando na década de 1970 as obras de FORCHIELLI, P. *Il rapporto di causalità nella responsabilità civile*. Padova: Cedam, 1960; REALMONTE, F. *Il problema del rapporto di causalità nel risarcimento del danno*. Milano: Giuffrè, 1967; TRIMARCHI, P. *Causalità e danno*. Milano: Giuffrè, 1967; VANNINI, *Il problema della causalità*. In: RACCOLTA, *Di alcuni scritti minori*. Milano: Giuffrè, 1952, igualmente aqui consultadas, faz notar que a atenção dos intérpretes sobre o tema permaneceu adormecida até os anos 1990, quando proliferaram

deixa de ser um método de verificação que parte da análise atual, com conteúdo obtido do desdobramento teórico e dogmático que o tema da causalidade possui no desenvolvimento de múltiplas teorias.

É importante registrar, desde logo, que não se pretende a verificação do *quantum debeatur*, do cálculo de valor pecuniário da indenização em si, mas da proposição de critérios que permitam a definição e a aplicação da causalidade jurídica como meio instrumental de verificação da extensão e conteúdo da responsabilidade; que possibilitem apurar "até onde se estendem as consequências jurídicas indenizáveis". Trata-se do preenchimento do dano em sua esfera estritamente jurídica, para daí, obviamente, extrair a indenização.[48] Não é um problema de liquidação, mas de prévia extensão e limitação. O valor da indenização será calculado a partir das técnicas admitidas e previstas na legislação processual, em um segundo momento, após a definição de uma zona danosa, apurada pela causalidade jurídica.

A causalidade que advém de um método de apuração das ciências naturais, como sucessão condicionante de causa e efeito, em ordem temporal, adquire no direito um teor jurídico que agrupa conceitos em meios e fins.[49] A ciência do direito visa aos fins. Tem-se a lei e a sua aplicação como meios e a justiça como finalidade. A causalidade está na gênese da estrutura metodológica do direito e serve como

---

em sede jurisprudencial as discussões, o *accertamento* sobre o nexo eziológico, tornando-o fundamental ao êxito dos julgados (e cita o exemplo da controvérsia que envolveu a exposição a matérias tóxicas) e que aumentaram o seu estudo, notadamente às obras de ROSSELLO, C. *Il danno evitabile*. Padova: Cedam, 1990; BARNI, M. *Il rapporto di causalità materiale in medicina legale*. 2. ed. Milano: Giuffrè, 1995; ROMANO, A. *Causalità giuridica e fisica contemporânea*. Torino: G. Giappichelli, 2005; CAPECCHI, M. *Il nesso di causalità*. Da elemento della fattispecie "atto illecito" a criterio di limitazione del risarcimento del danno. Padova: Cedam, 2005; PUCELLA, R.; DE SANTIS, G. *Il nesso di causalità*: profili giuridici e scientifici. Padova: Cedam, 2007; PUCELLA, R. *Incertezza e probabilità nella definizione del nesso causale*: una prospettiva civilistica. Torino: G. Giappichelli, 2003; PUCELLA, R. *La causalità incerta*. Torino: G. Giappichelli, 2007; PUCELLA, R.; DE SANTIS, G. *Il nesso di causalità*: profili giuridici e scientifici. Padova: Cedam, 2007.

[48] A propósito, a autora portuguesa Ana Mafalda Castanheiras, que defendeu tese na Universidade de Coimbra, em abril de 2013, sobre o tema da causalidade, intitulada "*Do Nexo de Causalidade ao Nexo de Imputação: Contributo para uma Compreensão da Natureza Binária e Personalística do Requisito Causal ao Nível da Responsabilidade Extracontratual*", discorre sobre a distinção entre a causalidade "fundamentadora" e outra "preenchedora" da responsabilidade, afirmando que quando "o jurista lida com a pretensão indenizatória esbarra necessariamente com dificuldades no que respeita ao nexo de causalidade" e que se "pretende com esse requisito, tradicionalmente, dar resposta aos dois problemas distintos: o problema da fundamentação da responsabilidade e o problema do preenchimento dela, atinente à determinação do dano, que, posteriormente, se convolará na questão do próprio cálculo do quantum indenizatório" (*Responsabilidade civil extracontratual*: novas perspectivas em matéria de nexo de causalidade. Cascais: Principia, 2014, p. 9).

[49] LARENZ, Karl. *Metodologia da ciência do direito*. 3. ed. Lisboa: Calouste Gulbenkian, 1997, p. 120.

paradigma do pensamento jurídico[50] tanto quanto serve à ciência natural. Na sua acepção jurídica, é mais modelo e método do que conteúdo, já que este é dado pelo aplicador, na subsunção da norma ou na utilização de um parâmetro de interpretação.

Na atual codificação brasileira, é possível desenhar um regime de imputação de consequências, fundamentalmente, partindo dos artigos 944, que prescreve que "a indenização se mede pela extensão do dano", e o artigo 403, que a limita aos "danos imediatos e diretos". O que se depreende, apesar da aparente contradição descritiva, é que a leitura conjugada desses dois dispositivos dá azo à extração hermenêutica de critérios que permitam atender aos princípios da reparação integral e o da limitação das consequências indenizáveis (evitando o enriquecimento indevido do lesado).

A indagação que a presente tese expressa é se a causalidade pode efetivamente servir como um instrumento de apuração de consequências decorrentes do dano. Se a resposta é afirmativa, então indagar-se-á: em que consiste a causalidade assim dita "jurídica" e de que forma se aplica para o fim de seleção de consequências danosas e de mensuração da indenização pela extensão?

O trabalho segue o plano francês[51] e está, assim, dividido em duas partes. Na primeira, trata da causalidade em seus aspectos originários e históricos, bem como a sua evolução conceitual no direito penal e a inserção como elemento da responsabilidade civil; trata ainda da dúplice função, das principais teorias e da individualização dos elementos componentes da causalidade jurídica e sua condição como categoria autônoma. Na segunda parte, o foco está na perspectiva da utilização da causalidade jurídica na apuração dos danos no contexto do Código Civil, na estrutura do regime de imputação tal como previsto no ordenamento civil, o problema da extensão e limitação das consequências e a interpretação da jurisprudência nacional e estrangeira, a questão da prova da causalidade e da sua flexibilização.

---

[50] A utilização do termo e o próprio conceito de "paradigma", em uma acepção científica, tem origem no estudo de Thomas Kuhn, em *The structure of scientific revolutions*, e pressupõe o emprego de modelos, que, em dados períodos ou circunstâncias, mais ou menos explícitas, orientam determinados comportamentos ou condutas – que, para esse autor, mais especificamente, estão relacionadas às pesquisas e realizações no campo da ciência. A propósito, vide: KUHN, T. *The structure of scientific revolutions*. Chicago: The University of Chicago Press, 3 ed., 1996. Segundo, ainda, Inês Lacerda (in Análise de *Discurso: apontamentos para uma história da noção-conceito de formação discursiva,* p. 100), Kuhn emprega o "conceito de paradigma que são realizações científicas universalmente reconhecidas capazes de fornecer problemas e soluções modelares para uma comunidade de praticantes de ciência, durante um determinado período de tempo" (KUHN, 1996, p. 35-41), in ARAÚJO, Inês Lacerda. Formação discursiva como conceito-chave para a arqueogenealogia de Foucault, in BARONAS, Roberto Leiser (org.) *Análise de discurso:* apontamentos para uma história da noção-conceito de formação discursiva. São Paulo: Pedro João Editores, 2011, p. 77-108.

[51] Cf. MAZEAUD, Herin; MAZEAUD, Léon. *Méthodes de travail.* Paris: Montchrestien, 1993.

1

CAUSALIDADE JURÍDICA

Sumário. 1.1. Evolução histórica 1.1.1. Raiz filosófica. 1.1.2. Raiz Jurídica. 1.2. Dupla função da causalidade: pressuposto da responsabilidade civil e seleção das consequências danosas. 1.3. A causalidade jurídica como categoria autônoma.

1.1. EVOLUÇÃO HISTÓRICA

A causalidade se apresenta como um fenômeno com múltiplas faces. Foi estudada e elaborada desde os primórdios do pensamento filosófico. Serviu de recurso lógico à elaboração mental a respeito dos acontecimentos fáticos, na tentativa humana de explicar e dar sentido às coisas. O excurso que segue trata da sua evolução conceitual a partir de diferentes proposições da filosofia ocidental e que formam a base ao que se pretende demonstrar: a respeito da função da causalidade jurídica na seleção das consequências dos danos indenizáveis, atendendo o que parece ser uma exigência inerente à responsabilidade civil.

1.1.1 RAIZ FILOSÓFICA

A causalidade é um fenômeno físico,[31] de causa e efeito, que passou a ser observado inicialmente sob a perspectiva filosófica, extrapolando o plano dos acontecimentos fáticos para ganhar contornos teleológicos. Em uma visão generalizada, a causalidade é representada pela série de acontecimentos que se encadeiam para

---

[31] ARISTÓTELES. *Física*. Tradução de Lucas Angioni. São Paulo: FCH/Unicamp, 1999, v. 1-2.

produzir determinado resultado, causa e efeito. A sequência de situações em que uma é a causa da outra, preenchendo um cenário de condicionantes fáticas e de desdobramentos temporais.

O debate acerca desses fenômenos remonta ao período dos filósofos gregos, nos séculos V e IV a.C., destacando-se, especialmente, a construção teórica de Aristóteles em *Física*.[32] A obra é uma das primeiras a suscitar o problema da causalidade e a inserir a causa como um elemento integrante das explicações sobre os movimentos da natureza, ao propor que "não há existência, ou vir a ser sem causa" e que todos os fenômenos da natureza passam pela verificação de sua causa primeira.[33]

Aristóteles elabora uma série de questões sobre a causalidade associada às ideias de ente e de movimento, constatando que tudo "é o que deve ser". O processo de movimento, na sua visão, é algo que se dá pela transformação, seja pela alteração de lugar, seja pela alternância, verificada pela própria dinâmica dos fatos. O filósofo esboça um compêndio de constatações acerca da física das coisas. Na perspectiva aristotélica sobre os processos físicos se insere a classificação de causa em quatro espécies que têm em comum o fato de ser a causa da origem de alguma coisa, antes ou depois, sendo causa ora eficiente, ora finalística. Mas é a conclusão de que podem existir várias causas para uma mesma coisa que torna a sua visão sobre a causalidade tão apurada e complexa.

A narrativa de Aristóteles sobre as hipóteses que se verificam em vários fenômenos naturais inaugura a reflexão filosófica que o tema da causalidade vai adquirir na tradição doutrinária da própria filosofia e que se desdobra em outras áreas do conhecimento, como o Direito. A indagação sobre princípio e causa é indissociável da própria visão experimental do ser humano diante dos acontecimentos da vida. Aristóteles entendia que não só as coisas podem ter causas variadas, como também variadas causas podem resultar conjuntamente em uma mesma coisa. A mesma coisa pode ser causa para os contrários, como no seu exemplo, em que "a causa de um naufrágio é a ausência do capitão, cuja presença é a causa da salvação; como que facetas de um mesmo objeto".[34]

Outra questão que permite vislumbrar a conceituação que consagra Aristóteles é a diferença que faz entre regularidade e acaso, expressa numa situação em que as causas que agiam para determinada finalidade agem provocando um "resultado acidental". No exemplo de Aristóteles, a finalidade de alguém ir à praça para se

---

[32] Não obstante, Aristóteles já fazia referência a Leuccipo (século V a.C.), da escola atomista, que teria sido o primeiro a falar sobre o conceito de causa e da existência de uma condição necessária entre os fatos, ligados à relação de causa e efeito (ARISTÓTELES. *Física*. Tradução de Lucas Angioni. São Paulo: FCH/Unicamp, 1999, v. 1-2).

[33] Para Aristóteles, todos os fenômenos da natureza passam pela verificação de sua causa primeira.

[34] Cf. *Física*, II 3, 195ª, p. 11-14.

manifestar coincide com a sorte ou o acidente de encontrar alguém que devia uma soma de valores ter-lhe encontrado para restituir a dívida. A causa do pagamento foi acidental, ainda que a ida à praça tivesse outra motivação (causal); portanto, "a sorte é causa segundo acidente, naquilo que é segundo escolha, das coisas em vista de algo".[35]

A "causa em si" apresenta uma relação necessária com o evento que produz, de tal modo que a partir dela é possível deduzir determinado efeito esperado. A perspectiva de Aristóteles permite explicar acontecimentos que tendem a ocorrer do mesmo modo e que se apresentam como condição suficiente para a realização do resultado. A acidental, diferentemente, indica acontecimentos excepcionais, não apresenta relação necessária com o resultado que produz, é indeterminada e imprevisível, decorrente de uma interrupção no curso causal dos acontecimentos normais e esperados.[36]

A formulação teórica de Aristóteles, fundada na classificação das quatro causas, sobrevive até o período Renascentista, quando a causa eficiente, por sua maior capacidade de sustentação científica, sobressai-se. Destaca-se, então, uma nova perspectiva, com base nas ideias de Galileu (1564-1642), a respeito do determinismo causal; algo ocorre sempre que seu antecedente o determina. Proposição que, como se verá, irá influenciar as primeiras divagações teóricas no campo jurídico da imputação de penalidades e responsabilidade.

A partir da visão instaurada por Galileu, a investigação causal ganha dimensão no centro das especulações teóricas. Thomas Hobbes (1588-1674), como discípulo de Galileu, também desenvolve o conceito de *causa efficiens* e prepara a base para origem de uma das mais importantes teorias da causalidade no plano jurídico – a da equivalência das condições.

O raciocínio lógico, substrato da causalidade, existe como modelo mental que permite estabelecer uma ligação entre um fato antecedente e o consequente, tendo por base a frequência com que um sucede ao outro.[37] A causalidade não existe em si, mas como estrutura relacional elaborada por processos mentais.[38]

Stuart Mill, em importante obra que trata da causalidade, de 1843, *A System of Logic*,[39] afirma que é da observação dos fenômenos, das suas representações, que se sucedem no tempo, que se extrai o princípio indutivo. É essa concepção de causa-

---

[35]   Cf. *Física*, 5-6.

[36]   SILVA, Luciana Rhoden da. Sobre as causas em Aristóteles. *Rev. Intuitio*, Porto Alegre, v. 2, n. 1, Jun., p. 11-12, 2009.

[37]   HART, Herbert Lionel Adolphus; HONORÉ, Tony. *Causation in the law*. Oxford: Oxford University Press, 2002, p. 13-18.

[38]   GORLA. G. Sulla cosiddetta causalità giuridica: "fatto dannoso e conseguenze". *Rivista di Diritto Commerciale*, v. 1, p. 405 ss., 1951, p. 433

[39]   MILL, John Stuart. *A system of logic*. 1868, v. 1, p. 457.

lidade, como modelo mental, que se depreende da frequência dos acontecimentos, que irá influenciar diversas situações da vida em sociedade.

Toda a reflexão acerca da causalidade irá, ao final, resultar em uma necessidade humana em dar explicações sobre acontecimentos que ocorrem na natureza. A partir disso, desenvolve-se o raciocínio teleológico da ciência. O direito entra nessa esfera de elaboração também para atingir os seus fins, e é nesse aspecto que o fenômeno natural da causalidade é apropriado pelas ciências jurídicas: para explicar os fatos que ocorrem no mundo dos direitos e deveres, no qual a sociedade e o homem estão racionalmente inseridos.[40]

Segundo Karl Popper, oferecer uma explicação causal de certo acontecimento "significa deduzir um enunciado que o descreva, utilizando, como premissas da dedução, uma ou mais *leis universais*, combinadas com certos enunciados singulares, as *condições iniciais*".[41] O princípio da causalidade é a asseveração de que todo e qualquer evento pode ser causalmente explicado.

A constatação que se extrai das diversas e influentes posições acerca do fenômeno da causalidade é a de que para qualquer evento deve necessariamente existir uma causa. Assim, são elementos da causalidade: (i) a temporalidade (o antes e o depois), entendida como sucessão temporal, (ii) a previsibilidade, baseada na frequência com que determinado acontecimento decorre de outro, e (iii) o nexo, ou seja, o elo, a relação entre fatos antecedentes e suas consequências.[42]

São sempre tentativas de sistematizar temáticas que se aplicam à vida prática de um modo geral. Levadas ao extremo, conduzem a algumas indagações mais

---

[40] Del Vecchio, em *Lezioni di filosofia del diritto*, explica o fenômeno causal sob o ângulo filosófico, afirmando que a natureza é composta pela totalidade da realidade empírica, que se traduz, mais especificamente, na relação de todos os fenômenos sob a espécie da causalidade. Nesse entendimento, cada fenômeno é observado, não na sua singularidade, mas na sua relação com o fenômeno precedente, que se considera como seu determinante (DEL VECCHIO, Giorgio. *Lezioni di filosofia del diritto*. Milano: Giuffrè, 1965, p. 364).

[41] POPPER, Karl. *A lógica da pesquisa científica*. 2. ed. São Paulo: Cultrix, 2013, p. 53.

[42] Não se pode olvidar no plano filosófico a refutação do experimentalismo abordado na visão de Kant a respeito do caráter científico que a necessidade de uma causa assume, em contraposição a sua ideia de conhecimento *a priori*, absoluto. Seguido nessa linha por Popper, outro filósofo que se apresentou como crítico de uma metodologia empírica, ressaltando a necessidade do falseamento, da contraposição, para sustentar ou transformar a ciência. O progresso científico, na sua perspectiva, depende justamente da capacidade de se refutar uma teoria e assim impulsionar a dinâmica do conhecimento. Kant não nega que todo o conhecimento começa pela experiência, mas alerta que nem todo dela derive. Para ele, "na ordem do tempo, nenhum conhecimento precede em nós a experiência, e é com essa que todo o conhecimento tem seu início". **Contudo**, o seu questionamento é se existe algum conhecimento *a priori*, independente da experiência, que se distinga do empírico, que é sempre *a posteriori* (KANT, Immanuel. *Crítica da razão pura*. 7. ed. Lisboa: Fundação Calouste Gulbenkian, 2009, p. 36-37).

complexas. As cadeias causais, em suas redes e desdobramentos, enfrentam dificuldades de limitação e de individualização, sujeitas a ramificações e outras variáveis que interferem no curso normal dos acontecimentos. A hipótese filosófica que pressupõe a necessidade de se estabelecer uma causa primeira é já uma barreira intransponível que se coloca em contradição com o próprio conceito, e que é contornada pelo processo de continuidade e de desdobramentos que se seguem a partir da experiência humana. Assim, o esquema da causalidade como indagação da ordem dos acontecimentos deve ficar adstrito ao objeto – dentro dos limites cognoscitivos daquele que indaga.[43]

Este é um dos temas mais árduos da filosofia – e não deixou por isso de ser objeto de recorrente reflexão. O histórico que se faz até aqui é de mera contextualização em face do objetivo que a seguir se propõe, de estudar a "causalidade jurídica", que tem como fonte de estudo doutrinário o Direito Romano, igualmente raiz das modernas codificações europeias e latino-americanas que seguem a tradição sistemática das famílias romano-germânicas.

1.1.2 RAIZ JURÍDICA

A causa de determinado evento para fins de apontar responsabilidade é um questionamento que surge no direito romano na aplicação da *Lex Aquilia*[44] e dá origem ao estudo do tema no âmbito jurídico, dos direitos e obrigações.[45] Aparece

---

[43] GOLDENBERG, Isidoro. *La relación de causalidade*. Buenos Aires: Astrea, 1985, p. 4.

[44] A Lei Aquília representa a matriz para a disciplina e a doutrina da responsabilidade extracontratual em direito moderno, em todos os países que adotam o sistema romanista. Após a Lei das XII Tábuas, pode-se dizer, foi o mais importante ordenamento estabelecido no Direito Romano privado (ZIMMERMMAN, R. *The law of obligations*: roman foundations of the civilian tradition. 4. ed. Cidade do Cabo, 1990, p. 953). Surgiu por meio de um plebiscito, aprovado aproximadamente na segunda metade do século III a.C., que atribuía ao titular de bens econômicos o direito de obter o pagamento de uma pena em dinheiro por parte de quem tivesse destruído ou deteriorado tais bens. Schipani afirma que é desconhecida a data precisa da *Lex Aquilia*, mas que com base em indícios se pode presumir que tenha sido elaborada no arco do século III a.C., segundo uma conclusão dividida por alguns autores (SCHIPANI, Sandro. Lex Aquilia. Culpa e responsabilità. In: *Illecito e pena privata in età repubblicana*. Nápoles, 1992). A esse respeito, Zimmermman (op. cit., p. 955) indica como a provável data os anos 287 ou 286 a.C. Sobre esse assunto, vide ainda VALDITARA, Giuseppe. *Damnum iniuria datum*. Torino: Giappichelli, 1996, p. 6 e 8; TALAMANCA, M. *Instituzioni di diritto romano*. Milano: Giuffrè, 1990, p. 626; BURDESE, Alberto. *Manuale di diritto romano*. Torino: Utet, 1993, p. 532.

[45] O sistema romano de imputação de danos, conforme a lição de Sandro Schipani, foi resultado da "interpretação da *Lex Aquilia*, da qual derivou o princípio de que 'a culpa deve ser castigada' pelos danos injustamente ocasionados na ausência de uma preexistente relação obrigatória, e que constituiu o princípio geral da responsabilidade extracontratual, também chamada, por tal origem, aquiliana" (SCHIPANI, Sandro. El sistema romano de la responsabilidad extracontratual: el principio de la culpa e y el metodo de la tipicidad. In: ALTERINI, Atilio

nos primórdios das elaborações pretorianas, com o advento das *actio* para a penalização daqueles que causassem danos. A causalidade era então compreendida como um fenômeno físico do *corpore et corpori*, quem com o corpo atinge outro corpo. A complexidade, por sua vez, surgia nos casos em que se envolviam múltiplos fatores, nas denominadas concausas, e ainda na relativização da antijuridicidade (*danum iniura datum*), inicialmente adotada na lei e que já denotava o futuro conceito de responsabilidade objetiva.

A abordagem da causalidade, como fenômeno, adquire relevância como mecanismo de individualização de causas e de imputação e responsabilidade. O modelo não é diferente do que se irá utilizar mais adiante, quando da elaboração de um conceito mais apropriado de "causalidade jurídica", fundada na lei, não só para ligar fatos, mas para selecioná-los, como consequências a serem reparadas, no limite dessa mesma lei e na tutela dos direitos violados.

É interessante observar a evolução do conceito de causalidade, que tem origem no ato de causar algo, em função de um contato físico entre corpos. A ideia de causação, presente na Lei Aquília, é assimilada à matéria de obrigações, mormente em relação aos atos ilícitos e à reparação, devendo indenizar aquele que "causa o dano", como em geral preveem as normas que seguiram a vertente romanista e as inseriram na regra da responsabilidade civil.

A Lei Aquília regulava o dano "dado com injúria" (*damnum iniuria datum*) e constava de três capítulos.[46] O primeiro tipificava a morte "com injúria" de um escravo, de um quadrúpede ou de uma cabeça de gado, sancionando o delito com o pagamento do "maior valor que houvesse esse havido naquele ano" (*quanti id in eo anno plurimi fuit*).[47] O capítulo segundo descrevia a hipótese do *adstipulator* que, em fraude de *stipulator*, liberava o devedor mediante *acceptilatio*.[48] Este capítulo, todavia, já estava em desuso na época clássica. O terceiro capítulo, por sua vez, referia-se ao dano causado "com injúria", consistente em queimar, quebrar ou romper (*urere, frangere, rumpere*) alguma coisa – neste caso, não limitava as hipóteses de dano ao escravo ou aos animais, mas a qualquer coisa e a qualquer dano –, e o sancionava com uma pena no "valor que teria havido a coisa nos 30 dias precedentes" ("*quanti ea res fuit in diebus triginta proximis*").[49] [50]

Aníbal. *La responsabilidad*: homenaje a Goldenberg. Buenos Aires: Abeledo-Perrot, 1995, p. 105).

[46] Na Lei das XII Tábuas, o dano às coisas alheias era também previsto em muitos casos, mas não vinha configurado de maneira unitária como na Lei Aquília (BETTI, Emilio. *Istituzioni di diritto romano*. Padova: Cedam, 1966, v. 2, p. 509).

[47] Gaio, 3, 210; D. 9, 2, 2, pr.

[48] Gaio, 3, 215; 3, 2, 216; D. 9, 2, 27, 4.

[49] Gaio, 3, 217; D. 9, 2, 27, 5.

[50] A propósito do montante da *litis aestimatio*, VALDITARA, Giuseppe. *Superamento dell'aestimatio rei*. Milano: Giuffrè, 1992, p. 1 e ss.

Conforme acentua Emilio Betti,[51] a configuração do *damnum iniuria corpore datum*, a partir da determinação dos elementos objetivos (*damnum e iniuria*) e dos subjetivos, pelos quais se pode imputar o dano a uma pessoa, surge da constatação de um nexo de causalidade entre o fato e o dano. A causalidade, nesse caso, é entendida como "ato físico e psicológico, imediato e direto – ou também indireto –, com uma conduta positiva (*factum*), ou omissiva".[52] A Lei Aquília limita o ilícito à causalidade física (*damnum corpore datum*), imediata e direta, operante em uma ação positiva; e entende a ação positiva como imputável e ilícita (*damnum iniuria datum*), pela sua vontade, e, considerando a capacidade do sujeito, para a previsão normal das suas consequências lesivas.[53]

O texto da Lei Aquília, entretanto, foi objeto de uma variada e ampla interpretação da jurisprudência. Os pretores, por meio de *ações*, formaram um sistema análogo ao da Lei Aquília, mas com extensão mais abrangente.[54] Na esfera de sua

---

[51]   BETTI, Emilio. *Istituzioni di diritto romano*. Padova: Cedam, 1966, v. 2, p. 510.

[52]   BETTI, op. cit.

[53]   BETTI, loc. cit.

[54]   O entendimento pretoriano passou a alargar a concepção primitiva que exigia que a relação causal entre a conduta do causador e o efeito danoso devia ser estritamente material, com o consequente abandono da interpretação restrita da expressão *dare damnum*. Gaio (D. 3.219), a propósito, dá o exemplo de três casos de *damnum alio modo datum*. Primeiro, o caso de quem prende um escravo ou um animal de outro e o faz morrer de fome; em seguida, a situação em que alguém incita um jumento de forma a provocar o rompimento de um membro, e, por último, aquele que convence o escravo de outro a subir em uma árvore ou a descer em um poço e que o leva a cair, ocasionando a sua morte ou uma lesão. A referência ao *damnum non corpore datum*, que corresponde à expressão utilizada por Gaio quando fala de *damnum alio modo datum*, encontra-se ainda nas fontes em D. 9, 1, 1, 7. Nessa passagem, entretanto, a expressão *damnum non corpore datum* tem a função de motivar a decisão de um caso particular, daquele que dá veneno no lugar de medicamento. No texto de Gaio, vê-se claramente que a jurisprudência alargou o conceito deixando de qualificar como essencial para a configuração de uma responsabilidade *ex capite I* a ação material (*corpore*) no confronto do corpo que causasse diretamente a morte. O contato físico com o corpo passa a ser dispensável para a reparação do dano, permitindo que para concretizar o *occidere* se pudesse utilizar uma flecha (D. 9, 2, 9, 4; 9, 2, 52, 2) ou um objeto qualquer que se deixasse cair em cima de um servo ocasionando a sua morte (D. 9, 2, 51, pr.) (VALDITARA, Giuseppe. *Damnum iniuria datum*. Torino: Giappichelli, 1996, p. 23). A morte devia ser em outras palavras, como afirma Valditara, consequência do "golpe" causado diretamente pelo agente, eventualmente utilizando um instrumento qualquer. "Ainda este auto nos indica a solução encontrada por Próculo para o caso tratado no D. 9, 2, 11, 5, no qual um cão instigado pelo seu dono tinha matado um servo de outro. Aqui a concessão da *actio legis Aquiliae* era justificada pelo fato de conceber o cão não como algo diferente de um dardo jogado contra alguém (VALDITARA, Giuseppe. *Superamento dell'aestimatio rei*. Milano: Giuffrè, 1992, p. 347 ss.). A solução de Giuliano, dividida com Ulpiano (D. 9, 1, 1, 7), que concedia a ação somente quando o cão fosse instigado, aceitava a utilização de um instrumento, enquanto o objeto utilizado para atingir permanecesse sobre o controle e guiada materialmente por aquele que a empregava (VALDITARA, op. cit., p. 22) [...]. Esta

aplicação, introduziram uma série de *actiones utiles* e *in factum*, moduladas sob a *actio legis Aquiliae*, para os casos em que faltavam os elementos exigidos pela lei.[55] Assim, enquanto a Lei Aquília contemplava exclusivamente a hipótese do *damnum* ocasionado *corpore et corpori*, ou seja, mediante ação direta sobre a coisa, a *actio in factum* dispensava este pressuposto, abrangendo as situações de danos ocasionados *non corpore datum*.[56]

Considerando a interpretação estrita do vínculo de causalidade, a lei não deveria ser aplicada a uma série de condutas de efeito danoso indireto, mas, como se viu, este vazio foi colmado pelo pretor mediante a outorga de ações *in factum*[57] que seguiam o modelo da lei. As fontes com relação às extensões criadas com a utilização de ações para os danos não causados com o corpo apresentam algumas variações de linguagem, às vezes empregando a expressão *actio utilis*.[58] Muitos autores, segundo Gúzman Brito, posicionaram-se afirmando que se tratava de ações fictícias e não *in factum*, o que para este autor é inadmissível, "porque o pretor não pode ocultar fatos (ou seja, que o dano se causou com corpo, quando não foi assim). O mais apropriado a esta hipótese era, portanto, conceder ações *in factum*".[59]

Para indicar os casos em que se deveriam conferir tais ações, os juristas estabeleceram um conceito de "proporcionar causa ao dano" ou "à morte" (*causam damni praestare, causam mortis praestare*), segundo o qual se faz responsável pela

---

era já a opinião de Alfeno – como se verá mais adiante – no caso do carro deixado andar por aquele que o empurrava em uma subida e que, por esta causa, havia atingido o carro que o seguia, o qual por sua vez atingira o servo de outro (D. 9, 2, 52, 2). É significativo que Alfeno justifique a concessão da ação aquiliana sob a base de analogia com o caso do *telum sacaglaito ex manu*" (VALDITARA, op. cit., p. 32).

[55] Conforme Rotondi, boa parte dessas ações são atribuídas a Justiniano (ROTONDI, G. Dalla Lex Aquilia all'art. 1151 Cod. Civ. Ricerche storico-dommatiche, *Rivista di Diritto Commerciale*, v. 16, 1916, p. 455). Esse entendimento, entretanto, é já superado de acordo com ZILIOTTO, Paola. *L'imputazione del danno aquiliano*. Padova: Cedam, 2000, p. 59 ss.

[56] O processo de alargamento da esfera de aplicação da Lei Aquília, conforme afirma Biondi, é contínuo até Justiniano. Rotondi, por exemplo, afirma que a aplicação da ação aquiliana é de tal forma larga que passa a considerar qualquer dano produzido com culpa (ROTONDI, op. cit., p. 465 ss.). Biondi afirma que se encontra aqui o princípio, substancialmente afirmado pelos intérpretes do direito intermédio, sancionado pelo Código Civil italiano de 1942 no artigo 2.043: "*qualunque fatto doloso o colposo, che cagiona ad altri un danno ingiusto, obbliga colui che ha commesso il fatto a risarcire il danno*" (BIONDI, Biondo. *Istituzioni di diritto romano*. Milano: Giuffrè, 1972, p. 530).

[57] A primeira *actio in factum* foi aquela admitida por Ofilio e contemplada no D. 9, 2, 3, para o caso do servo que cai em um rio por ter sido arremessado por um cavalo furioso instigado por um terceiro, conforme VALDITARA, op. cit., p. 23.

[58] Com relação às várias teorias a respeito de uma distinção entre *actio in factum* e *actio utilis*, vide ZILIOTTO, Paola. *L'imputazione del danno aquiliano*. Padova: Cedam, 2000, p. 61 ss.

[59] GUZMÁN BRITO, Alejandro. *Derecho privado romano*. Santiago de Chile: Editorial Jurídica de Chile, 1996. p. 261 e 262.

Lei Aquília não só aquele que "deu" o dano, em sentido primitivo, mas também quem "criasse" a ocasião de fato em que o produzisse.[60] Responde por ação civil da *Lex Aquilia*, porque o dano é "*corpore corpori datum*", a parteira que com a sua mão deu a beber medicamento a seu paciente, em consequência do qual veio a morrer; mas responde por ação *in factum* se entregou o copo que continha o medicamento à escrava e esta bebeu da sua mão, porque se o dano não foi "*corpori corpore*", é certo que a parteira proporcionou causa à morte.[61]

Concediam-se também ações *in factum* para os casos de perda da coisa, como nos exemplos descritos no D. 19, 5, 14, 2 e D. 19, 5, 23, na hipótese em que se jogam coisas no mar ou rio e, ainda que se mantenham íntegras, resultam "perdidas para o seu dono". Também na situação em que alguém, não com intenção de furtar, mas, por misericórdia, libera um escravo alheio (D. 4, 3, 7, 7). Deste modo, pois, seja por via da ação civil da Lei Aquília, seja pela ação *in factum*, o direito clássico terminou por responder de todo o dano causado direta ou indiretamente por ato doloso ou

---

[60] Vide D. 9, 2, 7, 6; D. 9, 2, 51.

[61] Na tradução em espanhol do Digesto: D. 9, 2, 9 pr.: "*Si una partera hubiere dado un medicamento, y resultas hubiere perecido la mujer, Labeón distingue, que si verdaderamente lo aplicó con sus manos, se entenderá que se mató, y que si lo dió, para que la mujer se lo aplicase, se há de dar la acción por el hecho; cuyo dictamen es verdadero, porque más bien que mató, dió causa para la muerte*". Também responde, não pela ação civil, mas pela morte, aquele que encerra um escravo ou um animal alheio e não o alimenta de modo que morra de fome, em D. 9, 2, 9, 2: "*Si alguno hubiere matado de hambre á un esclavo, dice Neracio, que queda obligado por la acción por el hecho*". Respondem *in factum* aquele que instigou o cavalo em que estava montado um escravo, de maneira que este veio a cair em um rio e morreu afogado, e aquele que leva um escravo a uma emboscada para ser assassinado por outro, D. 9, 2, 9, 3: "*Si habiendo hostigado al caballo hubieres hecho que mi esclavo que lo montaba se precipitase en un rio, y por esto hubiere perecido el esclavo, escribe Ofilio, que se ha de dar la acción por el hecho, de la misma manera que si llevado por uno mi esclavo á una emboscada hubiese sido muerto por otro*". Ainda que aquele que assassinou responda pela ação civil, este responde por ação *in factum*, D. 9, 2, 11, 1: "*Si uno sujetó, y outro mató, el que sujetó como que dió causa para la muerte, queda obligado por la acción por el hecho*". Aquele que instiga o cão a morder outro responde pela ação civil, D. 9, 2, 11, 5: "*Proculo respondió, que asimismo hay la acción de la Ley Aquilia contra aquel que había azuzdo un perro, y hecho que mordiesse á alguien, aunque no lo tuvo sujeto; pero Juliano dice, que queda obligado por la Ley Aquilia tan sólo el que tuvo sujeto, y hizo que mordiese á alguién; mas que si no lo tuvo sujeto, se ha de ejercitar la acción por el hecho*". Aquele que golpeou um cavalo e que por isso deu um coice em um escravo, D. 9, 1, 1, 7: "*Y en general, tiene lugar esta acción, sempre que la bestia causó el daño movida contra su naturaleza. Y por tanto, si escitado el caballo com un dolor hubiere dado una coz, cesa esta acción; pero aquel que hubiere golpeado ó herido al caballo, queda obligado por la acción por el hecho más bien que por la Ley Aquilia, y esto asi, porque el causó el daño com su proprio cuerpo. Mas si cuando alguno hubiesse acariciado ó pasado la mano á un caballo, éste le hubiere dado una coz, habrá lugar a la acción*" (Tradução de GARCÍA DE CORRAL, Ildefonso. *Cuerpo del derecho civil romano*. Barcelona, 1889, p. 569). A tradução espanhola de García de Corral é considerada pelos estudiosos romanistas a mais precisa tradução do latim, de tal modo que se absteve aqui de nova tradução para não deturpar o conteúdo.

culposo. Na responsabilidade *ex lege Aquilia*, seja para os danos previstos no capítulo primeiro,[62] seja para aqueles contemplados no capítulo terceiro,[63] exigia-se que fossem causados "com injúria" (*iniuria*).

O termo *iniuria*, conforme as fontes,[64] tem o significado de "sem direito" (*non iure*) ou "contra o direito" (*contra ius*), estabelecendo a necessidade, neste caso, da antijuricidade da ação.[65] Neste sentido, observa-se que o objetivo da lei não era o de sancionar um comportamento enquanto causa de um dano injusto,[66] mas de coibir um ato que, independente da ação do sujeito, entrava, nas palavras de Schipani, "*direttamente, fisicamente, in collisione con l'oggetto leso, che è qualificato come altrui*".[67] O comportamento lesivo, como afirma Valditara, era *non iure* no momento em que alguém agisse de maneira contrária ao direito, sendo, portanto, *non iure* cada vez que não encontrasse no *ius* uma justificação.[68] Assim, conclui-se que o elemento fundamental para que se possa qualificar o dano como *iniuria datum* era o critério do comportamento injustificado.[69]

Eram causas de justificação, entretanto, a legítima defesa[70] e o estado de necessidade.[71]

Na idade republicana, a jurisprudência precisou o conceito de *iniuria*, passando de uma consideração puramente objetiva (ato danoso realizado com a ausência de uma causa de justificação) a uma de caráter subjetivo, estabelecendo o conceito de "culpa". Schipani ressalta a necessidade de um comportamento reprovável, e não a mera relação de causalidade entre o ato danoso e a pessoa que o cometeu.[72] O mesmo

---

62   GAIO 3, 210; D. 9, 2, 2, pr.

63   GAIO 3, 217; D. 9, 2, 27, 5.

64   D. 9, 2, 5, 1. Ulpiano, nesta passagem, explicando a diferença entre *damnum iniuria datum* e o delito *iniuria*, diz que em tema de *Lex Aquilia* se deve entender *iniuria* aquilo que foi feito *non iure*, ou seja, *contra ius*, se foi morto por culpa.

65   SCHIPANI, Sandro. *Responsabilità "ex Lege Aquilia" criteri di imputazione e problema della "culpa"*. Torino: Giappichelli, 1969, p. 299 ss.

66   VALDITARA, Giuseppe. *Damnum iniuria datum*. Torino: Giappichelli, 1996, p. 33; SCHIPANI, op. cit., p. 50.

67   SCHIPANI, op. cit., p. 89.

68   VALDITARA, op. cit., p. 33.

69   SCHIPANI, op. cit., p. 83 ss.

70   D. 9, 2, 4, pr.; 9, 2, 5, pr.; 9, 2, 45, 4.

71   O estado de necessidade vem exemplificado nas fontes como uma situação de perigo para si ou para os próprios bens. Alguns casos podem ser visualizados nas hipóteses de incêndio nas casas vizinhas que ameaçavam as casas daquele que agiu, D. 9, 2, 49, 1; 43, 24, 7, 4; 47, 9, 3, 7.

72   SCHIPANI, op. cit., p. 104 ss.; no mesmo sentido TALAMANCA, M. *Instituzioni di diritto romano*. Milano: Giuffrè, 1990, p. 627, ao criticar a tese de que a culpa indicaria somente uma relação de causalidade, afirma que "non risultano fonti in cui si riscontri questo valore oggettivo: pur se in contesto casistico, all'inizio del I sec. a. C., Quito Mucio Scevola aveva

entendimento se verifica em Hasse,[73] para quem a culpa significaria na linguagem ordinária "infração de uma norma qualquer, que, na maior parte dos casos, na linguagem dos clássicos é uma norma de ordem moral", a *culpa* teria, então, seguindo este autor, como fundamental significado jurídico aquele da conduta ilícita.

Valditara explica que a noção de culpa entra no conceito de *iniuria* porquanto a *culpa* exprima uma reprovação da conduta que, "*in quanto riprovevole, appare ingiustificata*".[74] Ao entender a palavra *iniuria* como alusiva à posição subjetiva ou psicológica do autor do dano com relação a este, a jurisprudência passou a vislumbrar o elemento intencional do agente, a sua conduta dolosa (*dolus*) e a negligência ou falta de cuidado que são designadas com o termo *culpa*.[75] Assim, o *damnum* se converteu no protótipo dos delitos culposos,[76] frente aos puramente dolosos.[77]

A causa, por assim dizer, é presente em diversas passagens dos textos romanos, mas não teve lá, naquele direito propriamente dito, o seu desenvolvimento doutrinário e orgânico.[78] O Direito Romano, como aponta Antolisei, não se ocupou da causalidade como problema individualizado. A questão é relativamente moderna.[79] Zimermamn afirma que era óbvio que para se propor uma ação no Direito Romano era necessário que existisse uma conexão causal entre a conduta de um agente e o

---

    già affermato *culpam autem esse, quod cum a diligente provideri poterit non esset provisum* (D. 9, 2, 3, 1: "culpa é não ter previsto o que uma pessoa diligente poderia ter previsto"), e non vi è alcuna ragione per sospettare del passo. La responsabilità aquiliana è, dunque, una responsabilità soggettiva, a titolo di dolo e colpa". Ainda, BURDESE, op. cit., p. 531.

[73]   Citado por HASSE, *Die culpa des Römischen Rechts*, Bonn, 1938, p. 8 (apud SCHIPANI, Sandro, *Responsabilità "ex Lege Aquilia" criteri di imputazione e problema della "culpa"*. Torino: Giappichelli, 1969, p. 3).

[74]   VALDITARA, Giuseppe. *Damnum iniuria datum*. Torino: Giappichelli, 1996, p. 37.

[75]   GUZMÁN BRITO, Alejandro. *Derecho privado romano*. Santiago de Chile: Editorial Jurídica de Chile, 1996, p. 258.

[76]   Este conceito de culpa, conforme Guzmán Brito, compreende: (i) a negligência ou falta de cuidado; (ii) a ausência de conhecimento ou destreza especial para poder fazer algo (*imperitia*); (iii) a eleição descuidada de pessoas encarregadas de alguma atividade, e que tenham causado o dano; (iv) a criação sem cautelas de uma situação de perigo para pessoas ou coisas (GUZMÁN BRITO, op. cit., p. 268).

[77]   D. 9, 2, 5, 1.

[78]   Nesse sentido, também: HONORÉ, A. M. Causation and remotness of dammage. In: *International Enciclopedy of Comparative Law*, 1967, v. 11, p. 30.

[79]   ANTOLISEI, Francesco. *Il rapporto di causalità nel diritto penale*. Torino: Giappichelli, 1934, p. 20. Antolisei cita ainda Hippel (*Deutsches Strafrecht*, v. II, 1930, p. 134), afirmando que o tema era desconhecido do Direito Romano, germânico e canônico, mas que isso não queria dizer que não fosse examinado nenhum dos casos que hoje se discutem a propósito da causalidade. Muitos casos similares se apresentaram ao exame dos juristas, mas não os foram em base a um princípio informador de caráter geral.

dano. Mas, segundo esse autor, isso era mais um entendimento do senso comum do que obra de conceitos e aplicação de noção lógica ou filosófica.[80]

A noção de causalidade permaneceu por muitos séculos ignorada. Seu estudo teve início somente no século XIX na doutrina penalista. Isso explica, segundo Peirano Facio,[81] por que os autores clássicos de direito civil não se ocuparam do tema, e quando referem o conceito de nexo causal não o fazem de forma precisa. Lembra o autor que Carrier, o primeiro comentarista do Código de Napoleão, limitou-se a dizer que "tanto o delito como o quase-delito são fatos ilícitos que causam danos a outros e que obriga a repará-lo",[82] sem fazer qualquer menção ao nexo causal, e, no seu trabalho, analisa somente os elementos da culpa e do dano.

Não obstante, deve-se ter presente a importância das análises realizadas pelos juristas romanos, nas diversas alusões que se encontram no *Corpus Iuris Civilis*, que serviram de base e foram informadoras do direito contemporâneo na Europa e na América Latina, estabelecendo ademais uma série de princípios que se tornam, indiscutivelmente, instrumentos para a elaboração e a interpretação do direito.[83]

Na Idade Média, os práticos do direito penal começaram a distinguir a imputação física, *imputatio facti,* da imputação moral, *imputatio juris*, sem, contudo, determinar princípios exatos a respeito do tema.[84] A causalidade veio a se configurar

---

[80] ZIMMERMMAN, R. *The law of obligations:* roman foundations of the civilian tradition. 4. ed. Cidade do Cabo, 1990, p. 991.

[81] PEIRANO FACIO, Jorge. *Responsabilidad extracontratual*. Montevideo: Barreiro y Ramos, 1954, p. 402.

[82] CARRIER, *Traité...*, t. 2, p. 30, n. 44, apud PEIRANO FACIO, op. cit., p. 403.

[83] Nesse sentido, afirma De Cupis que a interpretação dada pela doutrina do século XIX, em relação a causalidade, é adequada ao senso de visão realística das exigências práticas do direito que é, em geral, considerado como uma qualidade do bom senso jurídico romano (DE CUPIS, Adriano. *Il danno*. Milano: Giuffré, 1979, p. 109).

[84] ANTOLISEI, Francesco. *Il rapporto di causalità nel diritto penale*. Torino: Giappichelli, 1934, p. 21. A relação de causalidade importava na determinação dos elementos objetivos, externos, consistentes na atividade ou inatividade do sujeito, e que são atentatórios aos direitos de terceiros, correspondendo ao que os práticos da Idade Média denominavam *imputatio facti*. Nesse sentido, Antolisei explica que os práticos entendiam a *imptutatio facti* como pressuposto da *imputatio juris* (nesse sentido também: PEIRANO FACIO, op. cit., p. 410; Goldenberg, op. cit., p. 47-48). Esse conceito não deve ser confundido com o de imputabilidade que diz respeito a um elemento subjetivo, interno, e que é, por sua vez, uma *imputatio iuris* (SERPA LOPES. *Curso de direito civi*l. Rio de Janeiro: Freitas Bastos, , 1955, n. 199, v. 5). A necessidade de uma relação causal entre a *faute* e o *dommage*, como condição de toda a responsabilidade, é afirmada nos textos das normas francesas (SAVATIER, René. *Traité de la responsabilité civile en droit civile*. Paris: LGDJ, 1939, t. II, p. 5; VINEY, Geneviève. *Traité de droit civil*: les obligations. Paris: LGDJ, 1981, p. 406; MAZEAUD E MAZEAUD. *Leçons de droit civil*. 4. ed. Paris: Montchrestien, 1965, t. XII, p. 616; MARTY, Gabriel; RAYNAUD. Pierre. *Droit civil*: les obligations. , Paris: Sireys, 1988, t. I, p. 679; FLOUR, Jacques; AUBERT, Jean-Luc. *Les obligations*: le fait juridique. Paris: Armand Colin, 1997, v. 2, p. 147; STARCK,

no âmbito jurídico[85] por obra da referida doutrina alemã. O primeiro autor a se ocupar da causalidade foi o criminalista alemão Von Buri,[86] que, com certa identidade com os estudos do filósofo inglês John Stuart Mill, desenvolveu a teoria da equivalência das condições, também denominada de *conditio sine qua non*.

Desde então, o tema da causalidade passou a ser objeto na Alemanha de um número expressivo de publicações, nas quais foram propostas e discutidas as mais variadas teorias. A doutrina alemã afrontou o problema com rigor e probidade científica. E, apesar da quantidade de estudos realizados, até os dias atuais, não há

Boris, *Droit civil*: obligations. 2. ed. Paris: Litec, 1986, p. 387; MALAURIE, Philipe; AYNÈS, Laurent. *Cour de droit civil*: les obligations. Paris: Cujas, 1998, p. 53; ESMEIN, Paul. Trois problèmes de responsabilité civile. *Revue trimestrielle de droit civil*, 1934, p. 321). O verbo "causer" figura não somente nos artigos 1.382 e 1.383 (responsabilidade por fato pessoal), mas também nos artigos 1.384, 1.385, 1.386 (responsabilidade por fato terceiro ou por fato das coisas). Conforme o artigo 1384: "On est responsable non seulement du dommage que l'on cause par son propre fait, mais encore de celui qui est causé par le fait des personnes dont on doit répondre, ou des choses que l'on a sous sa garde"; artigo 1.385: "Le propriétaire d'un animal, ou celui qui s'en sert, pendant qu'il est à son usage, est responsable du dommage que l'animal a causé, soit que l'animal fût sous sa garde, soit qu'il fût égaré ou échappé"; artigo 1.386: "Le propriétaire d'un batiment est responsable du dommage causé par sa ruine, lorsqu'elle est arrivée par une suite du défaut d'entretien ou par le vice de sa construction". O artigo 1.382, do Código francês, prevê a regra geral em matéria de responsabilidade delitual, consagrando o princípio da culpa, no qual é seguido por todas as codificações posteriores, em particular na América Latina, onde muitas vezes serviu de código modelo e foi integralmente incorporado. Estabelece o artigo: "Tout fait quelconque de l'homme, qui cause à autrui un dommage, oblige celui par la faute duquel il est arrivé, à le réparer". O artigo 1.383, por sua vez, estabelece: "Chacun est responsable du dommage qu'il a causé par son fait, mais encore par sa négligence ou par son imprudence". Como se vê, em ambos os textos, vem expressa a necessidade de uma relação de causa e efeito que se extrai das expressões "qui cause à autrui" ou "qu'il a causé par son fait". A doutrina e a jurisprudência francesa unanimemente apontam para a necessidade de um liame causal existente entre o fato do agente, a sua conduta culposa (*faute*), e o dano produzido. Mesma afirmação pode ser feita ainda a respeito da responsabilidade por fato das coisas (*fait de choses*), em que a intervenção causal da coisa é um elemento determinante (MARTY, Gabriel; RAYNAUD, Pierre. *Droit civil*: les obligations, op. cit., p. 679). Isso significa dizer que em todos os domínios da responsabilidade (responsabilidade por fato pessoal ou responsabilidade pelo fato de outro, do animal, do edifício ou das coisas) a noção do nexo de causalidade deverá exprimir um mesmo critério jurídico (JOLY, André. Vers un critère juridique du rapport de causalité au sens de l'article 1.384, alinéa, 1ª, du Code Civil. *Revue trimestrielle de droit civil*, 1942, p. 258).

[85] A causalidade era já tema de preocupação no campo da filosofia. Precedentes importantes do estudo da causalidade foram realizados por Stuart Mill e Hume (HART, Herbert Lionel Adolphus; HONORÉ, Tony. *Causation in the Law*. Oxford: Oxford University Press, 2002, p. 13-21).

[86] A causalidade vem analisada, principalmente, pela doutrina germânica. A primeira obra na qual a questão foi tratada em termos reais foi a do alemão Von Buri, intitulada *Zur Lehre von der Teilnahme*, em 1860; e, posteriormente, do mesmo autor, na obra de 1873, intitulada *Uber Kausalität und deren Verantwortung*.

soluções definitivas. A discussão a respeito de uma solução sobre o problema da causalidade ocorre recorrentemente no confronto da jurisprudência com as distintas teorias e conforme a interpretação de cada legislação e tendência doutrinária.[87]

O problema que se pode chamar de "causalidade jurídica" é, sem dúvida, diverso daquele entendido como causalidade fatual, ou natural, também questionável do ponto de vista filosófico, que encontra igual dificuldade. Daí a preocupação deste estudo em encontrar, em conformidade com os parâmetros atuais do direito e com os princípios da tradição jurídica, uma fórmula justa e coerente que, se não totalmente eficaz, pelo menos aponte soluções equitativas na maioria dos casos.

A cumprir esse propósito, deve-se antes compreender o fenômeno jurídico da causalidade e que se manifesta na responsabilidade civil por danos extracontratuais em dois momentos distintos, e cumpre funções igualmente diversas e relevantes, e que revelam a denominada dúplice função da causalidade.

1.2. DUPLA FUNÇÃO DA CAUSALIDADE: PRESSUPOSTO DA RESPONSABILIDADE CIVIL E SELEÇÃO DAS CONSEQUÊNCIAS DANOSAS

A causalidade mantém forte laço de referência teórica com o ilícito civil na acepção do brocardo *neminem laedere*, extraído por obra dos glosadores dos textos romanos. Aparece de forma fundante na matéria da responsabilidade na cláusula geral inserida no artigo 1.382 do *Code Civil* de 1804,[88] segundo o qual todo aquele que por sua *faute* causar um prejuízo a outrem fica obrigado a repará-lo; isso vem a influenciar de forma substancial as codificações posteriores tanto na Europa como na América Latina, que seguiram o modelo de tradição romano-germânica.[89]

No atual Código Civil brasileiro, de 2002, a causa é prevista no artigo 927, ao mencionar que é responsável pelo dano aquele que por ato ilícito vier a causá-lo. No artigo 186 do mesmo código, vem expressa a definição do "ato ilícito": a ação ou omissão voluntária, negligência ou imprudência, violar direito e causar o dano. Não basta a sua ocorrência em si. Há que do ato advir um dano. E esse laço que liga o ato ao dano, pela locução da lei, "causar", é elemento fundamental para completar a tríade da responsabilidade civil.

O presente estudo se concentra, de forma delimitada, na questão da causalidade jurídica, como modelo de apuração das consequências decorrentes do dano

---

[87] MORSELLO, Marco Fábio. O nexo causal e suas distintas teorias: apreciações críticas. *Revista do Iasp*, São Paulo, v. 10, n. 19, p. 211-220, jan./jun. 2007.

[88] Artigo 1.382: *Tout fait quelconque de l'homme, qui cause à autrui un dommage, oblige celui par la faute duquel il est arrivé, à le réparer.*

[89] DAVID, René. *Les grands systèmes de droit contemporains*. Paris: Dalloz, 1974, p. 23-24; 58 e 62.

compreendido na responsabilidade civil extracontratual, excluindo neste caso o da responsabilidade contratual e da objetiva, que exigiria, cada qual, aprofundamento específico. Não obstante, tem sido frequente nos últimos anos a publicação de trabalhos científicos na esfera do direito ambiental, que cuidam e tratam da causalidade como um elemento essencial, sobretudo, em face da desnecessidade da qualificação de condutas a par da ausência da culpabilidade para configuração da responsabilidade.

A identificação do nexo causal entre o ato ou fato jurídico e o dano, de acordo com o propósito da regra, é de fundamental importância para a caracterização do dever indenizatório. O mesmo se pode dizer dos casos em que se verifica a prática de atos lícitos e de consequentes danos indenizáveis, atendendo ao entendimento da necessidade de sempre reparar a vítima de um dano, hipótese da reparação integral, também inserida na regra do artigo 944 do Código, que afirma que o "dano mede-se pela sua extensão", e avalizada por parte importante da doutrina.

Na cláusula geral da responsabilidade civil subjetiva, o ato ilícito é um dos elementos fundamentais. A legislação brasileira, entretanto, permite a hipótese de responsabilização pelo ato cometido licitamente, como exceção. Os artigos 188[90] e 929[91] do Código Civil, combinados por conexão expressa, tornam perfeitamente válida a hipótese de vir a responder o sujeito causador do dano frente àquele que o suportou, mesmo não tendo agido com culpa, ou seja, tendo praticado um ato lícito. A possibilidade causal adotada nessa proposição é semelhante à ideia primitiva do Direito Romano de *dannum corpore datum*, ou seja, a responsabilização daquele que com o corpo ou objeto atinge diretamente causando o dano.

O exemplo prático comum que ilustra essa situação é o do sujeito que, para cometer suicídio, joga-se em frente a um automóvel que trafega em uma via, e o motorista, para evitar o atropelamento, desvia, atingindo uma banca de jornal. O ato praticado pelo motorista é lícito, mas o desvio acaba por causar prejuízos ao terceiro que se encontrava por mera casualidade na lateral da estrada. A norma prevê a responsabilização do causador do dano, mas permite que ele venha a se ressarcir daquele que foi verdadeiro causador originário, que deu origem à sucessão de fatos que culminaram no prejuízo.[92]

---

[90] CC: Art. 188. Não constituem atos ilícitos:

I – os praticados em legítima defesa ou no exercício regular de um direito reconhecido;

II – a deterioração ou destruição da coisa alheia, ou a lesão a pessoa, a fim de remover perigo iminente. Parágrafo único. No caso do inciso II, o ato será legítimo somente quando as circunstâncias o tornarem absolutamente necessário, não excedendo os limites do indispensável para a remoção do perigo.

[91] CC: Art. 929. Se a pessoa lesada, ou o dono da coisa, no caso do inciso II do art. 188, não forem culpados do perigo, assistir-lhes-á direito à indenização do prejuízo que sofreram.

[92] USTÁRROZ, Daniel. *Responsabilidade civil por ato lícito*. São Paulo: Atlas, 2014, p. 17 ss.

RESPONSABILIDADE CIVIL EXTRACONTRATUAL • *Gabriel De Freitas Melro Magadan*

Há um complexo entrelaçamento causal na qual se conjugam determinados aspectos comuns às diferentes teorias da causalidade. A teoria da *conditio sine qua non* se apresenta como resposta final para o ressarcimento, mas antes disso, por imposição legal, vem a responder primeiramente aquele que causou o dano de forma direta e imediata, que com o veículo (ainda que de forma lícita) atingiu a banca de revistas.[93]

Surge aqui um divisor de águas importante: o dano. Entre o ato ilícito e o dano, verifica-se a necessária relação causal. Do dano, considerado como evento, decorrem consequências que repercutem de forma indiscriminada e que devem ser selecionadas com o objetivo de se estabelecer uma zona danosa ressarcível – alguns autores falam em "conteúdo do dano".[94] A seleção se faz pela causalidade, mais propriamente pela causalidade dita jurídica.

Christophe Quézel-Ambrunaz ilustra essa situação da causalidade como um *pivot*.[95] Ora deslocando-se em função do ilícito e do dano, ora em função do dano e de suas consequências danosas. Nesse segundo momento, cumprindo uma função preenchedora do conteúdo do dano, determinando as consequências juridicamente relevantes para serem ressarcidas.

Raniero Bordon, na Itália, afirma que existem duas funções atribuídas à causalidade (*nesso causale*), uma interna e outra externa ao evento danoso. A primeira é definida como causalidade material, de fato ou natural, e é regra de verificação

---

[93] A respeito da teoria das causalidades, vide HART, Herbert Lionel Adolphus; HONORÉ, Tony. *Causation in the law*. Oxford: Oxford University Press, 2002, p. 431 ss.

[94] Nesse sentido, podem-se citar alguns autores consultados, de forma não terminativa, na doutrina portuguesa: VAZ SERRA. Obrigação de imndenização. Colocação. Fontes. Conceito e espécies de dano. Nexo causal. Extensão do Dever de Imndenizar. Espécies de imndenização. Direito de abstenção e de remoção. *Boletim do Ministério da Justiça*, n. 84, 1954, p. 5 a 301; na francesa VINEY, Geneviève; JOURDAIN, Patrice. *Traité de droit civil:* les conditions de la responsabilié. (dir.) Jaques Ghestin. 3. ed. Paris: LGDJ, 2006, p. 197, a autora afirma que a causalidade se dá em dois momentos distintos: a) do fato lesivo ao dano inicial e b) do dano inicial às consequências danosas; também: QUÉZEL-AMBRUNAZ, Christophe. *Essai sur la causalité en droit de la responsabilité civile*. Paris: Dalloz, 2010, p. 11, 205 e 348, fala que o dano é uma espécie de pivô em torno do qual se articula o nexo de causalidade; na doutrina italiana, VISINTINI, Giovanna. *I fatti illeciti:* III causalità e danno. Padova: Cedam, 1999, p. 5; De Cupis diz que "*contenuto*' è parola che indica quanto è compreso in un determinato ente; e come si parla, ad. es., di 'contenuto del diritto soggettivo' per designare il complesso di facoltà in esso comprese, così puó parlarsi di 'contenuto del danno' per designare l'intero quantum che lo compone" (DE CUPIS, Adriano. *Il danno*. Milano: Giuffrè, 1946, p. 105).

[95] Segundo Quézel, "*le dommage pourrait apparaître comme une sorte de pivot, autor duquel s'articulerait le lien causal* [...] *cette idée est partiellement mise en forme par la distinction entre le dommage et le préjudice, qui permet de donner un nom à certaines des conséquences du dommage*" (QUÉZEL-AMBRUNAZ. *Essai sur la causalié en droit de la responsabilité civile*. Paris: Dalloz, 2010, p. 11, 205 e 348).

da responsabilidade. A segunda é denominada causalidade jurídica, e diz respeito à extensão das consequências ressarcíveis.[96]

A verificação dos elementos que configuram a responsabilidade civil extracontratual, conduta ilícita (ou prevista em lei), nexo causal e dano, dá origem ao dever de reparação. São pressupostos de formação da obrigação indenizatória. Daí decorre um segundo problema de ordem prática: consistente na apuração do dano pela seleção de suas consequências indenizáveis. Nesse segundo plano dos acontecimentos, que se estabelece entre o dano em si e suas consequências, novamente o conceito da causalidade se coloca a serviço de uma nova função de seleção e de apuração da zona de reparação.

Desse raciocínio em torno da causalidade depreende-se sua dupla função: de um lado, individualizar o sujeito responsável, e, de outro, determinar o conteúdo da obrigação de ressarcimento.[97] Em um primeiro estágio dos acontecimentos há a

---

[96] BORDON, Raniero. *Il nesso di causalità*. Torino: Utet, 2006, p. 32; no mesmo sentido: BERTI, Ludovico. *Il nesso di causalità in responsabilità civile*: nozione, onere di allegazione e onere della prova. Milano: Giuffrè, 2013, p. 15. Da mesma forma, Franzoni confirma o caráter dual da causalidade na responsabilidade civil. Frazoni, afirmando que: "*nel sistema della responsabilità civile, la causalità assolve una duplice finalità: imputa al responsabile il fatto illecito, e stabilisce l'entità delle conseguenze pregiudizievoli del fatto che si traducono nel danno risarcibile. È, dunque, opportuno distinguere in causalità di fatto, la prima e in causalità giuridica, la seconda. La diversa finalità cui le due causalità rispondono all'interno del sistema della responsabilità civile, esclude l'opportunità di ricostruire unitariamente la figura*" (FRANZONI, M. L'illecito. In: *Trattato della responsabilità civile*, diretto da M. Franzoni, Milano: Giuffrè, 2004, 60 ss.); a própria Corte de Cassação italiana, em julgado das "Sezioni Unite" de 16 de outubro de 2007, n. 21619, afirmando que "*nel sistema della responsabilità civile, la causalità assolve, comunque, alla duplice finalità di fungere da criterio di imputazione del fatto illecito e di regola operativa per il sucessivo accertamento dell'entità delle conseguenze pregiudizievoli del fatto che si traducono in danno risarcibile. Essa va pertanto scomposta (secondo l'opinione largamente prevalente) nelle due fasi corrispondenti al giudizio sull'illecito (nesso condotta/evento) e al giudizio sul danno da risarcire (nesso evento/danno). In altre parole, da un lato sta il nesso, che deve sussistere tra comportamento ed evento perché possa configurarsi, a monte, una responsabilità 'strutturale'; dall'altro, sta il nesso che, collegando l'evento al danno, consente l'individuazione delle singole conseguenze dannose, con la precipua funzione di delimitare, a valle, i confini di una (già accertata) responsabilità risarcitoria*".

[97] REALMONTE, Francesco. *Il problema del rapporto de causalità nel risarcimento del danno*. Milano: Guiffrè, 1967, p. 24. A propósito, Mario Julio de Almeida Costa afirma que o nexo causal desempenha dupla função, de "pressuposto" da responsabilidade civil e de "medida" da obrigação de indenizar (COSTA, Mário Júlio de Almeida. *Direito das obrigações*. 12. ed. Coimbra: Almedina, 2009, p. 605). Outro aspecto relevante acerca do entendimento da causalidade diz respeito à sua utilização como nexo de imputação para fins de verificação de autoria. Essa concepção deriva do direito penal e encontra guarida na doutrina civilista. Nesse sentido, vide ainda: SINDE MONTEIRO, Jorge Ferreira. Rudimentos da responsabilidade civil. *Revista da Faculdade de Direito da Universidade do Porto*, ano II, Coimbra: Coimbra ed., p. 379-381; SAMPAIO DA CRUZ, Gisela. *O problema do nexo causal na responsabilidade civil*. Rio de Janeiro: Renovar, 2005, p. 22; DIEZ-PICAZO, Luiz. *Derecho de*

necessidade de se estabelecer a causa, individualizá-la se for o caso de concorrência de várias causas, ou, simplesmente, verificar o nexo causal que existe entre fato e dano[98]. Depois de superada essa fase, deve-se precisar o alcance da reparação, já que, segundo afirma Goldenberg, o dano é indenizável somente "na medida em que corresponde ao fato gerador como consequência juridicamente atribuível ao responsável".[99]

A pesquisa do nexo causal, tendo por base os critérios definidos em lei, como afirma Realmonte, visa à reconstrução do fato danoso a ser imputado a um sujeito diverso daquele que há suportado os prejuízos econômicos pelos quais se pede o ressarcimento.[100] Antes de tudo, observa o autor,[101] é necessário pesquisar se no ordenamento jurídico em análise existem normas que reconheçam relevância a um nexo etiológico acertado sobre o plano naturalístico ou somente em relação a um que é previamente qualificado. Sucessivamente, a atenção se volta para a relação de causalidade requerida para a determinação do conteúdo da obrigação ressarcitória, com a finalidade de acertar se o direito positivo atribui relevância jurídica a todas as situações danosas causadas pelos eventos injustos ou se considera somente alguns previamente definidos.

A maioria dos ordenamentos jurídicos, no que concerne à indenização, estabelece a necessidade de se responder por danos "diretos e imediatos". Essa é a locução que se repete em vários dispositivos e que tem como matriz o dispositivo do artigo 1.151, Código de Napoleão, inicialmente aplicada às obrigações contratuais e estendida por força da interpretação dogmática e da jurisprudência à hipótese dos danos na responsabilidade civil:

---

daños. Madrid: Civitas, 1999, p. 332; MARTINS COSTA, Judith. Ação indenizatória. Dever de informar o fabricante sobre riscos do tabagismo. *Revista dos Tribunais*, São Paulo, n. 812, p. 75-99, jun./2003, p. 39; MARQUES, Claudia Lima. Violação do dever de boa-fé de informar corretamente, atos negociais omissivos afetando o direito/liberdade de escolha: nexo causal entre a falha/defeito de informação e defeito de qualidade nos produtos de tabaco e o dano final morte. Responsabilidade do fabricante do produto, direito a ressarcimento dos danos materiais e morais, sejam preventivos, reparatórios ou satisfatórios (Parecer). *Revista dos Tribunais*, São Paulo, v. 835, p. 75-133, maio 2005; FROÉS DA CRUZ, Antônio Paulo. *Causalidade*. 1986. 2 v. Tese (Doutorado) – Universidade Federal do Rio de Janeiro, Rio de Janeiro, 1986; ROCHA, Marco Aurelio Martins. O problema do nexo causal na responsabilidade civil. *Estudos Jurídicos*, Unisinos, n. 71, p. 37-54, 1994.

[98] Quézel-Ambrunaz afirma que *"la recherche du premier lien consiste à déterminer les causes du dommage; cette question pourrait être résolue par la causalité matérielle, le lie s'etabilsant entre deux réalités factuelles. La détermination du second troçon causal consiste à rechercher le caractere direct, ou non, du préjudice réparable"* (QUÉZEL-AMBRUNAZ. *Essai sur la causalié en droit de la responsabilité civile*. Paris: Dalloz, 2010, p. 207).

[99] GOLDENBERG, Isidoro. *La relación de causalidad en la responsabilidad civil*. Buenos Aires: Astrea, 1984, p. 55.

[100] REALMONTE, op. cit., p. 153-154.

[101] Ibidem, p. 165-166.

Dans le cas même où l'inexécution de la convention résulte du dol du débiteur, les dommages et intérêts ne doivent comprendre à l'égard de la perte éprouvée par le créancier et du gain dont il a été privé, que ce qui est une suite immédiate et directe de l'inexécution de la convention.

No Brasil, vem igualmente disposta no artigo 403 do Código Civil:

Ainda que a inexecução resulte de dolo do devedor, as perdas e os danos só incluem os prejuízos efetivos e os lucros cessantes por efeito dela direto e imediato, sem prejuízo do disposto na lei processual.

A mesma regra se encontra em outras tantas codificações europeias e latino-americanas.[102] A formulação tem tido também leitura mais ampla pela jurisprudência dos diversos países que a adotaram, ampliando-se a situações distantes, mesmo que mediatas e indiretas. A questão que se coloca é a de saber qual a teoria causal aplicável na leitura do dispositivo. É ela que vai dispor sobre a extensão jurídica do dano para fins de ressarcimento. Esse é um problema que será aprofundado na segunda parte deste livro, que pretende investigar justamente as implicações que as diferentes soluções que a escolha pela aplicação de uma ou outra das teorias causais – e da causalidade jurídica – podem trazer à prática da imputação de danos.

A acepção da causalidade em termos jurídicos decorre da sua própria noção originária como fenômeno físico, de causa e efeito, muito embora com ela não necessariamente se confunda.[103] A distinção que se faz entre uma e outra das causalidades dá lugar a inúmeras dificuldades que se apresentam à discussão do tema no âmbito do direito.[104] A causalidade de fato, ou simplesmente material, refere-se à relação de causa e efeito que ocorre na natureza, uma relação física, passível de ser demonstrada nos moldes de paradigmas científicos convencionais. Diferente da

---

[102] A origem e as discussões sobre o tema em termos de direito comparado serão abordadas adiante neste livro.

[103] Realmonte diz que é necessário ressaltar que a expressão "causalidade jurídica" é usada em uma acepção completamente diversa e contraposta à "causalidade natural" e serve para indicar a relação existente entre a *fattispecie* e os efeitos jurídicos (REALMONTE, Francesco. *Il problema del rapporto di causalità nel risarcimento del danno*. Milano: Guiffrè, 1967, p. 42).

[104] GOLDENBERG, Isidoro. *La relación de causalidad en la responsabilidad civil*. Buenos Aires: Astrea, 1984, p. 7-8, explica que a apreensão do fenômeno causal se dá a partir dá no plano da realidade natural e a transposição do seu conceito para outra área específica do conhecimento, com o direito, que possui objeto finalidade e metodologias próprias, impõe-se a distinção três níveis. O ontológico, dos fatos da matéria, o nomológico, do conhecimento e do enunciado da relação causal, e o jurídico, que contempla os modos como é captado normativamente o fenômeno causal.

causalidade que se entende no direito, que pode muito bem ser aquela física, como uma construção simplesmente jurídica.[105]

A propósito, Kelsen distinguiu claramente uma dúplice natureza da causalidade – física e jurídica –, designando a palavra "causa" para o plano natural e a palavra "imputação" para o plano jurídico.[106] Kelsen diz que "as leis naturais formuladas pelas ciências da natureza devem ser adaptadas aos fatos; ao contrário dos fatos de ação e de abstenção do homem que devem ser adaptados às normas jurídicas que a ciência do direito trata de descobrir".[107] Kelsen afirma que a causalidade, no direito, é criada juridicamente pela lei. O que determina que um dado fato seja causa de outro é o direito, e isso não é uma comprovação, mas uma imposição. Nesse sentido, quando se reconhece como causa de um efeito aquele elemento que constitui a sua causa "natural", isso não se dá porque se trata de uma causa natural, mas porque neste caso em particular o direito conferiu à "causa natural" o caráter de "causa jurídica".

A doutrina em geral costuma distinguir a causalidade natural da jurídica, partindo do pressuposto lógico apontado por Kelsen, diferenciando a relação causal que ocorre no mundo dos fatos naturais daquela vislumbrada juridicamente.[108] Pode ocorrer, ainda, que haja a causalidade física, mas não haja a jurídica. A responsabilidade civil tem admitido hipóteses em que danos causados fisicamente por determinado agente podem ter uma causa estranha, pela ruptura do nexo causal, afastando a conduta do agente como causa juridicamente relevante. É o caso, anteriormente narrado, da lesão causada por um terceiro que de forma imprevisível tenha se lançado sobre aquele que atinge fisicamente a vítima, de tal modo que a causa física foi de quem se chocou, ao passo que se pode admitir para efeitos jurídicos que o causador foi quem efetivamente originou a cadeia de acontecimentos.[109]

A causalidade natural se distingue da jurídica, sobretudo pela normatividade, ou seja, pela apreciação de uma norma positiva, dotada de um juízo de valor, e que permitirá mensurar juridicamente a cadeia de acontecimentos.[110] Também pode decorrer de um entendimento teórico, a partir de determinada visão do direito, e

---

[105] GORLA, G. Sulla cosiddetta causalità giuridica: "fatto dannoso e conseguenze". *Rivista di Diritto Commerciale*, v. 1, p. 405 ss., 1951; BELVEDERE, A. Causalità giuridica? *Rivista di Diritto Civile*, v. 52, n. 1, 2006, p. 7 ss.; BUSNELLI, Francesco; COMANDE. Causation under the tort law. In: SPIER, J. (ed.) *Unification of tort law:* causation, op. cit. p. 79.

[106] KELSEN, Hans. *Théorie pure du droit*. Paris: Dalloz, 1962, p. 106; vide ainda: VILANOVA, Lourival. *Causalidade e relação no direito*. São Paulo: Saraiva, 1989, p. 54-55; a propósito sobre a causalidade normativa em Kelsen, vide ainda: SCIACCA, F. *Il mito della causalità normativa:* saggio su Kelsen. Torino: Giappichelli, 1993.

[107] KELSEN, Hans. *Théorie pure du droit*. Paris: Dalloz, 1962, p. 121.

[108] FORCHIELLI, Paolo. *Responsabilità civile*. Padova: Cedam, 1968, p. 45.

[109] Ibidem, p. 225.

[110] GOLDENBERG, Isidoro. *La relación de causalidad en la responsabilidad civil*. Buenos Aires: Astrea, 1984, p. 8.

da interpretação que se extrai da regra positivada. Consubstanciando-se em paramentos de hermenêutica jurídica que podem servir como instrumento à aplicação da norma à tutela dos interesses a serem protegidos.

Vale, a esse respeito, observar a lição de Enneccerus, que afirma:

> O problema jurídico da causa não se trata de um conceito de causa e efeito no sentido das ciências naturais, mas sim se uma determinada conduta deve ser reconhecida como fundamento jurídico suficiente para a atribuição das consequências jurídicas, ou seja, da relação de fundamento a consequência.[111]

A causalidade jurídica, à diferença da causalidade material ou física, como explica Vacalvi, representa um modelo ditado pelo legislador em relação à sucessão de fenômenos no âmbito do fato jurídico descrito e sua concorrência ideal. "O antecedente causal não está constituído simplesmente pela conduta, mas pelo fato, entendido como o conjunto dos conceitos relacionados à conduta e ao evento natural quando este ocorre, ou conduta sem evento, quando este não se produz".[112]

Karl Engisch, em sua obra clássica, *Introdução ao pensamento jurídico*,[113] também formula uma hipótese de causalidade jurídica, inspirada na relação de causa e efeito natural. O autor apresenta uma visão que diz consequencialista das relações jurídicas, apontando que a causalidade passa de um recurso linguístico e da adoção de um raciocínio de causa e efeito para o plano jurídico, das relações que se estabelecem entre as leis e as consequências decorrentes da subsunção. Aponta o caráter de condicionalidade que se coloca como relação entre o que prescreve o legislador, uma relação de necessidade, tratando-se de uma causalidade própria do direito e, por analogia, de causalidade natural. Essa acepção da causalidade vem atrelada à percepção sobre o sentido e a estrutura da regra jurídica elaborada de forma consistente no estudo do autor alemão.[114]

Pondera-se, no entanto, que mesmo diante da dúplice função da causalidade, que em um primeiro momento é utilizada para estabelecer um nexo de imputação voltado à conduta do agente, e após, em um segundo instante, entre o evento e

---

[111] ENNECCERUS, Ludwig. *Tratado de derecho civil:* derecho de obligaciones. Barcelona: Bosch, 1966. t. 1, v. 2, p. 66.

[112] VACALVI, G. Intorno al rapporto di causalità nel torto civile. *Rivista di Diritto Civile*, v. 2, p. 25. Para o autor há um nível intrínseco na relação da causalidade material que pode coexistir com outro extrínseco existente na relação entre o fato e o dano, o que justificaria na sua opinião contrária aos que defendem a existência de um duplo nexo causal.

[113] ENGISCH, Karl. *Introdução ao pensamento jurídico*. Tradução de João Baptista Machado. Lisboa: Fundação Calouste Gulbenkian, 2008.

[114] Sobre esses conceitos e a comparação entre causalidade jurídica e natural, ENGISCH, Karl. *Introdução ao pensamento jurídico*. Tradução de João Baptista Machado. Lisboa: Fundação Calouste Gulbenkian, 2008, p. 59 ss.

suas consequências, imputando limites à responsabilidade, encontram-se ambas resguardadas juridicamente, distinguindo-se tão somente quanto ao fim para o qual atuam no âmbito específico da responsabilidade civil.[115]

Se de um lado a causalidade visa imputar responsabilidade ao causador, de outro visa informar quais danos deverão ser respondidos. Não deixam de ter a valoração jurídica, ainda que possa uma ou outra ter ocorrido simplesmente no plano da materialidade. O contrário pode não ser verdadeiro, ou seja, os fatos encadeados materialmente podem não ter a apreciação jurídica para fins de se verificar a responsabilidade civil, em face da ausência de requisitos previstos na lei.

No exemplo de Ludovico Berti,[116] relativamente aos dois momentos em que se apura a causalidade, na hipótese em que se tem um eventual caso de responsa-

---

[115] A distinção entre causalidade de fato e jurídica ocorre em função do que a lei determina, conforme o interesse a ser tutelado, e depende da apreciação jurisdicional do primeiro para que se estabeleça o segundo. A propósito, Belvedere afirma que predomina na doutrina italiana o entendimento de que os nexos natural e jurídico podem ser hipotetizados e eventualmente estabelecidos entre os mesmos eventos: "*dato un evento Y conseguenza naturale dell'evento X, il giurista si chiede se Y possa essere considerato come causalmente legato ad X, oltre che di fatto, anche giuridicamente*"; não obstante, o autor refere que, na adoção de um segundo e mais específico conceito de "*causalità giudica*", as causalidades de fato e jurídica se caracterizam pela formação de anéis da cadeia causal que liga a conduta (ou a situação) do ofensor ao dano a ser ressarcido: "*posto che A cagioni B e B cagioni C, la causalità di fatto inserisce al rapporto A-B, e la causalità giuridica al rapporto B-C*", e nessa situação proposta, explica que B indica o evento lesivo dos interesses (juridicamente tutelados) do lesado (em seu exemplo, a quebra de um precioso vaso chinês pela sua queda), A indica o comportamento de quem de fato deixou o vaso cair e C seria a causalidade jurídica em si, representando o "Il danno risarcibile", ou as consequências danosas que o responsável deverá ressarcir. O autor, no entanto, questiona o argumento da duplicidade causal (BELVEDERE, A. Causalità giuridica? *Rivista di Diritto Civile*, v. 52, n. 1, 2006, p. 13-14). Belvedere, em seu artigo, no entanto, questiona o argumento de que defende uma duplicidade funcional da causalidade, ao menos no que toca a demandar da causalidade jurídica a função de atribuir ao valor (exemplo dado do vaso chinês, que, segundo afirma, terá seu valor dado pelo mercado), sendo que a função causal se exauriria com a "*determinazione degli eventi da porre a fondamento del danno risarcibile*" (BELVEDERE, A., op. cit., p. 21). É possível acrescentar, para fins práticos e de compreensão didática, uma distinção, aqui indicada, de uma primeira causalidade material "pura", que não por isso deixa de ser jurídica, e outra, eminentemente jurídica, observa BONA, in Causalità civile, cit., in *Corr. Giur.*, n. 1/08, refazendo o pensamento de NOCCO, Causalità: dalla probabilità logica (nuovamente) alla probabilità statistica, la Cassazione civile fa retromarcia, in *Danno e Resp.*, 2006, n. 12, 1243, "*che le analisi comparatistiche indicano come la nitidezza della bipartizione fra causalità materiale e causalità giuridica sia venuta ad annebbiarsi non di poco in decenni di sua applicazioni giurisprudenziali: una volta diramata la nebbia, non ci sarebbe da stupirsi se si giungesse a ritenere che nelle corti la causalità, quale 'ragionamento probatorio', sia sempre giuridica*" (apud BERTI, Ludovico. *Il nesso di causalità in responsabilità civile*: nozione, onere di allegazione e onere della prova. Milano: Giuffrè, 2013, p. 26).

[116] BERTI, Ludovico. *Il nesso di causalità in responsabilità civile*: nozione, onere di allegazione e onere della prova. Milano: Giuffrè, 2013, p. 30.

bilidade do médico, deve-se, primeiramente, estabelecer se da ação ou omissão do médico deriva uma lesão à saúde do paciente, e, se afirmativa, verificar quais as consequências danosas (sofrimento psíquico, comprometimento físico, prejuízos patrimoniais) que tenham derivado. A obrigação ressarcitória surge da verificação de três fatos jurídicos (conduta ilícita, lesão e dano), ligados por dois nexos causais (causa material, entre conduta e lesão, e causa jurídica, entre a lesão e suas consequências danosas).[117]

A intervenção de uma causa estrangeira, ou natural, pode vir a suceder e a agir para produção de determinada consequência danosa sem que decorra o dever reparatório, como nas hipóteses das excludentes de responsabilidade. A dicotomia entre causas físicas e jurídicas, como assevera Kelsen, dão-se em função da normatividade, da regra que dita o que é direito, dever, e o que não o são. Distinção que se faz importante para que se separem os fenômenos naturais das regras elaboradas pelo direito, das quais proveem a responsabilidade civil e o seu dever reparatório.[118]

1.3 A CAUSALIDADE JURÍDICA COM CATEGORIA AUTÔNOMA

A respeito dessas duas fases e das distintas funções que assume a causalidade, a doutrina italiana,[119] especialmente, atribui ao primeiro nexo causal uma característica eminentemente física ou natural, que se dá como efeito físico de causa e efeito, chamando-a simplesmente de *causalità materiale*, e a segunda, mais propriamente,

---

[117] Na Itália, por exemplo, já em julgado da Corte de Cassação de 1984, admitia-se expressamente a dúplice função da causalidade, ora de imputação (por analogia em aplicação dos artigos 40 e 41 do Código Penal) e posteriormente os "danni-conseguenza", conforme a regra do artigo 1223 do Código Civil, in: Corte cost., 27.10.1984, n. 372, in Gius. civ., 1995, I, 887.

[118] A propósito, vide: HODGSON, D. *The law of intervening causation*. England: Ashgate Pub, 2008.

[119] Na doutrina Italiana, particularmente, GORLA, Sulla cosiddetta causalità giuridica: "fatto danoso e conseguenze", in *Riv. dir. comm.*, 1951, 409; VALENTE, Appunti in tema di fatto, nesso causale e danno, in *Dir. egiur.*, 1955, 372; REALMONTE, op. cit., p. 80 e 159; BUSNELLI, *La lesione del credito da parte del terzo*, Milano, 1964, p. 127; CARBONE, *Il fatto dannoso nella responsabilità civile*, Napoli, 1969, 282; CARBONE, Il rapporto di causalità, in ALPA-BESSONE, *La responsabilità civile a cura*, Utet, 1997, p. 51; ALPA, BESSONE, ZENO ZENCOVICH, I fatti illeciti, in *Tratt. dir. priv.*: diretto da Rescigno, Torino, 1995, 63; ALPA, *La Responsabilità*, cit., 326; CAPECCHI, *Il nesso di causalità, da elemento della fattispecie "fatto illecito" a criterio di limitazione del risarcimento del danno*, 2. ed., Cedam, 2005, 19. Berti afirma, a propósito, que a jurisprudência começou a referir a possibilidade de tal bipartidação com a sentença: *Cass. civ.*, sez. un., n. 174 del 26/1/1971, in *Foro it.*, 1971, I, 1286, na qual se afirma que: "In tema di responsabilità civile, il problema della causalità si presenta sotto un duplice aspetto: il primo, che attiene al nesso causale tra condotta del soggetto agente, a lui imputabile a titolo" (BERTI, Ludovico. *Il nesso di causalità in responsabilità civile*: nozione, onere di allegazione e onere della prova. Milano: Giuffrè, 2013, p. 29).

denomina de *causalità giuridica*, consistente na seleção de consequências aptas a serem indenizadas, pelo critério jurídico de apreciação e distinção.[120]

Na perspectiva elaborada por Kelsen, quanto ao império da norma, não há dúvida de que ambas as causalidades individualizadas possuem natureza jurídica. Previstas na norma, revestem-se de juridicidade e ganham força jurídico-legal. Entretanto, a segunda delas ganha relevância especial, por não se confundir necessariamente com a relação fática, pois sua função é posta para o fim de selecionar consequências – que ganham relevância jurídica para fins de reparação. É, assim, considerada instrumento de apuração pelo método de seleção jurídica, e pode assumir nessa ótica também uma categoria autônoma.

O identificado atributo da causalidade na seleção de consequências jurídicas, na segunda fase da cadeia da responsabilidade civil, é que confere a ela a qualificante utilizada e a real possibilidade de se tornar categoria de autonomia funcional. Com isso se pretende afirmar que a causalidade, em consideração a identificação e articulação de seus elementos constituintes, comuns às diversas teorias existentes, pode servir como metodologia de apuração de danos, como se pretende demonstrar no curso deste livro.

A utilização da causalidade, nesses moldes, ganha relevância no estabelecimento de um regime de imputação de consequências decorrentes do dano e que devem ser indenizadas por quem as causa ou por aquele que a lei obriga. A questão não se resolve como um problema de autoria ou de legitimidade, ou de mera ligação entre conduta e dano. Trata-se de ir além, e explorar o nexo que se estabelece entre o evento dano e suas consequências,[121] por meio de critérios que compreendem a causalidade em seu plano jurídico.

---

[120] Segundo Berti, por causalidade material se entende a capacidade abstrata de uma causa de determinar certa consequência e obtida por um dano meramente estatístico; causalidade jurídica, ao contrário entende-se pela relação causal existente entre o evento e o dano e comporta um juízo voltado a avaliar, em concreto, se um certo evento (ou fato ilícito) tenha comportado o consequente dano e portanto funcional a limitar as consequências ressarcíveis decorrentes. (BERTI, Ludovico. *Il nesso di causalità in responsabilità civile*: nozione, onere di allegazione e onere della prova. Milano: Giuffrè, 2013, p. 30); ainda, no mesmo sentido: FRANZONI, M. *L'illecito*. Milano: Giuffrè, p. 60 ss.).

[121] Em matéria de responsabilidade extracontratual, a doutrina italiana costuma distinguir o acontecimento do dano em si (*danno-evento*) que resulta da prática de um ato ilícito e as consequências do dano (*danno-consegueza*), que consistem nos prejuízos suportados pelo lesado e constituem a obrigação ressarcitória. A propósito, também a Corte Constitucional italiana, em julgado de 2007, evidenciou a necessidade de distinção "*da um canto il fatto constitutivo dell'illecito civile extracontratuale e dall'altro le conseguenze, in senso proprio, dannose del fatto stesso. Quet'ultimo si compone oltreché del comportamento (l'illecito è, anzitutto, atto) anche dell'vento e del nesso di causalità che lega il comportamento all'evento. Ogni danno è, in senso ampio, conseguenza dell'atto, del comportamento illecito. Tuttavia, vale distinguere, anche in diritto privato (specie a seguito del riconoscimento di diritti, inviolabili costituzionalmente, validi anche nei rapporti tra privati) l'evento materiale, naturalístico,*

O recurso à causalidade no âmbito da apuração dos danos tem se tornado útil e recorrente na doutrina estrangeira,[122] que já a aborda como um instrumento de imputação de danos e que ainda é timidamente tratada pela doutrina e pela jurisprudência pátria, que se limitam a referi-la como um elemento fonte da responsabilidade civil, dando-lhe importância secundária.[123] A falta de aprofundamento teórico pela doutrina civilista pátria a respeito do tema talvez seja um motivo considerável da ausência de parâmetros para a identificação de elementos causais na apuração de danos na responsabilidade civil. A proposta em curso, a partir da elaboração teórica e jurisprudencial, visa identificar e aprofundar, com base em critérios dogmáticos e científicos, os elementos que constituem e possibilitam a aplicação da causalidade na apuração e na mensuração dos danos.[124]

A legislação verificada em diversos países da Europa e da América Latina é, em geral, omissa quanto a um regime específico de apuração de danos com base no elemento causal, ressalvando, porém, o antigo Código Argentino, de Vélez Sarsfield, de 1869, que, seguindo o modelo de imputação causal prussiano, e o atual Código

---

che, pur essendo conseguenza dannose, in senso proprio, di quest'ultimo, legate all'intero fatto ilícito (e quindi anche all'evento) da una ulteriore causalità. Non esiste comportamento senza evento: il primo è momento dinamico ed il secondo statico del fato constitutivo dell'illecito. Da quest'ultimo vanno nettamente distinte le conseguenze, in senso proprio, del fatto, dell'intero fatto ilecito, causalmente conesse al medesimo da um secondo nesso di causalità" (*Cassazione,* 20 giugno, 2007, n. 14297).

[122] A propósito da causalidade jurídica e da sua função na apuração do dano na doutrina italiana, vide DE CUPIS, Adriano. *Il danno.* Milano: Giuffré, 1979, p. 105 ss. De Cupis afirma que tão importante quanto determinar o *an respondeatur* é verificar o *quantum respondeatur,* momento em que se faz precisar os limites nos quais o dano assume sentido jurídico (op. cit., p. 105). De Cupis usa a expressão *"contenuto del danno"* para indicar o quanto se insere na valoração jurídica do dano, *"l'intero quantum che lo compone"* e afirma que *"il contenuto del danno è, azitutto, in funzione del rapporto di causalità tral il fatto produtivo del danno e il danno: vale a dire che, per fissare l'amontare del danno da reprimirsi giuridicamente, ocorre in primo luogo, stabilire entro quale limite il danno può dirsi causato da um fatto rientrante nell'ambito della responsabilità"* (DE CUPIS, Adriano, op. cit., p. 106).

[123] Ao menos no âmbito da responsabilidade extracontratual subjetiva, já que o mesmo não se pode afirmar quanto à doutrina que já vem tratando da causalidade como um elemento significativo da seleção de danos na responsabilidade objetiva, especialmente em matéria ambiental. E nesse sentido se destaca a obra da portuguesa Ana Perestrelo de Oliveira: PERESTRELO DE OLIVEIRA, Ana. *Causalidade e imputação na responsabilidade civil ambiental.* Coimbra: Alemedina, 2007; a respeito, na doutrina italiana, vide VISINTINI, Giovanna. *Trattato breve della responsabilità civile.* Padova: Cedam, 1996, p. 583 ss.

[124] Gisela Sampaio da Cruz, em obra sobre o problema do nexo causal, aponta que no âmbito da responsabilidade civil os prejuízos decorrentes do dano devem ser repartidos entre os que participaram na sua produção, e afirma que, em consideração a essa situação, a jurisprudência e a doutrina elaboraram três sistemas de distribuição de prejuízos, da "paridade", da "gravidade da culpa" e do "nexo causal", e, em que pesem as diferentes correntes, a autora admite que o nexo causal é que deve servir como "medida da indenização" (CRUZ, Gisela Sampaio da, op. cit., p. 325-340).

vigente de 2015, podem-se ter como referência pela menção expressa de mecanismos causais.[125] O que se pode afirmar é que já se constata na esparsa jurisprudência, proveniente, sobretudo, de tribunais estrangeiros, uma tendência na construção de uma vertente teórica mais sólida, a qual deverá se seguir no Brasil, podendo o estudo e a individualização de elementos inerentes à causalidade contribuir de forma significativa.

A causalidade jurídica, como vem sendo entendida, à diferença da causalidade dita estritamente material, tem natureza autônoma, caracterizando-se pelo nexo etiológico que se estabelece na segunda fase do modelo tripolar da responsabilidade civil extracontratual (ato lesivo-dano-consequências), na seleção de consequências que constituirão a obrigação ressarcitória.

O modelo de aplicação da causalidade jurídica estaria insculpido, assim, na regra proveniente do artigo 1.231-4 do *Code Civil*,[126] que limita os danos àqueles que decorrem de forma "direta e imediata" do incumprimento de uma obrigação (inicialmente adotada em matéria contratual e, por força de interpretação da doutrina e jurisprudência, estendida à extracontratual). A mesma regra se encontra presente em diversas outras codificações europeias, destacando-se os códigos italianos de 1865[127] e o atual de 1942, em seu artigo 1.223,[128] no âmbito do qual o tema é bastante recorrente,[129] e no brasileiro, de 1916, e no atualmente vigente, no artigo 403.

---

[125] A propósito, Orgaz afirma que o Código Civil argentino, que seguiu e o exemplo prussiano, muito antes que o problema da causalidade adquirisse formalmente a preocupação da doutrina, estruturou um sistema que concorda com a teoria da causa adequada (ORGAZ, Alfredo. *El daño resarcible*: actos ilícitos. Buenos Aires: Depalma, 1967, p. 56).

[126] Artigo 1.231-4: *"Dans le cas même où l'inexécution du contrat résulte d'une faute lourde ou dolosive, les dommages et intérêts ne comprennent que ce qui est une suite immédiate et directe de l'inexécution"*

[127] Artigo 1.229: "*Quantunque l'inadempimento dell'obbligazzione derivi da dolo del debitore, i danni relativi alla perdita sofferta dal creditore ed al guadagno di cui fu il medesimo privato, non debbono estendersi se non a ciò che è uma conseguenza immediata e diretta del'inadempimento dell'obbligazzione"*.

[128] Artigo 1.223: "*Il risarcimento del danno per l'inadempimento o per il retardo deve comprendere così la perdita súbita dal creditore come il mancato guadagno, in quanto ne siano conseguenze immediata e diretta*".

[129] Giovanna Visintini afirma que o artigo 1.223 do Código Civil italiano, que limita o dano ressarcível às consequências imediatas e diretas, é norma fundamental em tema de determinação do dano a fim de ressarcimento. É, nas suas palavras, o *criterio giuridico* acolhido pela legislação para fixar um limite à responsabilidade por danos. "È uno dei criterio limitativi elaborati dalla tradizione per risolvere la problem*atica c.d. della causalità giuridica, problematica centrale della valutazione del danno risarcibile, quella cioè se il debitore o il dannegiante dabbano rispondere di tutte le ripercussioni che sul patrimônio del creditore e del dannegiato hanno comportato l'inadempimento o il fatto illecito*" (VISINTINI, Giovanna. *Trattato breve della responsabilità civile*: fatti illeciti. Inadempimento. Danno risarcibili. 3. ed. Milano: Cedam, 2005, p. 685-68).

O texto, basicamente repetido nesses ordenamentos, a exemplo do que pretendeu Pothier para a limitação dos danos, prevê que somente se deve responder por aqueles danos "diretos e imediatos", excluídos os mediatos e indiretos e os remotos.[130] A locução, como se verá neste livro, é constantemente interpretada e alargada pela jurisprudência que se sustenta em diferentes posições teóricas acerca da causalidade. Sempre no intuito de aplicar o modelo de causalidade ao sentido prático de estender e delimitar danos.

A chave de leitura da referida locução normativa se configura em critério de seleção de danos. E daí, na visão ora posta, o fator relevante da causalidade assumidamente jurídica, e a verificação de seus elementos integrantes, como forma de se consolidar como instrumento-parâmetro de aferição *prima facie* do *quantum* indenizatório, em termos de espaço e conteúdo, para dele se obter o valor pecuniário dos prejuízos selecionados (liquidação quantitativa do dano).[131]

As teorias doutrinárias e os elementos que se pretende adiante expor compõem-se de conceitos úteis à perspectiva de utilização da causalidade jurídica que podem ser essenciais no cumprimento da função de selecionar as consequências indenizáveis do dano. Além de formulações teóricas, recorrentes na prática jurídica e alvo de constante reelaboração tanto pela doutrina como pela jurisprudência – ainda que em um contexto assistemático. A tese esboçada nesta obra pretende propor uma metodologia que reúna os elementos que são frequentes ao problema da apuração de danos.[132]

---

[130] De Cupis explica que "*in realtà, tale laconica espressione non va interpretata alla lettera: il legislatore, mediante essa, ha voluto significare che l'obbligo di risarcimento non deve essere illimitato; al contrario, deve sussistere un criterio di moderazione e, quindi, non vanno risarciti i danni più remoti, legati al fato dell'uomo da um rapporto di causalità pressoché impercettibile: altrimenti, il responsabile sarebbe facilmente posto a rischio di perderei l proprio intero patrimonio* (DE CUPIS, Adriano. *Il danno*, op. cit., p. 112).

[131] Em consideração a essa premissa, reitera-se a assertiva de Berti, que confirma o caráter dual da causalidade, e, sobretudo, da sua segunda função, "*occorre pertanto distinguere nettamente, da un lato, il nesso che deve sussistere tra comportamento ed evento perché possa configurarsi, a monte, una responsabilità strutturale, dall'altro, il nesso che, collegando l'evento al danno, consente l'individuazione delle singole conseguenze dannose con la precipua funzione di delimitare, a valle, i confini di una già accertata responsabilità risarcitoria, fra i quali sussiste un criterio di consequenzialità logico/cronologico in virtù del quale il legislatore opera una netta separazione tra il momento strutturale dell'accertamento della responsabilità e quello funzionale del contenuto della stessa*" (BERTI, Ludovico. *Il nesso di causalità in responsabilità civile. Nozione, onere di allegazione e onere della prova*. Milano: Giuffrè, 2013, p. 33-34).

[132] É importante asseverar o entendimento desta obra no sentido de que a causalidade é utilizada à seleção de consequências, de forma a apontar os fatos que compreendidos no dano, não é técnica de liquidação. A proposta é de parâmetro para a definição de um espaço ou de uma zona de extensão do dano e da sua limitação por critérios jurídicos. De Cupis, a propósito, utiliza a expressão "contenuto del danno" para designar o inteiro quantum que compõe (DE CUPIS, *Il danno*, op. cit., p. 105 ss.).

2

TEORIAS DA CAUSALIDADE

Sumário. 2.1. Teoria da equivalência das condições ou da *conditio sine qua non* 2.2. Teoria da causa próxima ou dos "danos diretos e imediatos" 2.3. Teoria da causa eficiente e da causa preponderante 2.4. Teoria da causa adequada 2.5. Teoria do escopo da norma

Após os primeiros estudos sistemáticos realizados pelos alemães,[31] a doutrina em geral passou a elaborar uma série de teorias acerca da causalidade. A escolha

---

[31] O código civil alemão não seguiu o exemplo de outros sistemas jurídicos que estabeleceram uma cláusula geral de responsabilidade. Não há, como se verifica em outros códigos, uma norma de ordem geral que preveja a indenização por parte daquele que produz um dano por sua culpa. No direito alemão, só haverá o dever de indenizar nas hipóteses tipificadas nos artigos 823 e seguintes (MOEREMANS, Daniel, Alemanha. In: ALTERINI, Atilio Aníbal; CABAÑA, Roberto M. Lopez (coords.). *Enciclopedia de responsabilidad civil*, v. I, 1998, p. 347-365). O artigo 823 estabelece, na sua primeira parte, que: "Quem com dolo ou culpa lesione de forma antijurídica a vida, o corpo, a saúde, a propriedade ou qualquer direito de outrem, é obrigado ao ressarcimento do dano causado". Se, conforme o conteúdo da lei, é possível a infração desta sem culpa, a obrigação de indenizar só terá lugar em caso de culpa"; art. 823, 2ª parte. O artigo 826 prevê a obrigação do ressarcimento, conforme a norma: "Quem dolosamente causa a outro um dano de forma que atente contra os bons costumes está obrigado a reparação". A doutrina, com base em tais artigos, aponta três elementos para a configuração de um conceito geral de responsabilidade civil extracontratual no Código Alemão: lesão a um valor da personalidade, à propriedade e a particulares direitos absolutos (art. 823, 1ª parte); violação de uma lei de proteção (art. 823, 2ª parte); e a produção do dano por um ato doloso (art. 826) (MOEREMANS, Daniel, op. cit., p. 347-365. A referência ao dano causado não é feita de modo explícito na leitura dos artigos 823 e 826 do BGB. Mas a doutrina encontra nas palavras da norma o entendimento da necessidade de um nexo causal (SOMMA, Alessandro, Il nesso causale nella disciplina tedesca. In: *I fatti illeciti*, a

por uma delas, e por sua fundamentação teórica, influencia diretamente na solução alcançada tanto para imputação da obrigação de indenizar como para determinação e extensão dos danos indenizáveis.

Alguns autores discutem sobre a classificação das diversas teorias.[32] Para Antolisei, existem teorias genéricas e individualizadoras.[33] Nesse entendimento, genéricas são as teorias que consideram suficiente a existência de um vínculo causal entre um

---

cura di VISINTINI, Giovana, p. 896). Alessandro Somma, em artigo sobre a causalidade no ordenamento alemão, diz que inicialmente os autores daquele país se limitaram a tratar a questão causal considerando que o seu requisito deveria se fundar na pretensão ressarcitória pelos danos diretos (*unmittelbare Schäden*) e pelos danos indiretos (*mittelbar Schäden*). Contudo, conforme explica aquele autor, houve uma ulterior precisão da terminologia empregada para uma conceituação da decomposição do fenômeno causal. Nessa orientação, entendeu-se por "danos diretos" o evento lesivo (*Erstverletzung*) e por "danos indiretos", as conseqüências danosas (*Folgeschäden*). Em tal perspectiva, distingue-se entre causalidade material (*haftungsbegründende Kausalität*) e causalidade jurídica (*haftungsausfüllende Kausalität*), entre elemento que constitui o pressuposto da responsabilidade e o elemento que revela a sua extensão. Somma diz que essa distinção começou a ser feita pela jurisprudência alemã nos primeiros anos da década de cinquenta. Mesmo período em que, segundo ele, a doutrina italiana acolhe esse entendimento, como no artigo de Gorla (GORLA, Gino, Sulla causalità giuridica: "fatto dannoso e conseguenze", in *Riv. dir. comm.*, 1951, I, p. 405 e ss.). Somma observa ainda que a "causalidade material" e a "causalidade jurídica" se colocam de modo diverso em relação às características da hipótese objetiva do ilícito. Na norma do artigo 823, a primeira expressão designa a relação entre a conduta e a lesão do bem jurídico ou do direito e a segunda o nexo etiológico entre a lesão e as consequências danosas (SOMMA, op. cit.., p. 898. Os redatores do *Bürgerliches Gesetzbuch* entendiam que a fórmula da *condito sine qua non* devia ser aplicada a partir do princípio da equivalência das causas (Äquivalenztheorie), em que se atribui o mesmo valor a todas as circunstâncias que concorreram para provocar o dano. A crítica de que esse entendimento conduzia a um ilimitado número de causas e que afetava por conseguinte o princípio de justiça foi inevitável e fez com que os autores alemães iniciassem a procurar um corretivo, que encontrou vigor na ideia de adequação de uma causa (teoria da causalidade adequada). (SOMMA, op. cit., p. 904-905). A formulação da teoria da causalidade adequada, como se verá, em capítulo relativo ao tema, teve início a partir das ideias de von Kries (VON KRIES, Über den Begriff der objektiven Möglichkeit und einige Anwendungen desselben, in Vjschr. F. *wissenschaftliche. Philosophie*, 1888), que prospetava um critério subjetivo de previsibilidade do autor do dano, mas que passou por um processo evolutivo nas elaborações de autores como Rümelin (RÜMELIN, M., Die Verwendung der Kausalbegriffe in Straf – und Civilrecht, in *AcP*, v. 90, 1900), que atribuía importância às circunstâncias consideradas objetivamente adequadas a produzir o dano, prevendo um juízo *ex post* (*objektive nachträgliche Prognose*), de Träger (TRÄGER, L., *Der Kausalbegriff im Straf – und Zivilrecht*, Marburg, 1929), que estabelecia uma conduta objetivamente adequada, e de Enneccerus (ENNECCERUS, op. cit., p. 66), que dizia que a conduta adequada é aquela que seja tal ao operar da circunstâncias excepcionais.

[32] HART, Herbert Lionel Adolphus; HONORÉ, Tony. *Causation in the Law*. Oxford: Oxford University Press, 2002, p. 431-464.

[33] ANTOLISEI, Francesco. *Il rapporto di causalità nel diritto penale*. Torino: Giappichelli, 1934, p. 20 ss.

conjunto de fatos antecedentes e o efeito final para se configurar a responsabilidade de determinado sujeito. Em oposição se colocam as teorias individualizadoras, nas quais a "causa" não é a soma de todas as condições necessárias ao resultado (como prevê, por exemplo, a teoria da *conditio sine qua non*), mas somente uma delas possivelmente determinada.[34]

O problema maior consiste em selecionar qual a condição relevante que poderá ser considerada causa, para fins de atribuição jurídica das consequências que dela derivem.[35] Goldenberg afirma que

> poucos assuntos deram lugar a uma controvérsia tão árdua no direito comparado como a disputa entre as distintas teorias que se formularam com grande desdobramento de casuísmo para tratar de explicar de forma metódica e sistemática o mecanismo e a operacionalidade da relação de causalidade na área jurídica.[36]

Diante da diversidade de teorias e autores que trataram o assunto, optou-se por expor aquelas que são mais significativas na discussão que se coloca em direito comparado e que têm fundamental relevância no âmbito do direito civil. Algumas dessas teorias foram acolhidas de forma implícita nos diversos códigos europeus e latino-americanos, influenciando de forma decisiva nas questões que envolvem a causalidade, contribuindo para solucionar o problema do concurso de causas e para atribuir e limitar as consequências de um evento danoso derivado de um comportamento ilícito ou previsto em lei.

As teorias revelam a intenção da doutrina de encontrar uma resposta satisfatória para estes conflitos, em função das necessidades do direito, já que, como afirma Goldenberg, "o nexo causal entre o ocorrido e suas repercussões jurídicas não repousa na ordem natural, mas na vontade da lei".[37] A interpretação que se faz da lei, com base nos conceitos teóricos expedidos pelas várias correntes que tratam da causalidade, é outro fator relevante com repercussão prática, ao apontar para um ou outro caminho na imputação de consequências que serão indenizadas no âmbito da responsabilidade civil.

---

[34] No mesmo sentido a classificação apresentada por HART, Herbert Lionel Adolphus; HONORÉ, Tony. *Causation in the Law*. Oxford: Oxford University Press, 2002, p. 431 ss. e 465 ss.

[35] GOLDENBERG, Isidoro. *La relación de causalidad en la responsabilidad civil*. Buenos Aires: Astrea, 1984, p. 24.

[36] GOLDENBERG, Isidoro. Causalidad. In: ALTERINI, Atilio Aníbal; LÓPEZ CABANA, Roberto M. *Enciclopedia de la responsabilidad civil*. Buenos Aires: Abeledo Perrot, 1998, p. 126.

[37] GOLDENBERG, op. cit., p. 136.

2.1 A TEORIA DA EQUIVALÊNCIA DAS CONDIÇÕES OU DA *CONDITIO SINE QUA NON*

A teoria da equivalência das condições ou da *conditio sine qua non* foi exposta pela primeira vez em 1860 pelo penalista alemão Maximiliano von Buri,[38] dando início ao tratamento do problema da relação de causalidade no âmbito do direito. O conceito geral de causa e os procedimentos adotados para demonstrá-la, adotados por esta teoria, coincidem com os desenvolvidos pelo filósofo inglês Stuart Mill, no seu Sistema de Lógica[39] e influenciaram predominantemente a discussão que se iniciou na Alemanha sobre o problema jurídico da causalidade.

Mill propôs a existência de uma lei da causalidade como base da ciência indutiva, afirmando que há uma ordem de sucessões invariáveis entre determinados fenômenos que ocorrem entre um instante e outro e que o processo sucessório não decorre de um só antecedente e de um só consequente, mas de um complexo de antecedentes e consequentes.[40] Segundo o filósofo, o enunciado da causa é incompleto

---

[38] A teoria da *conditio sine qua non* teve um valor fundamental, pois serviu de base para as demais teorias acerca da causalidade. Foi exposta e elaborada pelo alemão Von Buri em diversos escritos. Os principais, apontados por Antolisei, são *Über Kausalzusammenhang und dessen Zurechnung*, em Goltdammer's Archiv, v. XIV, p. 608 e ss, p. 717 ss.; *Über Kausalität und deren Verantwortung*, 1873; *Die Kausalität und ihre strafrechtlichen Beziehungen*, 1885; *Beiträge zur Theorie des Strafrechts und zum Strafgesetzbuche*, 1894, (ANTOLISEI, Francesco. *Il rapporto di causalità nel diritto penale*. Torino: Giappichelli, 1934, not., p. 36). A propósito também HART, Herbert Lionel Adolphus; HONORÉ, Tony. *Causation in the Law*. Oxford: Oxford University Press, 2002, p. 34 e 381 ss.; QUÉZEL-AMBRUNAZ, C. *Essai sur la causalité en droit de la responsabilité civile*: thèse pour le doctorat en droit de l'université de Savoie présentée et soutenue publiquement le 29 mai 2008. Paris: Dalloz, 2010, p. 31; TRIMARCHI, Pietro. *Causalità e danno*. Milano: Giuffrè, 1967, p. 26 ss.

[39] Embora a grande maioria dos autores que discutem esta teoria afirme que a teoria da *conditio sine qua non* tenha derivado diretamente da filosofia de Stuart Mil, Antolisei esclarece que não isso não é verdade, porque o alemão Von Buri, autor da teoria, não teria tomado conhecimento da obra do pensador inglês (ANTOLISEI, op. cit., p. 29).

[40] "Nestes casos, afirma Mill, é comum colocar à parte um destes antecedentes com o nome de causa, chamando os outros de 'condições'. Assim, se um homem come uma certa carne e, em consequência, vem a morrer, se dirá que a causa da morte foi o fato de ter comido aquele alimento. Não há, contudo, uma conexão invariável entre o comer a tal carne e a morte, mas existe certamente, entre as circunstâncias do fato, algumas combinações pelas quais a morte adveio: por exemplo, o fato de comer a carne combinado com a constituição particular do corpo, com determinado estado de saúde e talvez também com certo estado da atmosfera: circunstâncias que, reunidas, constituíram, no caso particular, as condições do fenômeno: em outros termos, o grupo de antecedentes que o determinaram e sem os quais não teriam tido lugar. A causa real é o concurso de todos estes antecedentes e não se tem o direito, rigorosamente falando, de dar o nome de causa a um daqueles de maneira a excluir os demais" (apud ANTOLISEI, op. cit., p. 30).

se não forem contempladas todas as condições.[41] A causa é a totalidade dos elementos indispensáveis para se verificar o efeito, ou seja, a totalidade das condições.[42]

A crítica a essa noção de causa surgiu em seguida, quando se objetou que este entendimento levava ao infinito das possibilidades, pois as condições de um fenômeno não seriam somente aqueles fatos próximos aos eventos e que o determinavam, mas existiriam ainda as condições daqueles fatos e assim por diante.[43] O conceito de causa proposto por Mill seria, conforme a crítica, inutilizável não só no campo do direito, mas em geral na pesquisa empírica[44] e impôs ajustes metodológicos que importaram também no surgimento de teorias derivadas.

A teoria segundo a qual a causa é a totalidade das condições[45] foi a primeira que surgiu no âmbito da discussão jurídica da causalidade. Formulada pelo alemão Von Buri,[46] teve o seu desenvolvimento por obra também de autores como Von

---

[41] STUART MILL, *System of Logic*. 7. ed. 1875, p. 379, apud MARTY, Gabriel. La relation de cause à effet comme condition de la responsabilité civil. *Revue Trimestrielle de Droit Civil*, v. 38, n. 2, p. 658-712, 1939, p. 687.

[42] Outros autores, na filosofia, se ocuparam deste tema e compartilharam a tese de Mill. São exemplos citados por Antolisei, Herbart, Lotze, Hobbes (o autor, neste ponto, remete a Träger, *Der Kausalbegriff in Strand und Zivilrecht*, 1929, p.17-19), apud ANTOLISEI, op. cit., p. 339.

[43] Nesse sentido, Marty afirma que a concepção de Mill pode ser logicamente satisfatória, mas que é inutilizável. Assim, de causa em causa, remontando as condições das condições, chegar-se-ia às condições do universo (MARTY, Gabriel. La relation de cause à effet comme condition de la responsabilité civil. *Revue Trimestrielle de Droit Civil*, v. 38, n. 2, p. 658-712, 1939, p. 687).

[44] ANTOLISEI, op. cit., p. 34. Por outro lado, o penalista Antolisei rebate essas críticas esclarecendo que Mill definiu causa como a totalidade das condições, mas não inclui entre estas condições as antecedentes imediatas destas, ou seja, as condições das condições, as condições das condições das condições etc. Para ele, Mill entendia causa como aquela constituída pelas condições verdadeiras, ou seja, pelos fatos que, quando reunidos, invariavelmente a determinam. As condições precedentes seriam, no entender do filósofo, implícitas naquelas condições verdadeiras, enquanto são o pressuposto. Para Antolisei, portanto, o conceito de causa de Mill não deve ser entendido como conjunto de todas as condições remotas e remotíssimas. Em cada processo devem ser consideradas as condições verdadeiras.

[45] Stuart Mill considerava causa como o conjunto formado pelo total das condições positivas e negativas que contribuíram para a sua produção.

[46] Segundo Ana Perestrelo de Oliveira, a teoria surgiu por obra de Julius Glaser e foi desenvolvida por Von Buri no final do século XIX e "constituiu na transposição, para o direito, penal e civil, do critério científico-natural de causa", por esse critério "uma acção seria considerada causa de um resultado sempre que, se não tivesse sido praticada aquela, este, o resultado, não se teria verificado" (PERESTRELO DE OLIVEIRA, Ana. *Causalidade e imputação na responsabilidade ambiental*. Coimbra: Almedina, 2007, p. 53). Gisela Sampaio Cruz afirma que Glaser, em 1858, propôs uma fórmula para determinar o nexo causal que consistia na supressão mental das origens da soma dos acontecimentos e, se, na supressão, o resultado não acontecesse, então ter-se-ia demonstrado a causa (CRUZ, Gisela Sampaio da. *O problema do nexo causal na responsabilidade civil*. Rio de Janeiro: Renovar, 2005, p. 36). Sobre a atribuição da origem da teoria das condições ao processualista austríaco Julius

Liszt, Thyren e Traeger. Foi adotada na Alemanha pelo Senado Penal do Tribunal Supremo do Império e tornou-se doutrina dominante.[47]

Von Buri concluiu que se devia considerar como "causa" cada condição singular do resultado, o que significa dizer que se devia considerar cada elemento sem o qual o resultado não se teria verificado.[48] A causa de determinado evento é a soma de todas as condições necessárias para produzi-lo. Admitia que para a imputação objetiva do evento fosse suficiente a participação em quaisquer das condições verificadas. A denominação de "teoria das condições" e "teoria da equivalência" decorre do entendimento de que todas as condições são equivalentes.[49] Todas as condições se equivalem na produção do dano, possuem igual valor, considerando que se uma delas faltar não terá lugar o evento. São indispensáveis as condições reunidas para a ocorrência do dano.

Marty formulou uma indagação sobre a teoria para se certificar de que se está diante de uma condição *sine qua non:* "é certo que sem o ato ou falta em questão, o dano não teria sido produzido?".[50] A condição verificada individualmente é causa das outras e o seu conjunto determina o evento. O exercício mental hipotético de suprimir alguma das condições verificadas (*conditio sine qua non*) ocasionaria o desaparecimento do fenômeno (*sublata causa tollitur effectus*).[51] Há uma necessária conjunção de fatores que devem agir para a produção do evento.

Glaser, especialmente em *Abhandlungen aus den österreichischen Strafrechts,* em 1858, faz referência a HART, H. L. A.; HONORÉ, T. *Causation in the law*, **op. cit., p. 444.**

[47] ANTOLISEI, Francesco. *Il rapporto di causalità nel diritto penale*. Torino: Giappichelli, 1934, p. 36; MARTY, Gabriel. La relation de cause à effet comme condition de la responsabilité civil. *Revue Trimestrielle de Droit Civil*, v. 38, n. 2, p. 658-712, 1939, p. 691.

[48] Wilson Melo recolhe a seguinte passagem de Von Buri, em Über Kausalität und deren Verantwortung: "Deve ser considerada como causa de um determinado fenômeno a totalidade das forças que, de qualquer maneira, participaram para a produção do mesmo. E isso porque a existência de tal fenômeno fica a depender, de tal modo, de cada uma dessas forças que, pela supressão de uma só delas (ou dessas condições), teríamos, como consequência, a supressão do próprio fenômeno. Por conseguinte, cada condição insuflaria vida à totalidade (ou massa), sem ela inerte, de todas as demais condições, tornando cada condição, pois, causal referente a todas as outras" (VON BURI, Über Kausalität und deren Verantwortung, p. 1, apud SILVA, Wilson Melo. *Responsabilidade sem culpa*. São Paulo: Saraiva, 1974, p. 115, nota n. 14); SUMMERER, K. *Causalità ed evitabilità:* formula della conditio sine qua non e rilevanza dei decorsi causali ipotetici nel diritto penale. Pisa: ETS, 2013.

[49] ANTOLISEI, op. cit., p. 38.

[50] MARTY, op. cit., p. 690, n. 6.

[51] O teste do modelo mental para aferir a causa é criticado por Roxin, citando julgado da jurisprudência alemã que propôs uma situação em que pretendia demonstrar se a ingestão de um medicamento durante a gravidez teria provocado malformação do feto nascido subsequentemente, pois, segundo sua posição, de nada adiantaria suprimir mentalmente o consumo do medicamento e perguntar se na sua ausência desapareceria o resultado. A resposta a essa pergunta só poderia ser dada no caso de se saber que o medicamento é efe-

Sustentou, ainda, Von Buri que, por ser o resultado indivisível materialmente, cada uma das condições pode ser considerada ao mesmo tempo causa de "todo o resultado final". Basta que o ato tenha integrado a cadeia de eventos que resultaram no dano para que assuma seu papel como causa. A teoria da equivalência das condições foi por algum tempo adotada pela doutrina na interpretação dos dispositivos dos códigos penais norueguês, italiano e brasileiro. Pouco a pouco, entretanto, foi perdendo espaço e na própria Alemanha, sua pátria originária, entrou em um período de total desprestígio.[52]

A principal crítica da doutrina à teoria é a de que expressa de forma alargada o conceito de causa, considerando todas as condições que antecedem o dano como aptas a fazer parte daquele conceito.[53] Esse entendimento significaria, conforme seus críticos, a extensão ilimitada das consequências que derivam do encandeamento causal dos fatos, comprometendo ainda o princípio de justiça.[54] Segundo Marty, sua aplicação poderia significar a responsabilzação de determinado indivíduo por consequências muito distantes e excepcionais de seus atos.[55] Binding chegou a afirmar que a aplicação desta teoria levaria à conclusão de que todos seriam culpáveis por tudo.[56]

A ocorrência de qualquer circunstância concorrente para o evento é sempre considerada indispensável para a causa. Esse entendimento poderia conduzir à condenação por homicídio culposo do sujeito que, sem saber, fere levemente um hemofílico causando-lhe a morte em razão da condição que desconhecia.[57] Antolisei supôs exemplo em que um convalescente, ao realizar um passeio, fosse vítima de um acidente automobilístico, hipotetizando, segundo a sua crítica, se seria a causa

---

tivamente a causa de malformação. (ROXIN, *Derecho penal: parte general*. Trad. cast., Tomo I Madrid: Chivitas, 1997, p. 350). Ainda sobre o teste de "eliminação mental", AINWALD, Manfred. *Causalità e diritto penale*. Milano: Giuffrè, 1999, p. 5 ss.; HART, H. L. A; HONORÉ, A. *Causation in the law*, op. cit., p. 100-101; 411-421.

[52] PEIRANO FACIO, Jorge. *Responsabilidad extracontratual*. Montevideo: Barreiro y Ramos, 1954, p. 412.

[53] Chabas chama atenção de que a crítica aponta para o laxismo da teoria (CHABAS, François; MAZEAUD, Henri. *L'influence de la pluralité de causes sur le droit à réparation*. Paris: LGDJ, 1967, p. 85).

[54] Pense-se, por exemplo, na hipótese descrita por Peirano Facio, em que concorrem para a produção de um dano uma condição e um caso fortuito, ter-se-ia que imputar as consequências daquele fato a pessoa que participou com uma só condição (PEIRANO FACIO, op. cit., p. 413); nesse sentido também CAPECCHI, M. *Il nesso di causalità*, op. cit., 61.

[55] MARTY, Gabriel. La relation de cause à effet comme condition de la responsabilité civil. *Revue Trimestrielle de Droit Civil*, v. 38, n. 2, p. 658-712, 1939, p. 691.

[56] BINDING, Karl. *Die Normen und ihre Übertretung*, Leipzig, 1916, t. II, 1º, p. 479, apud GOLDENBERG, Isidoro. *La relación de causalidad en la responsabilidad civil*. Buenos Aires: Astrea, 1984, p. 21.

[57] DÍAZ, Julio Alberto. *Responsabilidade coletiva*. Belo Horizonte: Del Rey, 1998, p. 60.

da morte o médico que deixou o paciente sair de casa, se o irmão que o aconselhou a passear, ou se o amigo que o distraiu no momento exato em que atravessava a rua onde foi atingido. Se até mesmo o pai, que, a rigor, seria a causa da existência da vítima, porque se ele não tivesse tido o filho o infortúnio não teria ocorrido. Sem dúvida, um único evento delituoso admite um número indefinido de causas.[58]

Buri rebatia a crítica com a afirmação de que a amplitude do conceito de causa não conduziria a resultados contrastantes com as exigências do direito, pois a relação de causalidade não é o único elemento requerido pela responsabilidade penal, sendo que haveria ainda o concurso das culpas. Nesse entendimento, para que alguém responda por um evento criminoso não basta tê-lo causado, mas deve ainda ter agido com dolo ou culpa.[59] Tal elemento funciona como corretivo ao conceito de causa e limita convenientemente o campo da responsabilidade.[60] De acordo com Von Buri, cada condição *sine qua non* é causa do evento, mas para a responsabilidade não é suficiente ter objetivamente causado o evento; é necessário ainda que a vontade culposa do agente preencha todo o desenvolvimento causal que conduziu o evento danoso: paralelo ao "nexo de causalidade natural" deve correr um "nexo de vontade".[61]

Ocupando-se principalmente do ilícito doloso, Von Buri esclarece que a vontade de um evento é somente daquele que tem consciência de um resultado provável de sua conduta. Ao contrário, não se pode falar de vontade, mas de simples desejo: assim na hipótese de alguém que induza outro a viajar de trem, na esperança de um acidente ferroviário que cause a sua morte.[62] Von Buri mencionava que a culpa deveria constituir a fonte e o critério limitativo da responsabilidade, de modo que a probabilidade de um evento danoso começa a ser relevante no mesmo momento em que ela é suficientemente alta para justificar um juízo de ilicitude da conduta.[63]

Trimarchi afirmou que essa teoria teve o mérito de ter colocado o problema da oportuna delimitação do âmbito das consequências ressarcíveis e de resolver em conexão com o conceito de "culpa". Diz o autor que nesse aspecto estaria

> a atualidade da teoria, pois depois de um século que foi proposta: esta aparece muito próxima à tese moderna na qual o âmbito da responsabilidade depende

---

[58] ANTOLISEI, Francesco. *Il rapporto di causalità nel diritto penale*. Torino: Giappichelli, 1934, p. 51.

[59] ANTOLISEI, op. cit., p. 51

[60] Antolisei entende, entretanto, que o elemento da culpa, em sentido lato, diante da amplitude do conceito de causa, estabelecido pela teoria da *conditio sine qua non*, não é um corretivo suficiente (op. cit., p. 52).

[61] BURI, Über*Kausalität und deren Verantwortung*, Leipzig, 1873, p. 14 ss., apud ANTOLISEI, op. cit., p. 56.

[62] TRIMARCHI, Pietro. *Causalità e danno*. Milano: Giuffrè, 1967, p. 26-27.

[63] Ibidem, p. 32.

do objeto da norma violada, assim que a culpa deve valer, não só como critério para estabelecer se deve haver responsabilidade, mas também para se determinar a amplitude desta.[64]

Explica, ainda, que certamente essa teoria não é aplicável aos casos de responsabilidade objetiva por risco lícito, mas, segundo o autor, isso não diminuiria a sua validade no campo do ilícito, pois para ele não é necessário que o critério limitativo da responsabilidade seja idêntico nos dois campos. "Ao contrário, não é surpreendente que a diversas funções da responsabilidade possam corresponder diversos critérios limitativos."[65]

Ennecerus diz que no direito penal se pode utilizar o critério da equivalência das condições, porque em matéria penal o agente só é castigado em razão de ter causado culposamente um resultado punível, utilizando, então, a culpa como corretivo deste critério de causa, já que na área penal se considera o grau de culpa e se aprecia a culpa em concreto. No direito civil, segundo esse autor, qualquer que seja o grau de culpa, se responde pela totalidade do dano e, portanto, a culpa não pode ter o papel de corretivo; um critério tão amplo de causa resultaria infecundo para limitar a responsabilidade civil.[66]

A excessiva extensão do conceito de causa, exposto por Von Buri, sujeitou a críticas que favoreceram o surgimento de outras teorias que procurassem corrigi-la, buscando critérios que individualizassem a causa, apartando-as de outras meras condições.[67]

---

[64] Ibidem, p. 28.

[65] Ibidem, p. 28 e 29.

[66] ENNECCERUS, Ludwig. *Tratado de derecho civil*: derecho de obligaciones. Barcelona: Bosch, 1966, t. 1, v. 2, p. 66. Ennecerus diz ainda que, embora muitos civilistas como Mommsen, Windscheid e outros se inspirem nessa teoria, poucos desconhecem que a teoria necessita ser limitada, caso contrário levaria a soluções incompatíveis com o "sentimento do direito" (ENNECCERUS, op. cit., v. I, p. 67).

[67] A jurisprudência italiana se debateu com o tema da verificação da causalidade a partir de um elemento subjetivo (previsibilidade, precaução) do indivíduo, considerando, para tanto, se se deveria prescindir de qualquer elemento subjetivo ou se se trataria de um *unicum* indivisível. Berti explica que sobre esse ponto é possível individualizar dois posicionamentos diferentes. Aquele considerado majoritário, com relação à hipótese do ilícito omissivo culposo, considerando que a causalidade na omissão não pode ser estritamente material, porque o juízo causal se inicia pela verificação de uma "conduta culposa" e não a mera omissão material. Nessa hipótese se deve elaborar um juízo hipotético contrafactual para se saber se a conduta omissa culposa, caso não houvesse, teria causado inevitavelmente o dano, o que significa uma interação indissociável do nexo causal com a antijuridicidade da conduta. E, ainda, um segundo, contraposto da jurisprudência, que considera o nexo causal como um elemento estrutural do ilícito que ocorre no plano estritamente objetivo e segundo uma reconstrução de tipo silogístico, entre um comportamento abstratamente considerado e o evento danoso no qual a verificação do caráter subjetivo deve ser efetuada em um momento

2.2 TEORIA DA CAUSA PRÓXIMA OU DOS "DANOS DIRETOS E IMEDIATOS"

A proximidade da causa ao evento foi outra elaboração que pretendeu encontrar e individualizar um critério para distinguir as potenciais causas. Atribui-se ao enunciado do século XVI, do filósofo inglês Francis Bacon, a origem de seu fundamento. O autor sustentou que "seria para o direito uma tarefa infinita julgar as causas das causas e as influências de umas sobre as outras".[68] E, por essa razão, considerou a causa imediata (*proximae cause*) e não aquelas distantes (*too remote*) as que se encontravam aptas a ocasionar determinado evento.

Para essa teoria, o que distingue a causa das condições é a maior ou menor proximidade do resultado. A condição mais próxima se chama "causa", as demais são "condições".[69]

Essa teoria encontrou lugar em alguns códigos que limitam a indenização devida apenas aos danos que são consequência "imediata e direta" do incumprimento e excluem os que tenham com este uma relação mais remota. Tal princípio encontrou aplicação no Código de Napoleão (art. 1.151),[70] tendo influenciado ainda o código italiano de 1865 (art. 1.229)[71] e o espanhol (art. 1.107). Na América Latina, vê-se essa influência no código argentino de Vélez Sarsfield (art. 520),[72] no peruano (art.

---

distinto e sucessivo. Berti, entretanto, afirma que essa discussão teve fim com a decisão de 2005, da Corte de Cassação (cfr. Cass. civ., 18/4/2005, n. 7997, in *Corr. giur.*, n. 2), que fez prevalecer o segundo posicionamento, sustentando que a causalidade da culpa são categorias morfologicamente distintas; uma se dá no plano externo objetivo, entre comportamento abstratamente considerado e o evento, e outra no plano interno subjetivo(BERTI, Ludovico. *Il nesso di causalità in responsabilità civile:* nozione, onere di allegazione e onere della prova. Milano: Giuffrè, 2013, p. 20-21).

[68] "It were infinite for the law to judge the causes of causes, and their impulsions on of another [...]", citado por ANTOLISEI, Francesco. *Il rapporto di causalità nel diritto penale*. Torino: Giappichelli, 1934, p. 60, ainda MARTY, Gabriel. La relation de cause à effet comme condition de la responsabilité civil. *Revue Trimestrielle de Droit Civil*, v. 38, n. 2, p. 658-712, 1939, p. 45.

[69] ANTOLISEI, Francesco. *Il rapporto di causalità nel diritto penale*. Torino: Giappichelli, 1934, p. 60.

[70] Art. 1.151, Código francês: "Dans le cas même où l'inexécution de la convention résulte du dol du débiteur, les dommages et intérêts ne doivent comprendre à l'égard de la perte éprouvée par le créancier et du gain dont il a été privé que ce qui est une suite immédiate et directe de l'inexécution de la convention".

[71] Art. 1.229, Cód. Civ. italiano, de 1865: "Qualunque l'inadempimento dell'obbligazione derivi da dolo del debitore, i danni relativi alle perdite sofferte dal creditore ed al guadagno di cui il medesimo fu privato, non debbono estendersi se non a ciò che è *una conseguenza immediata e diretta dell'inadempimento dell'obbligazione*".

[72] Art. 520, Código Civil argentino: "*En el resarcimiento de los daños e intereses sólo se comprederán los que fueren consecuecia inmediata y necesaria de la falta de cumplimiento de la obligación*". O Código referido está atualmente derrogado pela vigência do novo Código Civil y Comercial Unificado, em 2015; que por sua vez não trouxe dispositivo semelhante,

1.321),[73] no chileno (art. 1.558),[74] no Código Civil brasileiro de 1916 (art. 1.060)[75] e no atual de 2002 (art. 423).

O entendimento da necessidade de uma causa imediata foi duramente criticado pelo alegado mecanicismo e superficialidade. A dificuldade de estabelecer em muitos casos qual a condição última de um fato se apresentou como obstáculo à adoção indiscriminada da teoria. Nem sempre o antecedente temporal mais próximo ao resultado na cadeia causal é o seu determinante, podendo sê-lo, por exemplo, outro elemento qualquer que o precedeu.

O conceito de causa imediata, na visão de muitos autores,[76] deve possuir sentido lógico e não cronológico, pois, sem essa compreensão, a imputação que preconiza essa teoria pode conduzir a soluções jurídicas excessivamente limitadas. A discussão em torno dessa tese se viu abandonada por muitos anos. Atualmente, entretanto, por obra de uma reelaboração do direito anglo-americano, postula-se que para a existência de um nexo de causalidade se requer uma "relação direta" entre a condição e o resultado danoso.[77]

---

introduzindo, em matéria exclusivamente contratual o critério da previsibilidade para a reparação de danos, conforme artigo 1.728: *Previsibilidad contractual. En los contratos se responde por las consecuencias que las partes previeron o pudieron haber previsto al momento de su celebración. Cuando existe dolo del deudor, la responsabilidad se fija tomando en cuenta estas consecuencias también al momento del incumplimiento.* Texto que segue a tradição de Pothier no Code Civil, artigo 1.150, no italiano, artigo 1.225, no espanhol, artigo 1.107 (sobre a causalidade no direito espanhol: DE COSSIO, A. *La causalidad en la responsabilidad civil:* estudio del derecho español. Anuario de Derecho Civil, v. 19, p. 527 ss., 1966; DIEZ-PICAZO, Luiz. *Derecho de daños.* Madrid: Civitas, 1999).

[73] TRAZEGNIES, Fernando de. *La responsabilidad extracontractual.* Lima, 1995, t. 1.

[74] Art. 1.558, Código Civil chileno: "*Si no se puede imputar dolo al deudor, sólo es responsable de los perjuicios que se previeron o pudieron preverse al tiempo del contrato; pero si hay dolo, es responsable de todos los perjuicios que fueron una consecuencia inmediata o directa de no haberse cumplido la obligación o de haberse demorado su cumplimiento*" (sobre a causalidade no direito chileno: ARAYA JASMA, F. *La relación de causalidad en la responsabilidad civil.* Santiago: Lexis Nexis, 2003; BARAONA GONZÁLEZ, J. La causa del daño en la jurisprudencia reciente. *Revista Chilena de Derecho,* v. 30, n. 2, p. 211-233, 2003; BARAONA GONZÁLEZ, J.; VARGAS PINTO, T. *La relación de causalidad:* análisis de su relevancia en la responsabilidad civil y penal. Santiago, Chile: Universidad de los Andes, 2008).

[75] Art. 1.060, Código Civil brasileiro: "Ainda que a inexecução resulte de dolo do devedor, as perdas e danos só incluem os prejuízos efetivos e os lucros cessantes por efeito dela direto e imediato".

[76] Nesse sentido GOLDENBERG, Isidoro. *La relación de causalidad en la responsabilidad civil.* Buenos Aires: Astrea, 1984, p. 26.

[77] MARTY, Gabriel. La relation de cause à effet comme condition de la responsabilité civil. *Revue Trimestrielle de Droit Civil,* v. 38, n. 2, p. 658-712, 1939, p. 699; GOLDENBERG, op. cit., p. 26.

O Código de Napoleão de 1804, em matéria de responsabilidade extracontratual, é marco fundamental para a discussão desse tema, tanto em uma perspectiva histórica como em uma análise comparativa.[78] E, sobretudo, no processo de codificação, em que as ideias instauradas pelo ordenamento francês tiveram preponderante influência sobre as codificações sucessivas.[79]

A necessidade de uma relação causal entre a *faute* e o *dommage*, como condição de toda a responsabilidade, é afirmada nos textos das normas francesas.[80] O verbo "causer" figura não somente nos artigos 1.382 e 1.383 (responsabilidade por fato pessoal), mas também nos artigos 1.384, 1.385 e 1.386 (responsabilidade por fato terceiro ou por fato das coisas).[81]

O artigo 1.382 do Código francês prevê a regra geral em matéria de responsabilidade delitual, consagrando o princípio da culpa, no qual é seguido por todas as codificações posteriores, em particular na América Latina, onde muitas vezes serviu de código modelo e foi integralmente incorporado. Estabelece o artigo: "*Tout fait quelconque de l'homme, qui cause à autrui un dommage, oblige celui par la faute duquel il est arrivé, à le réparer*".

O artigo 1.383, por sua vez, estabelece: "*Chacun est responsable du dommage qu'il a causé par son fait, mais encore par sa négligence ou par son imprudence*".

---

[78] QUÉZEL-AMBRUNAZ, Christophe. Définition de la causalité em droit français. In: *Le droit français de la responsabilité civile confronté aux projets européens d'harmonisation*. Recueil des travaux du Groupe de Recherche Eurpéen sur la Responsabilité Civile et l'Assurance (GRERCA). Bibliothèque de l'Institut de Receherche Juridique de la Sorbone Adré Tunc, t. 36, p. 341-368, Paris: IRJS Editions, 2012.

[79] Aguiar Dias afirma que "no Código Civil Francês a legislação moderna tem o seu modelo de inspiração", (DIAS, José de Aguiar. *Da responsabilidade civil*. 11. ed. São Paulo: Renovar, 2006, p. 33); nesse sentido, nota-se ainda DAVID, René. *Les grands systèmes de droit contemporains*. Paris: Dalloz, 1974, p. 131-132.

[80] SAVATIER, René. *Traité de la responsabilité civile en droit civile*. Paris: LGDJ, 1939, t. 2, p. 5; VINEY, Geneviève. *Traité de droit civil*. Paris: LGDJ, 1982, p. 406; MAZEAUD, Henri; MAZEAUD, León. *Leçons de droit civil*. 6. ed. Paris: Montchrestien, 1965, p. 616; MARTY, Gabriel; RAYNAUD, Pierre. *Droit civil: les obligations*. Paris: Sirey, 1988, p. 679; FLOUR, Jacques; AUBERT, Jean-Luc. *Les obligations: le fait juridique*. Paris: Armand Colin, 1997, v. 2, p. 147; STARCK, Boris, *Droit civil: obligations*. 2. ed. Paris: Litec, 1986, p. 387; MALAURIE, Philipe; AYNÈS, Laurent. *Cour de droit cvil: les obligations*. Paris: Cujas, 1998, p. 53; ESMEIN, Paul. Trois problèmes de responsabilité civile. *Revue Trimestrielle de Droit Civil*, v. 33, p. 314-369, 1934, p. 321.

[81] Artigo 1.384: "On est responsable non seulement du dommage que l'on cause par son propre fait, mais encore de celui qui est causé par le fait des personnes dont on doit répondre, ou des choses que l'on a sous sa garde"; Artigo 1.385: "Le propriétaire d'un animal, ou celui qui s'en sert, pendant qu'il est à son usage, est responsable du dommage que l'animal a causé, soit que l'animal fût sous sa garde, soit qu'il fût égaré ou échappé"; Artigo 1.386: "Le propriétaire d'un batiment est responsable du dommage causé par sa ruine, lorsqu'elle est arrivée par une suite du défaut d'entretien ou par le vice de sa construction".

Como se vê, em ambos os textos, vem expressa a necessidade de uma relação de causa e efeito que se extrai das expressões "qui cause à autrui" ou "qu'il a causé par son fait". A doutrina e a jurisprudência francesa unanimemente apontam para a necessidade de um liame causal existente entre o fato do agente, a sua conduta culposa (*faute*) e o dano produzido.

Mesma afirmação pode ser feita ainda a respeito da responsabilidade por fato das coisas (*fait de choses*) segundo a qual a intervenção causal da coisa é um elemento determinante.[82] Isso significa dizer que em todos os domínios da responsabilidade (responsabilidade por fato pessoal ou responsabilidade pelo fato de outro, do animal, do edifício ou das coisas) a noção do nexo de causalidade deverá exprimir um mesmo critério jurídico.[83]

O artigo 1.151[84] do Código Civil limita a reparação aos danos imediatos e diretos. É uma norma de aplicação contratual, mas que a jurisprudência a estendeu à matéria delitual, como critério de limite para a imputação do dano.[85] [86]

---

[82] MARTY, Gabriel; RAYNAUD, Pierre. *Droit civil*: les obligations. Paris: Sirey, 1988, p. 679.

[83] JOLY, André. Vers un critère juridique du rapport de causalité au sens de l'article 1.384, alinéa 1ª, du Code Civil. *Revue Trimestrielle de Droit Civil*, 1942, p. 258.

[84] Artigo 1.151 do Código da França: Dans le cas même où l'inexécution de la convention résulte du dol du débiteur, les dommages et intérêts ne doivent comprendre à l'égard de la perte éprouvée par le créancier et du gain dont il a été privé que ce qui est une suite *immédiate et directe* de l'inexécution de la convention.

[85] MAZEAUD, Henri; MAZEAUD, Léon. *Leçons de droit civil*. 6. ed. Paris: Montchrestien, 1965, p. 622. PLANIOL-RIPERT. *Traité élémentaire de droit civil*, II, Paris, 1926, p. 297: "il faut trasnporter en matière de responsabilité délictuelle la règle formulée par lart. 1151 pour la responsabilité contractuelle".

[86] O mesmo processo de unificação ocorreu no Brasil, que seguiu redação idêntica à do código francês, e que teve o conceito alargado para as hipóteses de responsabilidade extracontratual por obra de interpretação jurisprudencial. Ademais, interpretação da regra francesa, assim como a brasileira, que permite a referida ampliação das hipóteses de inadimplemento para abarcar também o dano, remete ao debate da sistemática binária adotada pelas codificações quanto à existência de uma responsabilidade contratual e outra extracontratual. Gnani, autor italiano, explica que diversamente da sistemática francesa, quanto ao tema, foi a adotada pela alemã: tendo os compiladores do BGB procurado uma disciplina unitária da obrigação ressarcitória do dano (conf. § 249 ss do aludido diploma.), marcadamente pela influência pandectista, e conectada à tendência de cunhar uma categoria jurídica, que se concretiza na positivação de uma teoria geral do dano ressarcível. O mesmo autor afirma que na Itália os codificadores adotaram uma via intermediária entre as dos sistemas francês e alemão. Em linha com a do francês, o núcleo fundamental da disciplina do dano continuou sendo alocado no inadimplemento. Porém, foi incorporada na Itália a ideia de responsabilidade pertinente ao campo do ato ilícito, seguindo os significados de dano e obrigação ressarcitória. A introdução no artigo 2.056 de norma que remete ao 1.223, do Código Civil italiano, segundo o autor, revela uma vocação de abstrair e generalizar o dano ressarcível, tendendo a torná-lo categoria conceitual conforme o modelo alemão (GNANI, Alessandro. *Sistema*

A esse respeito, Pothier dá o exemplo de um comerciante que vende uma vaca enferma que contamina o rebanho do comprador. O gado contaminado morre e o comprador não pode cultivar a sua terra, e disso resultam outras consequências, como, por exemplo, a falência dos negócios daquele comprador, que se vê obrigado a vender os seus bens para pagar dívidas. A série de consequências que podem advir à causa daquele fato inicial pode ser ilimitada. Pergunta-se, então, até onde os efeitos do dano podem ser imputados ao autor daquele fato.

O exemplo dado, apesar de configurar uma situação de responsabilidade contratual, é conveniente à discussão que se põe também em matéria extracontratual com relação à imputação das consequências danosas, tema em que a pesquisa do nexo causal é relevante.

Voltando ao exemplo de Pothier, no caso a perda do gado foi causa direta que deve ser reparada, enquanto as demais perdas, como os bens do comprador e quaisquer outros danos que tenha tido em ordem sucessiva, são danos indiretos, que, pela norma do Código francês, não são indenizáveis.[87]

O artigo 1.151 do Código de Napoleão, como se verá ao longo deste estudo, influenciou a grande maioria dos códigos latino-americanos, que estabelecem artigo idêntico e com aplicação estendida aos casos de responsabilidade extracontratual. A partir disso, pode-se dizer, esse Código estabeleceu um critério único para a imputação das consequências geradas pelo dano.

Os redatores dessa regra, como já mencionado, inspiraram-se na tese de Francis Bacon, na ideia de que "seria para o direito uma tarefa infinita a de julgar as causas das causas e ação de uma sobre as outras: por isso se estabelece a causa imediata". O mesmo princípio que afirma: *in iure non remota causa, sed proxima spectatur*.[88]

Os irmãos Mazeaud, em seu tempo, entretanto, já afirmavam que os tribunais franceses vinham mudando esse conceito, e, em muitos casos, consideraram "dano direto" como "dano necessário". Essa posição veio, igualmente, a influenciar os tribunais brasileiros que encontraram similitude entre a locução do código e o elemento da necessidade.

Eismen, em estudo sobre os problemas da responsabilidade civil, aponta a regra do artigo 1.150,[89] também em matéria contratual, como um indicativo da ideia

---

di responsabilità e previdibilità del danno. Studi di Dirito Privato. Collana diretta da F. D. Busnelli, S. Patti, V. Scalisi, P. Zatti. Torino: Giappichelli, 2008, p. 113).

[87] O exemplo de Pothier é citado por diversos autores: MAZEAUD, Henri; MAZEAUD, León. *Leçons de droit civil*. 6. ed. Paris: Montchrestien, 1965, p. 623; STARCK, Boris. *Droit civil:* obligations. 2. ed. Paris: Litec, 1986, p. 391; FLOUR, Jacques; AUBERT, Jean-Luc. *Les obligations:* le fait juridique. Paris: Armand Colin, 1997, v. 2, p. 177.

[88] MAZEAUD e MAZEAUD, op. cit., p. 623.

[89] Artigo 1.150: Le débiteur n'est tenu que des dommages et intérêts qui ont été prévus ou qu'on a pu prévoir lors du contrat, lorsque ce n'est point par son dol que l'obligation n'est point

de causalidade adequada, ao referir que, no caso de inexecução dolosa, o *quantum* do dano é limitado ao que era normalmente previsível no momento do contrato.[90]

Da análise do Código francês, assim como se verá nos demais analisados neste livro, foram identificadas duas ordens de problemas, quase sempre tratadas nas codificações: uma relativa ao requisito do nexo causal como elemento indispensável na concatenação entre o ilícito civil com o dano, e outro referente ao limite das consequências danosas a serem imputadas.

A primeira delas se extrai quase sempre dos textos das normas gerais sobre a matéria de responsabilidade civil nos códigos; a segunda raramente vem expressa em artigo específico sobre matéria extracontratual. À exceção da Argentina, que no Código Civil de Vélez Sarsfield, que teve como fonte o Código da Prússia,[91] e que adotara duplo critério de imputação de consequências, um para a matéria contratual e outro para extracontratual, os demais códigos utilizam um critério que vem estabelecido na parte referente aos contratos e que se estende às hipóteses extracontratuais. Estes últimos têm como fonte norma do Código de Napoleão, que segue as ideias de Bacon e Pothier.

Essa teoria tem fundamental importância na medida em que tal princípio encontrou aplicação no Código de Napoleão[92] e, por conseguinte, influenciou uma série de códigos, no que tange à limitação da imputação das consequências danosas. Daqui, portanto, provém o que muitos códigos estabelecem como consequências "imediatas e diretas"[93] as que devem ser objeto de reparação.

Tais limites vêm sendo reavaliados a partir de interpretações diversas, desde o alargamento do seu conceito, a associação a outros elementos, como o que pretende

---

exécutée.

[90] ESMEIN, Paul. Trois problèmes de responsabilité civile. *Revue Trimestrielle de Droit Civil*, v. 33, p. 314-369, 1934, p. 334.

[91] BREBBIA, R. H. *La relación de causalidad en derecho civil*. Rosario: Juris, 1975; BRUERA, J. J. *El concepto filosófico-jurídico de causalidad, ensayo*. Buenos Aires: Depalma, 1944; COMPAGNUCCI DE CASO, R. H.; ZANNONI, E. A. *Responsabilidad civil y relación de causalidad*. Buenos Aires: Astrea de A. y R. Depalma, 1984; GESUALDI, D. M. *Responsabilidad civil*: factores objetivos de atribución: relación de causalidad. Buenos Aires: Hammurabi, 2000; TISNADO SOLÍS, L. A. *Fundamentos dogmáticos de la causalidad y la moderna teoría de la imputación objetiva*. Buenos Aires: Fabián J. Di Plácido Editor, 2008; BALCARCE, F. *La relación de causalidad en la doctrina penal argentina*. Córdoba: Francisco Ferreyra Editores, 1998; MOEREMANS, Daniel. Alemanha. In: ALTERINI, Atilio Aníbal; CABAÑA, Roberto M. Lopez (coord.). *Enciclopedia de responsabilidad civil*, 1998, v. 1; LLAMBÍAS, Jorge Joaquín, *Tratado de derecho civil*: obligaciones. Buenos Aires: Abeledo-Perrot, 1973, t. 4-A.

[92] SILVA, Wilson Melo. *Responsabilidade sem culpa*. São Paulo: Saraiva, 1974, p. 129.

[93] Wilson Melo diz que os primórdios de tal doutrina da relação causal imediata já poderiam ser verificáveis no Direito Romano, em passagem de Paulo (Paulus, fr. 21, § 3º, *De Actionibus Empti et Venditi*, XIX, I) (SILVA, op. cit. p. 128).

a constatação de um nexo de necessidade, até a aplicação de outras teorias como a da causa adequada, de forma subjacente.

2.3 TEORIA DA CAUSA EFICIENTE E DA CAUSA PREPONDERANTE

Dada a crítica estabelecida à teoria da equivalência das condições, e da necessidade de encontrar correções ao risco de indeterminação das causas do dano, a própria doutrina alemã reelaborou o critério da proximidade, buscando em contrapartida a necessária eficiência no resultado (*causa efficiens*).

A partir deste conceito surgiram duas correntes distintas. Uma delas, sustentada pelo alemão Karl Von Birkmeyer, acolhe um critério quantitativo para caracterizar a condição mais ativa, assinalando aquela que em maior medida contribuiu à produção do resultado.[94] Ao contrário de outra, defendida por Mayer e Kohler, que se baseia em uma noção qualitativa (*Qualitatentheorie*) na determinação da causa eficiente, e que parte da verificação de uma qualidade inerente e que determina o fato.[95]

Em relação a essas elaborações, Antolisei[96] assinala a obra de Stopato, que distingue condição e ocasião. A tese do autor resgata da tradição filosófica a necessidade de se identificar uma causa eficiente: o antecedente que como causa de determinado resultado dá a sua existência. A condição, ao contrário, não produz resultado, mas o propicia; a ocasião, por sua vez, é uma circunstância acidental que favorece o surgimento de uma causa eficiente.

A "teoria da preponderância" ou "prevalência causal" entende como causa a condição que rompe certo equilíbrio existente entre os diversos fatores e condições favoráveis e adversos na produção do dano. O fato que por si adquire maior importância frente ao efeito, impondo-se de forma preponderante para a sua ocorrência. Por tal razão, nominou-se também esta de "teoria do equilíbrio".[97]

Binding expôs a sua visão de equilíbrio e rompimento considerando que muitos seriam os fatores concorrentes para determinado acontecimento fático, mas que não

---

[94] Peirano Facio dá o exemplo de um incêndio, no caso em que Juan dá a Pedro os fósforos e este incendeia um objeto, tanto Juan como Pedro são condições *sine qua non* do ocorrido, mas somente Pedro é considerado o causador, por ser a condição mais ativa na produção da consequência (PEIRANO FACIO, Jorge, *Responsabilidad extracontratual*. Montevideo: Barreiro y Ramos, 1954, p. 423).

[95] Tese defendida por Max Ernst Mayer e J. Kohler (PEIRANO FACIO, op. cit., p. 424).

[96] STOPATO, *L'evento punibile*, apud ANTOLISEI, Francesco. *Il rapporto di causalità nel diritto penale*. Torino: Giappichelli, 1934, p. 79 ss.

[97] BINDING, *Die Normen und ihre Übertretung*, 1890 e ORTMANN, *Zur Lehre vom Kausalzusammenhang*, 1875, apud MARTY, Gabriel. La relation de cause à effet comme condition de la responsabilité civil. *Revue Trimestrielle de Droit Civil*, v. 38, n. 2, p. 658-712, 1939, p. 692.

se deveria chamá-los todos de causa, somente aquelas condições tidas por positivas e que se tornassem preponderantes em relação às negativas.[98]

A dificuldade é de ordem prática, na medida em que se faz incerto selecionar dentre diversas condições de um resultado aquela que é a mais eficiente ou a mais preponderante. Desemboca-se no mesmo problema. Critérios vagos ou subjetivos que não apontam para uma solução satisfatória que permita distinguir a causa efetiva.

De todo modo, na Argentina, Orgaz manifesta que, mesmo tendo essa teoria sido abandonada e superada, algumas soluções na doutrina e na jurisprudência a propósito de problemas parciais, como, por exemplo, o da culpa concorrente, seriam tributárias da ideia que inspira essa teoria. Assim, quando se afirma que o dano deve ser suportado pelo autor e a vítima segundo a proporção da culpa de cada um na produção do dano, importa na realidade aplicar o critério das condições mais eficientes e menos eficientes.[99]

2.4 TEORIA DA CAUSA ADEQUADA

A teoria da causalidade adequada, como é chamada, foi exposta inicialmente pelo fisiologista alemão Von Kries[100] em 1886, embora se afirme a sua preexistência no campo do direito penal por obra do jurista alemão Luis von Bar[101] em 1871. A teoria passou ainda por um processo de evolução e distinção de conceitos, desde a sua formulação inicial por Von Kries até uma sucessiva reelaboração, por obra de autores como Rumelin, Träeger e Enneccerus.[102]

---

[98] Segundo HART e HONORÉ, na obra *Causation in the Law*, von Kries era interessado em teorias matemáticas de probabilidades e em aspectos estatísticos da sociologia e entendeu que a noção de probabilidade poderia também ser aplicada ao direito; os autores mencionam, ainda, as seguintes e importantes obras de Von Kries na elaboração da teoria da causalidade adequada nos anos 1880: *Die Prinzipien der Wahrscheinlichkeitsrechnung* (1886); Über den Begriff der objektiven Möglichkeit und einiger Anwendungen desselben (1888); Über die Begriffe *der Wahrscheinlichkeit und Möglichkeit und ihre Bedeutung im Strafrechte* (1889) (HART, Herbert Lionel Adolphus; HONORÉ, Tony. *Causation in the Law*. Oxford: Oxford University Press, 2002, p. 467); vide, ainda, a respeito: BINDING, *Die Normen und ihre Übertretung*, t. I, p. 112 ss.; e t. II, 1°, 93, p. 470 ss. (apud GOLDENBERG, Isidoro. *La relación de causalidad en la responsabilidad civil*. Buenos Aires: Astrea, 1984, p. 29).

[99] ORGAZ, El daño resarcible, p. 68-69 (apud GOLDENBERG, Isidoro. *La relación de causalidad en la responsabilidad civil*. Buenos Aires: Astrea, 1984, p. 29).

[100] VON KRIES, *Die prinzipien der wahrscheinlichkeitsrechnung*, 1886; Über die Begriffe der Wahrscheinlichkeit und Möglichkeit und ihre Bedeutung im Strafrecht. *Zeitschrift für die gesamte Strafrechtswissenschaft. vol. IX, 1889*, 528 ss.

[101] VON BAR, *Die lehre vom kausalzusammenhang*, 1871.

[102] Este aspecto histórico da teoria é verificado de forma bastante clara e fundamentada em consagrado artigo elaborado pelo francês Gabriel Marty (La relation de cause à effet comme condition de la responsabilité civile, in *Revue Trimestrielle de Droit Civil*, 1939, p. 685 ss.), ao

O ponto de partida da formulação trazida por essa teoria é o mesmo da teoria da equivalência das condições, distinguindo dentre as condições apenas aquela que se verifica como causa adequada do resultado obtido.

O critério da condição adequada, entretanto, encontra variadas opiniões. Segundo Von Kries, é causa adequada todo fato que no momento de seu acontecimento poderia aparecer aos olhos do agente como suscetível de causar o dano. É um critério de previsibilidade subjetiva. Há, nessa perspectiva, um juízo *ex ante,* e em concreto, que leva em consideração o que o sujeito conhecia ou deveria conhecer a respeito dos resultados decorrentes da sua conduta.[103] Outro entendimento sobre essa teoria, de natureza objetiva, apoiada por Rümelin,[104] coloca a mesma questão de previsibilidade, mas sob o ângulo de observador normal e não de um agente determinado. Considera, nesse caso, a previsibilidade de um homem médio, estabelecendo em consequência um critério objetivo, um prognóstico objetivo retrospectivo (*die objektive nachträgliche Prognose*).[105]

O jurista francês Gabriel Marty aponta que as fórmulas mais simples e práticas foram fornecidas por Träeger e por Enneccerus.[106] Traeger, por exemplo, considera como causa toda a circunstância que não pode ser somente *conditio sine qua non* do dano, mas aquela que após o curso ordinário e normal das coisas aparece como causa dos danos de certa espécie.[107] Enneccerus, por sua vez, elabora uma concepção similar, mas introduz uma presunção. Para ele, toda a condição *sine qua non*,

---

qual recorremos para a construção deste capítulo sobre este tema de relevante importância para o estudo da causalidade.

[103] BERTI, Ludovico. *Il nesso di causalità in responsabilità civile:*nozione, onere di allegazione e onere della prova. Milano: Giuffrè, 2013, p. 46.

[104] RÜMELIN, *Der Zufall im Recht*, 1896.

[105] A causalidade adequada recebe da doutrina diferentes interpretações, conforme os critérios a respeito dos quais se funda um juízo de normalidade ou verossimilhança. Nesse caso, pode-se distinguir o critério da "previsibilidade ou invitabilidade subjetiva" e o da "regularidade" (*id quod plerumque accidit*), que pode ter como parâmetro leis naturais ou científicas. Assim, a versão subjetivista considera a idoneidade do comportamento do sujeito em si, e nessa visão o juízo probalísitico de idoneidade deve ser apreciado *ex ante* e em concreto, tem em conta o conhecimento do agente; subjetivista, baseia-se na idoneidade abstrata do fato que determina o evento (BORDON, Raniero. *Il nesso di causalità*. Torino: Utet, 2006, p. 65-68). A crítica ao modelo tido por subjetivista é em relação ao fato de conferir demasiado espaço ao arbítrio do julgador para avaliar a previsibilidade concreta do agente causador no momento em que praticou o ato ilícito (BORDON, Raniero, op. cit., p. 66).

[106] TRAEGER. *Der Kausalbegriff im Straf-und Zivilrecht: zugleich ein Beitrag zur Auslegung des BGB*, 1904; ENNECERUS; KIPP; WOLFF. *Lehrbuch des Bürgerlichen Rechts*. 1932.

[107] Por tal motivo, é também conhecida como teoria da regularidade causal, já que a causa a ser individualizada em um evento é a que se liga por uma conduta idônea a provocá-la, segundo um critério de previsibilidade baseado no que normalmente acontece (*id quod plerumque accidit*) (BERTI, Ludovico. *Il nesso di causalità in responsabilità civile:* nozione, onere di allegazione e onere della prova. Milano: Giuffrè, 2013, p. 44.

toda a condição necessária do dano, é presumida causa, a menos que o responsável mostre que se trata de um fato que, de maneira geral, é indiferente para a produção de determinado tipo de dano.[108]

A teoria da causalidade adequada, segundo Marty, é formulada para servir de corretivo à teoria da equivalência das condições, eliminando todas aquelas que não aparecem em relação necessária e adequada e que não tiveram qualquer influência na produção do dano.[109]

A teoria da causalidade adequada, como vem aceita atualmente, parte do princípio de que nem todas as condições necessárias de um resultado são equivalentes. Poderão sê-las no caso concreto, mas não em geral ou em abstrato, como deve ser tratada a questão.[110] A condição é adequada quando normalmente produz determinado efeito, toda vez que o fato antecedente possui a potencialidade de determinar eventos da mesma espécie, presentes as mesmas condições nas quais o fato ocorreu.

Realiza-se um juízo de probabilidade dirigido a responder se a ação ou omissão do sujeito era em si mesma capaz de habitualmente provocar o dano havido. Mas é preciso enfatizar, como observa Díaz, "que esse juízo de probabilidade é feito em abstrato, segundo a ordem natural das coisas e a experiência da vida, e não em concreto, tendo em consideração como efetivamente os fatos aconteceram, já que, em tais circunstâncias, as condições são equivalentes".[111]

A teoria se fundamenta na adequação da causa levando em consideração os elementos da possibilidade e da probabilidade em relação a dado resultado, atendendo ao que normalmente acontece, segundo a experiência ordinária da vida, *id quod plerunque accidit*.[112]

Adequação, conforme Goldenberg,[113] significa que o efeito há de ser apropriado à forma de obrar do sujeito em função do dano resultante, que era de esperar na esfera do curso normal dos acontecimentos. É a regularidade, entendida como a sucessão de fatos que costumam ocorrer na vida em geral que integra de forma intrínseca o conceito da causalidade adequada. A ação deve ser idônea para produzir o efeito, ou seja, tem que determiná-lo normalmente.

---

[108] MARTY, Gabriel. La relation de cause à effet comme condition de la responsabilité civil. *Revue Trimestrielle de Droit Civil*, v. 38, n. 2, p. 658-712, 1939, p. 691.

[109] MARTY, op. cit., p. 694.

[110] PEIRANO FACIO, Jorge. *Responsabilidad extracontratual*. Montevideo: Barreiro y Ramos, 1954, p. 418.

[111] DÍAZ, Julio Alberto. *Responsabilidade coletiva*. Belo Horizonte: Del Rey, 1998, p. 72.

[112] GOLDENBERG, Isidoro. *La relación de causalidad en la responsabilidad civil*. Buenos Aires: Astrea, 1984, p. 32.

[113] GOLDENBERG, op. cit., p. 32.

O fato extemporâneo, eventual e individualmente considerado, não se reveste de "adequação" para a produção do resultado. A repetição, a pluralidade, entendida na generalidade do acontecimento, é que confere essa característica à causa, que se vê inserida na experiência dos fenômenos.

Não basta ao fato que se encontre em posição de "condição" de um evento, se regularmente não produz tal resultado. O exemplo de Von Liszt,[114] repetido pela doutrina que trata do tema, em relação ao indivíduo que é levemente ferido em um acidente de trânsito, mas que vem a falecer em um incêndio ocorrido no hospital para onde é levado, indica que o primeiro infortúnio em si, o acidente veicular, não foi a causa adequada do efeito letal. Ainda que tenha sido uma derivação daquele acontecimento, o fato morte não se encontra habitualmente vinculado a um mero acidente de proporções leves.

Goldenberg afirma que, para se estabelecer a vinculação de causa e efeito dos acontecimentos, deve-se realizar um juízo retrospectivo de probabilidade, e para isso propõe a seguinte formulação: "a ação ou omissão que se julga era por si apta ou adequada para provocar normalmente esta consequência?".[115]

Von Liszt chegou a cunhar a expressão adotada pela doutrina da *prognosis póstuma*,[116] segundo a qual é possível determinar *ex post facto* a possibilidade de um resultado em função das condições precedentes. Trata-se de um "juízo de idoneidade ou cálculo de probabilidades"[117] que se apresenta em abstrato – ou em geral –, colocando-se em uma posição antecedente à que efetivamente ocorreu, e observando o que usualmente ocorre; e não em concreto ou em particular, ou seja, como realmente foram produzidas as coisas.

Subtrai-se também desse entendimento a classificação dessa teoria dentre as que são consideradas generalizantes – em contraponto às teorias individualizadoras. Entendida a generalidade como a que ocorre na ordem dos fenômenos. A causalidade adequada assume o ponto de vista dos acontecimentos em sua generalidade, na ordem normal dos acontecimentos. Do caso concreto não se extrai um elemento ou um critério específico para individualizar a causa; o exercício que se propõe é que diante do caso concreto ocorrido o observador se posicione mentalmente no momento anterior para que verifique se naquelas condições, e dada a experiência humana, tal fato teria normalmente ocorrido.

---

[114] Apud GOLDENBERG, Isidoro. *La relación de causalidad en la responsabilidad civil*. Buenos Aires: Astrea, 1984, p. 33.

[115] GOLDENBERG, op. cit., p. 33.

[116] Goldenberg explica que essa expressão pertence a Von Liszt e corresponde a um critério prognóstico objetivo retrospectivo (*objektive nachträgliche Prognose*). GOLDENBERG, op. cit., p. 34.

[117] Ibidem, p. 33.

O juízo de adequação é baseado na experiência dos acontecimentos e não descarta as condições, optando por apurar aquela que se dá pela regularidade dos fenômenos causais previsíveis. A determinação da causa constitui, desse modo, o resultado de um processo de abstração e generalização que dá relevância a uma das condições do caso concreto, elevando-a à categoria de "causa" do evento. Por esse motivo, assinala Goldemberg a crítica formulada por alguns autores que questionam a denominação de "causa adequada", afirmando que se trata em realidade de uma "condição adequada".

Se a ação ou omissão que se aprecia era apta para provocar o dano, este será objetivamente atribuído ao agente, por guardar com tal conduta uma *relação causal adequada*. Isso não significa que necessariamente tenha que ser o antecedente temporal mais próximo ao prejuízo. Uma causa mediata pode ser adequada e ao contrário pode ser imediata.[118]

A teoria da causa adequada condiciona os eventos da cadeia à regra de adequação; prevendo que deve existir regularidade em todo o *iter* causal. Como assinala Orgaz, "não basta estabelecer que a ação era em geral idônea para produzir o dano, mas é necessário ainda que as circunstâncias intermédias tenham ocorrido também normalmente, sem a intervenção dos fatores anômalos ou extraordinários".[119]

A causalidade adequada, tal qual se apresenta na interpretação doutrinária, abre relativo espaço, ou elasticidade acentuada, para a sua aplicação pelos magistrados. A construção da teoria passa justamente pela sua interpretação e aplicação, e pela sua repetição, que permite também a extração de determinados conceitos, úteis à sua verificação, e contribuintes a uma esperada segurança jurídica.[120]

---

[118] ENNECCERUS, Ludwig. *Tratado de derecho civil:* derecho de obligaciones. Barcelona: Bosch, 1966, t. 1, v. 2, 71-72.

[119] ORGAZ, Alfredo. *El daño resarcible*: actos ilícitos. Buenos Aires: Depalma, 1967, p. 71.

[120] A teoria da causalidade adequada é expressamente aceita no atual Código Civil y Comercial da Argentina, em seu artigo 1.726 a adoção da teoria da causalidade adequada, conforme a transcrição: *"Relación causal. Son reparables las consecuencias dañosas que tienen nexo adecuado de causalidad con el hecho productor del daño. Excepto disposición legal en contrario, se indemnizan las consecuencias inmediatas y las mediatas previsibles"*. Também doutrina portuguesa afirma que a teoria da causa adequada está subjacentemente admitida no artigo 563 do Código Civil português que determina que "a obrigação de indenizar só existe em relação aos danos que o lesado provavelmente sofrido se não fosse a lesão" e no artigo 10 do Código Penal, segundo o qual "quando um tipo legal compreender um resultado, o facto abrange não só a acção adequada a produzi-lo como a omissão da acção adequada a evitá-lo"(PERESTRELO DE OLIVEIRA, Ana. *Causalidade e imputação na responsabilidade ambiental*. Coimbra: Almedina, 2007, p. 57; PESSOA JORGE, Fernando. *Ensaio sobre os pressupostos da responsabilidade civil*. Coimbra: Almedina, 1995, p. 402; O artigo 562 do Código Civil português estabelece: "Quem estiver obrigado a reparar um dano deve reconstituir a situação que existiria, se não tivesse verificado o evento que obriga à reparação". O artigo seguinte, 563, sob a epígrafe "nexo de causalidade", dispõe: "a obrigação de indenização só existe em relação aos danos que o lesado provavelmente não teria sofrido se não fosse a lesão".

2.5 TEORIA DO ESCOPO DA NORMA

O desenvolvimento teórico das elaborações acerca da aplicação da causalidade encontra respaldo na moderna teoria do escopo da norma que se apresenta relevante no plano das disposições de proteção e regras que se referem à imputação de danos. O português Carneiro Frada afirma que é aí legítimo o entendimento de que o preenchimento da causalidade se dê pela interpretação da norma, em que o "intérprete-

---

Esse artigo demonstra claramente o objetivo de estabelecer os limites do dano, apontando um critério de previsão. O professor Pereira Coelho afirma que o artigo 563 do Código Civil consagra a teoria da causalidade, quando utiliza a palavra "provavelmente", entendendo o autor que o legislador nesse caso pressupôs um juízo de probabilidade entre o fato lesivo e o dano (PEREIRA COELHO, *O nexo de causalidade na responsabilidade*, Boletim da Faculdade de Direito da Universidade de Coimbra, Suplemento IX, Coimbra, 1951, p.42). Pessoa Jorge explica que antes de se estabelecer "como" indenizar, deve-se saber "o que" indenizar. Não se justificaria, portanto, regular o modo da indenização sem se estabelecer primeiro as regras quanto ao nexo de causalidade, ou seja, quanto aos prejuízos a indenizar (PESSOA JORGE, Fernando, op. cit., p. 405). O problema da causalidade, na responsabilidade civil, põe-se sempre depois da prática do fato lesivo. Para isso se determina um juízo de probabilidade que se faz abstratamente, *ex post*. O julgador, com isso, coloca-se, de forma abstrata, no momento da prática do fato e decide se os prejuízos que se verificaram eram prováveis consequências daquele. Faz-se, portanto, um prognóstico a *posteriori*. Esse juízo permite excluir os efeitos que, embora tenham ocorrido em razão de certo fato, não eram consequências normais dele e, por isso, devem ser considerados resultado de uma evolução extraordinária, imprevisível e, portanto, improvável do referido fato. Segundo Pessoa Jorge, o escopo da causalidade adequada é afastar da responsabilidade os danos provocados por aquilo que se pode chamar "desvios fortuitos" (PESSOA JORGE, Fernando, op. cit., p. 394). Dizer que um susto não é causa adequada de morte, conforme explica o referido professor português, significa afirmar que o sobressalto ou a emoção que ele provoca não produz normalmente aquele efeito. Mas, mesmo à luz da causalidade adequada, esta afirmação não pode ser considerada em termos absolutos. O autor cita, ainda, o exemplo de um susto dado a uma pessoa idosa ou de um ruído muito forte e brusco perto de alguém que está à beira de um precipício, situações em que, mesmo em abstrato, o susto pode ser considerado causa adequada da morte (PESSOA JORRGE, Fernando Pessoa, op. cit., p. 399). A afirmação abstrata da probabilidade (ou improbabilidade do efeito) não deixa de existir quando se toma o fato integrado a certas circunstâncias. "O problema se põe – lembra Pessoa Jorge – quando o dano não era abstratamente previsível em face das circunstâncias cognoscíveis, por exemplo, por resultar a morte de uma doença sem projeção exterior. Se uma pessoa causa um susto à outra desconhecendo que esta possuía uma doença da qual resulta a sua morte. A teoria da causalidade afirma que tal efeito não decorre daquele comportamento, não podendo responsabilizar aquele que deu o susto. Mas se este tinha conhecimento da referida doença, será responsável pela morte, pois, nestas circunstâncias, o evento morte poderia ter sido previsto". Esse autor entende que a causalidade consiste, não em um juízo objetivo da responsabilidade, mas em um juízo sobre as possibilidades concretas de previsão que tinha o próprio agente.

-aplicador tenha de concretizar cláusulas gerais".[121] Aplicada à responsabilidade civil, terá que ponderar na sua concretização os fins e os valores gerais contidos na norma.

Segundo Sinde Monteiro, a "teoria do fim de proteção da norma teve na problemática das disposições legais a sua origem".[122] A origem do debate a respeito dessa teoria adviria, conforme o autor, de uma preocupação de juristas austríacos com o campo contratual e delitual em geral, passando ao direito suíço e alemão, pelas mãos de Ernst von Caemmerer na Universidade Freiburg em 1956.[123] A teoria não foi plenamente recebida na França, e mesmo no Brasil é pouco difundida, particularmente no campo da responsabilidade objetiva, e em especial na hipótese de dano ambiental.[124]

A causalidade corresponde à violação da norma, devendo conectar o fim pretendido na regra ao fato (evento danoso) havido e em contradição (violação) do dispositivo legal. Prevê a possibilidade de se estabelecer um vínculo causal entre o comportamento do ofensor e o fim da norma violada.[125] Teria, dessa forma, adquirido importância como instrumento para a resolução de problemas difíceis de responsabilidade civil, adquirindo o nexo causal preocupação especial. A questão posta por essa doutrina diverge da causalidade que se verifica a partir de um observador objetivo, tendo por foco em seu plano metodológico a valoração da norma; a questão, a saber, é "quais os danos que o legislador terá razoavelmente querido impedir através da estatuição de uma determinada norma de comportamento?".[126] Para tanto, faz-se necessária uma avaliação valorativa e teleológica da norma para a compreensão exata da sua violação e do consequente dever reparatório.

---

[121] FRADA, Manuel A. Carneiro. *Direito civil*. Responsabilidade civil: o método do caso. Coimbra: Almedina, 2011, p. 102.

[122] SINDE MONTEIRO, Jorge Ferreira. Rudimentos da responsabilidade civil. *Revista da Faculdade de Direito da Universidade do Porto,* Ano II, 379-381, 2005, p. 382.

[123] Sinde Monteiro cita a obra deste autor, "*Das Problem des Kausalzusammenhangs im Privatrecht*" (in *Ges. Schrif*. I, 395 ss. em nota de rodapé 116, p. 381).

[124] Destaca-se, no Brasil, o trabalho de doutoramento de Guilherme Henrique Lima Reinig, tese defendida na Universidade de São Paulo, em 2015, intitulada *O problema da causalidade na responsabilidade civil – a teoria do escopo de proteção da norma (schutzzwecktheorie) e sua aplicabilidade no direito civil brasileiro.*

[125] Nesse sentido: SINDE MONTEIRO, Jorge Ferreira. Rudimentos da responsabilidade civil. *Revista da Faculdade de Direito da Universidade do Porto,* Ano II, 379-381, 2005, p. 382; FRADA, op. cit., 101-102; no direito português, ainda, onde a teoria tem ganhado adeptos, destaca-se a crítica de Ana Perestrelo de Oliveira que rechaça a sua aplicação, apontando imprecisão no que tange à imputação do dano decorrente da responsabilidade objetiva-ambiental (PERESTRELO DE OLIVEIRA, Ana. *Causalidade e imputação na responsabilidade civil ambiental.* Coimbra: Almedina, 2007, p. 59-63), vide ainda PEDROSA, Lauricio Alves Carvalho. Breve análise acerca do nexo causal na responsabilidade civil ambiental. *Revista do Programa de Pós-Graduação em Direito da UFBA*, Salvador, n. 14, p. 297-316, jan. 2007.

[126] SINDE MONTEIRO, op. cit., p. 382.

A propósito, ainda, da teoria do fim da norma, em confronto com a até então majoritária corrente da causalidade adequada, Carneiro Frada traz algumas considerações reflexivas, deslocando o problema da causalidade para o plano da interpretação da norma:

> [...] a reflexão jurídica da causalidade se encontra permeada por critérios de distribuição dos riscos em sociedade (mesmo se não assumidos explicitamente). O abandono da rígida causalidade *sine qua non* – ainda que permanecendo ela um pressuposto e um limite de outras concepções –, assim como a sua substituição pela teoria da causalidade adequada (formulada positiva ou negativamente), exprimem-no também. Esta última tem sido, entretanto, muito criticada, concentrando-se hoje as preferências de muitos autores na doutrina do fim de proteção da norma.
>
> Mas exagera-se a importância desta doutrina: se contribui pertinentemente para lembrar que a teoria da causalidade adequada não pode ser senão referência de ponderações normativas, ela apresenta-se, sobretudo relevante no campo das disposições de proteção de regras específicas de imputação de danos (autonomamente responsabilizadoras). É aí legítimo pretender que o preenchimento da causalidade constitui um problema de interpretação de norma. Onde, pelo contrário, o intérprete-aplicador tenha de concretizar cláusulas gerais – sirva de exemplo muito relevante a 1ª parte do art. 483 n. 1 – é ficcioso pressupor um fim à norma suscetível de iluminar a aplicação ao caso singular, pois do que se trata então é apenas ponderar na sua concretização fins e valorações gerais do direito da responsabilidade.[127]

As teorias do fim da norma e a da causa adequada possuem mutuamente a característica de visualizar um elemento qualificador, ora na finalidade da norma (no pensar do legislador), ora na do observador que vislumbra adequação causal, como se pretende demonstrar na próxima parte do trabalho. Essa é uma função da causalidade na seleção de causa ou causas que muitas vezes concorrem para o dano e suas consequências.

Também será objeto adiante a aplicação da causalidade jurídica na apuração das consequências do dano, e da interpretação da regra do artigo 403 do Código Civil, no que tange à restrição imposta aos danos que decorrem direta e imediatamente, e que vem sofrendo interpretação mais elástica, em conformidade com a ideia de abertura e flexibilidade do sentido em si do que é estipulado no dispositivo.

Na dogmática dessa teoria cabe ao operador do direito investigar o sentido da norma aplicável, o intuito originário do legislador ao pôr a norma por escrito. A solução da correta aplicação estaria então adstrita à vontade do legislador ao idealizar a norma, tendo por base a necessidade de regra em razão de determinada

---

[127] FRADA, op. cit., p. 101-102.

realidade social. A causalidade está na vinculação de um interesse tutelado na norma e sua aplicação prática. A indenização na responsabilidade civil se medirá pela causalidade estabelecida entre o que pretende a norma (o intuito do legislado ao elaborar a regra) e as suas consequências que se encontram na esfera do que previu (ou pretendia prever) o legislador.

É importante destacar a existência de inúmeras outras teorias acerca da causalidade que não foram objeto deste estudo que procurou seguir uma linha de coerência histórica, de tradição ocidental, particularmente das elaboradas no âmbito do sistema que segue a família romano-germânica, traçada a partir da teoria da equivalência das condições e suas três principais vertentes de correção, a da causa eficiente, da causa próxima e da causalidade adequada; além das novas e atuais concepções da causalidade, como a que se utiliza da teoria do escopo da norma e as que surgem no ambiente da *common law*.[128]

---

[128] No direito anglo-americano se desenvolveram teorias jurídicas da causalidade que têm por base os princípios estabelecidos na teoria da equivalência das condições. Sobretudo à ideia de utilização de um modelo mental que, por hipótese, elimina determinada condição causal para testar a existência do resultado. Nesse caso, verifica-se mesma pergunta formulada no âmbito da teoria da *conditio sine qua non*: "se eliminada a causa ter-se-ia o resultado havido?" Vários julgados nos EUA e na Inglaterra fazem menção à expressão *"but for test"* que se utiliza de conceitos semelhantes para atestar relevância causal na produção de um efeito. Destacam-se, nesse contexto, especialmente, as teorias de Hart e Honoré (1959) denominada *"causally relevant fator"*, em sua obra *Causation in the Law*, a "INUS ("*Insufficient but Necessary Condition*") de John Mackie (1965), e de Richard W. Wright (1985) denominada "NESS" (*"necessary element of a sufficient set"*). São basicamente variações sutis do método científico elaborado por Stuart Mill para a demonstração e a sustentação de um resultado por meio da análise contrafactual. O ponto central delas, no entanto, está em sustentar a "necessidade" e a "suficiência" de determinada causa para a produção de um resultado. Segundo Hart e Honoré, a "necessidade causal" ganha relevância na medida em que é "suficiente" para produzir a consequência. Wright, posteriormente, revisou a teoria de Hart e Honoré, e, em 1985, criou o anacrônimo NESS; *"according to the NESS account as initially elaborated, a condition c was a cause of consequence e if and only if it was necessary antecedent conditions that was sufficient for the ocurrence of e"* (WRIGHT, Richard W. The ness acount of natural causation. In: GOLDBERG, Richard. *Perspectives on causation*. Oxford: Hart, 2011, p. 288-289). Tais teorias, recorrentemente mencionadas e aplicadas pelas cortes da *common law*, têm dado lugar a outra vertente funcionalista em voga no direito norte-americano, baseada na análise econômica do direito (*Law and Economics*). Essa obra se restringe a dar notícia das teorias da causalidade no direito anglo-americano. O entendimento aqui é que tratá-la sob ângulo dos países que seguem o sistema da *common law* exigiria uma inteira abordagem e um aprofundamento próprio. Este estudo, em esforço de delimitação temática, trata da causalidade jurídica no âmbito da responsabilidade civil, baseando-se comparativamente aos países de tradição romano-germânica e procurando encontrar similitudes na legislação, doutrina e jurisprudência que influenciam o debate nas respectivas instâncias brasileiras. Deve-se ressalvar, contudo, a abordagem da *Law and Economics*, que, como estudo autônomo, ganha adeptos e profusão de publicações que inspiram a aplicação da lógica do pensamento econômico ao direito (MOORE, Michael S. *Causation*

Nesta primeira parte do livro, tem-se a intenção de contextualizar o problema da causalidade, a partir de sua evolução histórica, de suas teorias jurídicas, rumo à verificação da real possibilidade de que sirva à seleção das consequências danosas. O próximo passo nesse caminho é o de ilustrar as diversas situações que envolvem o tema da causalidade sob o enfoque da classificação das causas. O entendimento que é meramente didático e acadêmico é auxiliar à compreensão da causalidade como fenômeno jurídico indispensável à aplicação do Direito.

O próximo passo visa identificar os elementos da causalidade jurídica que servem como critérios de interpretação e de aplicação prática na função de determinação da extensão do dano pela seleção das consequências. A etapa é desenvolvida em função justamente das teorias aqui apresentadas, cuja menção e aplicação são recorrentes na doutrina e na jurisprudência. O objetivo é sistematizar os conceitos que para a tese são relevantes à metodologia de apuração proposta.

---

and responsability: an essay in law, morals and metaphysics. Oxford: Oxford University Press, 2009). São referências à matéria os textos de Richard Posner: LANDES, W. M.; POSNER, R. A. *Causation in tort law:* an economic approach. Toronto: University of Toronto, 1982; PORAT, A.; STEIN, A. *Tort liability under uncertainty.* Oxford: Oxford University, 2001. Disponível em: <Press.http://proxy.cm.umoncton.ca/login?url=http://dx.doi.org/10.1093/ac prof:oso/9780198267973.001.0001>; POSNER, Richard. Cost-Benefit Analysis: definition, justification, and comment on conference papers. In: ADLER, Matthew D.; POSNER, Eric A. *Cost-benefit analysis.* Chicago: The University of Chicago Press. 2000. No Brasil, trata especificamente da responsabilidade civil no âmbito da análise econômica do direito: BATTESINI, Eugênio. *Direito e economia:* novos horizontes no estudo da responsabilidade civil no Brasil. São Paulo: LTr, 2011, e a obra de ZYLBERSTAJN, Décio; STAJN, Rachel. *Direito & economia:* análise econômica do direito e das organizações. Rio de Janeiro: Elsevier, 2005.

3

FUNÇÃO E ELEMENTOS DA CAUSALIDADE JURÍDICA

Sumário 3.1. Observador experiente - Prognose objetiva. 3.2. Regularidade e o curso normal dos acontecimentos 3.3. Causa final 3.4. Juízo de adequação 3.5. Distinção de causas. 3.6. Probabilidade e previsibilidade

A causalidade jurídica, entendida em sua acepção de determinar a extensão das consequências decorrentes da situação fática configurada no dano, pode exercer essa função recorrendo a determinados elementos individualizados e extraídos de formulações teóricas oriundas da doutrina e jurisprudência, ainda que muitas vezes se apresentem consolidados em torno de uma ou outra vertente doutrinária, e com denominações próprias, tais como as já apresentadas na primeira parte deste trabalho (teoria da equivalência das condições, da causa adequada, da causa eficiente, do escopo da norma).

Na realidade, as teorias que se preocuparam com o estudo do fenômeno da causalidade em âmbito jurídico consideraram inicialmente o nexo de causalidade apreciado pelo direito entre uma conduta e um dano-evento (*an debeatur*). Mas a própria ideia de causalidade jurídica, assim como a reelaborou a doutrina, voltou-se à dimensão da extensão do dano e ao seu valor pecuniário (*quantum debeatur*). Nesse segundo momento, caracterizado pela seleção dos danos que formam o seu conteúdo indenizável, a causalidade também pode se servir dos conceitos teóricos elaborados pela doutrina e presentes no âmbito de determinadas teorias.

As diversas proposições teóricas elaboradas evidenciam, historicamente, um constante avanço que é alimentado pela necessidade de ajuste e correção das deformidades que se verificam na aplicação prática.[31] A origem das teorias a respeito da causalidade, desde o direito penal até a sua assimilação pelo direito civil, é marcada por múltiplos entendimentos e tende a influenciar as decisões judiciais. Se no âmbito do direito penal a causalidade surge para atender à exigência de imputação de pena ao sujeito autor do delito, na responsabilidade civil aparece no sentido de uma utilização mais abrangente, não isenta de dificuldades de aplicação.

A profusão de escritos e derivações teóricas tem contribuído, paradoxalmente, para um emaranhado de proposições que resultam na incompreensão dos conceitos e na desarticulação de ideias. A abordagem a respeito da causalidade na jurisprudência brasileira tem como característica comum a ausência de formulações teóricas aprofundadas e normalmente decorre de uma percepção intuitiva e baseada em bom senso. É com certa frequência, por exemplo, que se veem julgados que fazem menção a determinada teoria, mas que remetem a conteúdo diverso,[32] o que denota evidente carência formal no debate da causalidade e de suas teorias. E, ainda, especialmente, da função prática que o uso da causalidade pode proporcionar no julgamento dos casos de responsabilidade por danos.[33]

Na variedade de teorias que se encontra, tanto no âmbito do direito que segue a tradição romano-germânica, quanto no da *common law*, e mesmo atualmente nas vertentes funcionalistas da análise do direito, o problema da causalidade é sempre

---

[31] Ana Perestrelo de Oliveira afirma que as teorias da causalidade surgem com o propósito de correção da causalidade naturalística e servem à substituição por uma normativa. A autora diz, ainda, que "na verdade o ponto de partida da averiguação do nexo de causalidade é, ainda hoje, o critério científico-natural de causa, ainda que restringido ou alterado por força das valorações jurídicas em jogo: tal sucede quer se opte pela via da adequação, quer pela via da ponderação do fim da norma. Base da imputação é sempre a ideia da *conditio sine qua non*. Faltando esta, falha a causalidade jurídica"(PERESTRELO DE OLIVEIRA, Ana. *Causalidade e imputação na responsabilidade ambiental*. Coimbra: Almedina, 2007, p. 52).

[32] A propósito, vide TEPEDINO, Gustavo. O nexo de causalidade na jurisprudência do Superior Tribunal de Justiça. In: FRAZÃO, Ana; TEPEDINO, Gustavo (coords.). *O Superior Tribunal de Justiça e a reconstrução do direito privado*. São Paulo: Revista dos Tribunais, 2011, p. 453-489; e TEPEDINO, Gustavo. Notas sobre o nexo de causalidade. *Revista Trimestral de Direito Civil*. Rio de Janeiro: Padma, v. 6, p. 3-19, abr./jun. 2001. Nesse sentido também, Pablo Malheiros da Silva Frota menciona "a rasa cientificidade presente em algumas decisões judiciais sobre o assunto", apontando exemplos de três ordens: "a) ausência de explicitação de qual teoria do nexo causal foi adotada como razão de decidir; b) utilização concomitante de duas teorias em caso; c) alteração, sem nenhuma justificativa, da teoria usada em uma decisão, contrariando decisões anteriores da mesma turma julgadora de um determinado tribunal, seja para imputar a responsabilidade reparatória ao responsável e (ou) lesante, seja para afastar tal imputação". (FROTA, Pablo Malheiros da Cunha. *Responsabilidade por danos*: imputação e nexo de causalidade. Curtiba: Juruá, 2014, p. 68-69).

[33] Vide exemplos de decisões atécnicas trazidas por FROTA, Pablo Malheiros da Cunha, op. cit., p. 69-71, e também SCHREIBER, Anderson. *Novos paradigmas da responsabilidade civil*: da erosão dos filtros da reparação à diluição dos danos. 4. ed. São Paulo: Atlas, 2012, p. 65.

visto a partir da visão de Stuart Mill e da sua teoria das condições, e culmina, nas suas diferentes derivações, na necessidade de distinção de causas, utilizando-se de qualificativos (ainda que muitas delas redundantes). A proposta aqui é individualizar esses conceitos constantes nas diversas teorias, circunscrevendo-os no espectro de uma causalidade dita jurídica – de cunho, pretensiosamente, universalizante, já que não difere de elementos que se utilizam na prática forense e que, contudo, não aparecem na doutrina de forma sistemática e articulada em torno de uma matriz comum.

A proposta em curso, nesse sentido, pretende contribuir à finalidade de selecionar as consequências indenizáveis permitindo a conformação em torno de um conceito unitário de causalidade jurídica. A aplicação dessa metodologia e sua aceitação ontológica visa atribuir funcionalidade à causalidade no que concerne à seleção de consequências e à própria construção de um modelo – ou categoria jurídica autônoma – que possa atender a essa expectativa. Não se trata de elaborar enunciados infalíveis e impossíveis de serem aplicados, ou seja, indicar premissas e circunscrevê-los para que possam vir a contribuir a aplicações práticas, destacando-se as variáveis de possibilidade e probabilidade, e levando-se em consideração o imponderável, o acaso, sempre detrator da suposta previsibilidade.[34]

A seguir, portanto, expõem-se os conceitos-chave para a aplicação da causalidade jurídica em sentido prático, com a noticiada individualização de componentes teóricos e instrumentais auxiliares à função pretendida de selecionar danos

3.1 OBSERVADOR EXPERIENTE – PROGNOSE OBJETIVA

A tese inicial da causalidade adequada, resultado das elaborações de Von Buri e Von Kries, ainda que em momentos diferentes, de notória aceitação no meio jurídico, indicava a necessidade de verificação da causa e dos seus efeitos a partir do ponto de observação de um agente específico que se via inserido na cadeia causal, consagrando um primeiro entendimento sobre o tema tido por subjetivista. Essa elaboração sofreu críticas de alguns autores, por confundir causalidade com a culpabilidade,[35]

---

[34] Por óbvio, não existe tese científica que não possa ser refutada, e este é o papel fundamental que exerce a própria ciência enquanto portadora de teses e cujo progresso depende da constante contestação e do aprimoramento. A evolução do conhecimento é tributária de um processo de questionamento que impulsiona o saber, altera premissas até então válidas e reconhece em si uma necessária atualização de perspectiva (KUHN, T. *The structure of scientific revolutions*. 3. ed. Chicago: The University of Chicago Press, 1996, e POPPER, Karl. *A lógica da pesquisa científica*. 2. ed. São Paulo: Cultrix, 2013, p. 53).

[35] Nesse sentido, ANTOLISEI, Francesco. *Il rapporto di causalità nel diritto penale*. Torino: Giappichelli, 1934, p. 115 ss. Antolisei explica que os práticos entendiam a *imptutatio facti* como pressuposto da *imputatio juris*; PEIRANO FACIO, Jorge. *Responsabilidad extracon-*

pretendendo identificar o grau de previsibilidade do agente e a sua capacidade de discernimento em razão dos acontecimentos deflagrados por sua conduta.[36]

É certo, no entanto, que a causalidade e a culpabilidade descansam sobre um conceito comum: a previsibilidade.[37] Mas são previsibilidades diferentes. Uma está apoiada sobre o sentimento do agente, sua intenção, que é um elemento interno; a outra associada ao efeito físico previsível do ato do agente. Essa distinção é essencial para a compreensão do elemento causal e da sua adequação dentro da responsabilidade civil, permitindo uma correta utilização do seu conceito e favorecendo a sua aplicação como elemento essencial na relação fática e nas consequências danosas.

Von Kries procurou separar os conjuntos de circunstâncias que deveriam ser tomados em consideração para determinar a previsibilidade. Propôs uma divisão entre o "saber nomológico", que verifica a existência de leis abstratas regendo os fatos, especialmente as leis científicas, e o "saber ontológico", que verifica as condições particulares envolvidas no fato danoso. Se um sujeito causa um incêndio por fumar nas imediações de um depósito de butano, o saber nomológico está em conhecer as propriedades explosivas do gás e o ontológico em considerar que estava próximo ao local.

A apreciação do conhecimento nomológico permitia ao magistrado fazer referência ao conhecimento de um homem médio, afastando-se do caráter subjetivo, consistente na verificação do conhecimento individual do agente, assim ganhando força a tese da generalização da hipótese em evidência. A correção elaborada por Kries instaura a tendência seguinte de objetivação da teoria.

Outro autor alemão, desta vez um estatístico, Rumelin, por seu turno, propôs o abandono completo das variáveis subjetivas. De acordo com o seu entendimento, a possibilidade de que de um ato decorram determinados danos deveria ser apreciada não do ponto de vista do agente, mas de um observador normal, exterior ao fato. Rumelin estabeleceu um critério chamado de "prognóstico objetivo retrospectivo". O saber ontológico não se encontra na figura individual do agente, mas na visão

---

tratual. Montevideo: Barreiro y Ramos, 1954, p. 410; GOLDENBERG, Isidoro. *La relación de causalidad en la responsabilidad civil*. Buenos Aires: Astrea, 1984, p. 47-48; vide MARTY, Gabriel. La relation de cause à effet comme condition de la responsabilité civil. *Revue Trimestrielle de Droit Civil*, v. 38, n. 2, p. 658-712, 1939.

[36] MOSSET ITURRASPE, Jorge. *Responsabilidad por daños*. t. I, Buenos Aires: Ediar, 1982, p. 191-192. O autor afirma que "O problema da relação de causalidade se vincula com a imputação física das consequências do obrar humano, sobre uma base objetiva que caracteriza a intenção do agente. A culpabilidade, em antítese, atende a imputação moral, eminentemente subjetiva. A confusão se evidencia quando se entra no terreno da responsabilidade por risco criado, na qual a vez que se caracteriza a culpabilidade se destaca a causalidade física ou material".

[37] ALTERINI, Atilio Aníbal. *Responsabilidade civil*. Buenos Aires: Perrot, 1974, p. 160.

exterior do próprio julgador, colocando-se na posição *ex ante* do fato, considerando, entretanto, os acontecimentos *a posteriori.*

Tendo como referência essa elaboração, e com base na ampla doutrina, que defende essa teoria causal, é possível individualizar a figura do que aqui se denomina "observador experiente",[38] que, na condição de agente observador hipotético, tem por função selecionar e delimitar as consequências que serão objeto da reparação, em face de determinadas características que se podem evidenciar objetivamente.

Trata-se de um *standard* de observação, um parâmetro de apuração dos acontecimentos, calcado na "experiência" do homem em relação ao "curso regular dos acontecimentos". É um ente ideal que avalia as situações concretas a partir de uma representação jurídica do que deve ser genericamente observado, de acordo com

---

[38] Quézel-Ambrunaz afirma que o modelo do observador, dotado de conhecimento e informação, é um tipo abstrato comparável ao bom pai de família, prudente e diligente, sem que com ele se confunda. O autor menciona o papel de um observador externo que atende a um exercício mental de apreciação científica: "*ce modele de l'observateur aussi bien doué et informe que possible est un type abstrait, comparable au bon* père de famille prudent et diligent, sans toutefois se confondre avec lui. L'un indique l'entendue des savoirs ontologique et nomologique à prendre e*n compte pour déterminer la possibilite de survenance du dommage selon de pronostic rétrospectif, alors que l'autre permet d'apprecier le comportement d'un agent. Le juge doit se placer comme observateur extérieur, et non de la psychologie de l'agent; ce observateur, sans être omnisciente, a des capacités supérieures à la moyenne*" (QUÉZEL-AMBRUNAZ, C. *Essai sur la causalité en droit de la responsabilité civile:* thèse pour le doctorat en droit de l'université de Savoie présentée et soutenue publiquement le 29 mai 2008. Paris: Dalloz, 2010, p. 80). Ambrunaz, no entanto, critica a adoção do parâmetro de um observador onisciente, tendo-o como um conceito suscetível a soluções flutuantes. Os saberes ontológico e nomológico, em suas palavras, influenciariam diretamente na solução a ser encontrada pela via da causalidade adequada. Para ele, se o conhecimento particular do agente for levado em consideração, somente serão causais os atos intencionais e a imprudência consciente, o que seria severamente desfavorável à vítima. Ao contrário disso, refere a forma como a jurisprudência alemã aprecia a causalidade, a partir da reflexão de um "observador *optimal*", que tem em conta as informações que se encontram disponíveis no momento da apreciação pelo julgador (QUÉZEL-AMBRUNAZ, C. op. cit., p. 89). Gisela Sampaio da Cruz faz referência a um "observador experiente", sem, contudo, aprofundar em um conceito, afirmando que "no entendimento de alguns autores, partidários da formulação positiva, um fato será considerado causa adequada do dano sempre que este constitua uma consequência normal e típica dele. Quer dizer: sempre que, verificado o fato, se possa prever o dano com uma consequência natural ou como um efeito provável dessa verificação. Esta formulação procura, como se vê, averiguar se o fato pode ser considerado causa adequada do dano. Os danos que o fato só produziu mercê de circunstâncias extraordinárias que não poderiam ser previstas pelo observador experiente na ocasião em que o fato se realizou, devem ser suportadas pela pessoa lesada" (CRUZ, Gisela Sampaio da. *O problema do nexo causal na responsabilidade civil.* Rio de Janeiro: Renovar, 2005, p. 70). A ideia de um "observador experiente" como elemento da causalidade jurídica é desta tese e ignora as condições psíquicas do agente na apreciação da causalidade, adotando o conceito que abrange a ótica da experiência universal.

a experiência geral em relação às causas e aos efeitos no plano fático.[39] O agente é nesse caso despersonalizado, submetendo o exame da cadeia de acontecimentos à perspectiva de um "homem médio", na acepção já consagrada pela prática jurídica.

A verificação de uma causa nessas circunstâncias pressupõe o exercício mental de prognóstico que é realizado após a ocorrência de um evento danoso (*prognose a posteriori*), de modo a permitir um parâmetro de apreciação do cenário concreto dos acontecimentos. A hipótese constitui uma mescla de abstração consistente no exercício prognóstico, baseado na experiência, e de concretude, da ocorrência do fato em si, e que são simultaneamente observados para fins de apuração do dano.

Na multiplicidade de consequências potencialmente decorrentes do dano, havida na responsabilidade civil,[40] devem-se distinguir aquelas que na ordem esperada dos acontecimentos se encontram de acordo com o critério de ordinariedade ou regularidade – o que, para a teoria da adequação se denomina "causa adequada" ou "idônea"[41] e para a teoria da *conditio sine qua non*, a "necessidade" – para produzir o resultado havido.

---

[39] PALUDI, Osvaldo. *Responsabilidad civil por hecho próprio*. Buenos Aires: Astrea, 1975, p. 107. Ao tratar da questão da análise da conduta exigível ao agente causado de um dano, utilizando critérios em "abstrato" ou em "concreto, entendido o primeiro pela conduta genérica de um "bom pai de família" e a segunda a que a analisa em razão do caso particular, no que tange a apreciação da culpa, o autor corrobora, na primeira situação, a tese da referência a um "ente ideal": *La abstracción consiste en 'despersonalizar el análisis', en estudiar no la conducta concreta del autor frente al acto, sino en verificar simplesmente si la conducta observada es o no la que hubiera realizado un 'buen padre de familia' o un 'comerciante honesto y ideal'. Se elabora juridicamente una conducta exigible, se la coloca en planos generales y objetivos, se la atribuye a un llamado 'ente ideal', y con ella se mide que es objeto de examen* (p. 107). A proposta aqui do "observador experiente" adota critérios semelhantes para, no entanto, apurar exclusivamente um problema de causalidade.

[40] Importa observar o que diz Manuel de Andrade de que "não se deixará de salientar que é evidente – e reconhecido pelos autores – não poder o problema do nexo causal ser exaustivamente captado numa rede de fórmulas precisas, num esquema de proposições abstractas, através das quais possam decidir-se por mecânica subsunção todas as situações da vida real. Nos casos delicados a última palavra ficará sempre ao prudente arbítrio do julgador. É um resíduo que a ciência não pode eliminar" (*Teoria Geral...*, p. 363, apud PERESTRELO DE OLIVEIRA, Ana. *Causalidade e imputação na responsabilidade civil ambiental*. Coimbra: Almedina, 2007, p. 69).

[41] Ana Perestrelo de Oliveira, a propósito da adoção da teoria da causalidade adequada e do critério de adequação para a exclusão de processos causais imprevisíveis, refere a possibilidade de alteridade do julgado na hipótese de se colocar na posição de um observador onipresente: "Para se aferir do carácter abstractamente adequado do facto a produzir o resultado importa proceder a um juízo de prognose póstuma que tem que tomar também em conta os chamados "conhecimentos especiais do agente: *ex post* (no processo) o juiz deve colocar-se na posição de um observador objetivo que julgue antes do facto e possua os conhecimentos do homem normal do sector de tráfico em causa, acrescidos dos conhecimentos especiais do

A remissão à figura de um observador experiente possibilita o distanciamento necessário à aferição dos fatos. Permite encadear os danos em cadeia causal, visualizando a relação existente, e dessa forma estabelecer um nexo de imputação de consequências indenizáveis. É aleatório, ideal e age com o senso objetivo de encontrar adequação entre os fatos.[42] Funciona como um *standard* de observação que se distancia do fato concreto para avaliá-lo com base na experiência objetiva, fundada nas relações hodiernas de causalidade, de causa e efeito, tal qual observada empiricamente pela humanidade em seu contexto sociológico e das relações jurídicas que o permeiam.

O *standard* do observador experiente abrange a socialmente aceita percepção de "bom senso", entendido na forma objetiva e generalizante, permitindo a valoração dos danos que devem ser reparados em determinada cadeia causal de consequências, e limitando-as por um critério, como de regularidade com base na experiência acumulada do ente objetivo. Essa proposição pretende atribuir funcionalidade à causalidade na apuração do dano, atuando como filtro na seleção e na delimitação de consequências.

Esse modelo não é totalmente distinto de alguns conceitos atribuídos à causalidade adequada e pretende se apresentar como uma proposta mais clara, evidenciando o processo causal que se identifica pela experiência humana e que considera a regularidade para se determinar a cadeia de consequências (efeitos) decorrentes de determinado evento caracterizado pelo dano.

As teorias causais que se reúnem em torno de um critério de adequação nem sempre são coincidentes e muitas vezes atribuem sentidos e conceitos diversos ao que se tem por "adequação", como se viu pelo excurso que se fez pelo histórico evolutivo da teoria e suas inúmeras variáveis elaboradas por iniciativas de diferentes autores, no campo do direito e mesmo da estatística. Adequação e regularidade podem até ser vistas com sinônimos na medida em que são identificadas com fenômenos ordinários e esperadas na ordem normal dos acontecimentos. A tese prefere utilizar o vocábulo da regularidade para expressar esse sentido.

---

autor" (PERESTRELO DE OLIVEIRA, Ana. *Causalidade e imputação na responsabilidade ambiental*. Coimbra: Almedina, 2007, p. 57).

[42] A propósito da ideia de um "observador objetivo" na seleção da causa adequada de forma a distingui-la de outras tão somente conditionantes, a professora portuguesa Ana Perestrelo de Oliveira diz que "através da ideia de adequação (abstracta) alcança-se, pois, a pretendida exclusão de processos causais imprevisíveis, anormais ou 'extravagantes', evitando-se também o *regressus ad infintum* próprio da teoria da *conditio*. Para se aferir do carácter abstractamente adequado do facto a produzir o resultado importa proceder a um juízo de prognose póstuma que tem que tomar em conta os chamados 'conhecimentos especiais do agente': ex post (no processo) o juiz deve colocar-se na posição de um observador objetivo que julgue antes do facto e possua os conhecimentos do homem normal do sector de tráfico em causa, acrescidos dos conhecimentos especiais do autor"(PERESTRELO DE OLIVEIRA, op. cit., p. 57).

A utilização de um parâmetro como o do "observador experiente", que se coordena com o elemento que a seguir será aprofundado da "regularidade", conforma uma técnica de seleção de danos que pode ser fundamentada, ainda, no ordenamento processual brasileiro, especificamente no que dispõem o artigo 335 do CPC de 1973[43] e o artigo 375 do código processual que entrou em vigor em 2016.[44]

O dispositivo processual autoriza o juiz a aplicar "regras da experiência comum", considerando o "que normalmente acontece". São, portanto, elementos a serem considerados pelo julgador e que podem, por analogia, ser utilizados na fundamentação teórica do *standard* proposto. A conjugação desses elementos previstos na norma permite concluir, sobretudo, que se está remetendo uma regra de senso comum, de conhecimento amplo, baseada na experiência generalizada, e não na subjetividade pura e simples do magistrado.

É importante que se diga que o modelo de seleção proposto não se confunde com as técnicas processuais de liquidação, igualmente previstas e referidas na norma. A proposição é de delimitação de uma zona danosa, pela utilização de critérios objetivos e que antecedem o cálculo da indenização em si.

O dispositivo processual é normalmente invocado na jurisprudência para tratar de matéria relativa à prova processual,[45] não obstante, o problema apuração

---

[43] CPC (1973). Art. 335. Em falta de normas jurídicas particulares, o juiz aplicará regras da experiência comum subministradas pela observação do que ordinariamente acontece e ainda as regras de experiência técnica, ressalvado, quanto a esta, o exame pericial.

[44] CPC (2016). Art. 375. O juiz aplicará regras de experiência comum subministradas pela observação do que ordinariamente acontece e, ainda, as regras de experiência técnica, ressalvando, quanto a esta, o exame pericial.

[45] O Tribunal de Justiça do Rio Grande do Sul já decidiu em matéria de responsabilidade civil quanto à necessidade de se comprovar os danos decorrentes do ato ilícito, mormente os de natureza psíquica, para fins de determinar obrigação de indenizar, levando em consideração para afastar o dever indenizatório a regra do artigo 335, do CPC, de 1973, renovado no atual ordenamento, ou seja, segundo o critério da "observação do que normalmente ocorre", conforme as ementas: AC. AÇÃO DE INDENIZAÇÃO POR DANOS MORAIS. CRÉDITO NEGADO POR DESCONFIANÇA NA AUTENTICIDADE DOS DOCUMENTOS APRESENTADOS PELO CONSUMIDOR. EXERCÍCIO REGULAR DE DIREITO. DANOS EXTRAPATRIMONIAIS NÃO CONFIGURADOS. O estabelecimento comercial não é obrigado a conceder crédito ao consumidor, se desconfia da regularidade dos documentos de identidade apresentados pelo mesmo. Não houve discriminação porquanto a compra e venda a crédito foi iniciada, porém não restou concluída em razão de suspeita recaída, em especial, sobre a carteira de identidade do autor. Exercício regular de direito da empresa vendedora Casas Bahia Ltda. O fato de não ter sido concluída a compra e venda, por si só, não justifica a indenização por danos morais. O autor não comprovou, como era seu ônus, a humilhação que diz ter sofrido no momento da negativa de crédito (art. 333, I, do CPC). Assim, ausente a intenção de prejudicar o autor, descaracterizado o ato como ilícito, não há de se falar em nexo de causalidade entre o ato praticado e o suposto dano. A hipótese amolda-se muito antes ao experimento de dissabor em suas relações, ao inconveniente que não ultrapassa o aborrecimento, em termos psíquicos. Não detecto, nessa situação, pela

de danos na responsabilidade civil envolve justamente a prova das consequências que devem ser reparadas, abrindo espaço para a construção de um modelo não previsto em nenhuma regra particular, mas que se depreende de forma sistemática a partir de um conjunto de normas dispostas no Código Civil (artigos 403, 944 e seguintes), a serem tratadas na segunda parte desta obra, sob o enfoque de um "regime de imputação das consequências danosas" e que se serve da leitura conjuntural para a aplicação da causalidade como um modelo a ser aplicado na seleção das consequências jurídicas que devem ser objeto de reparação.

A possibilidade do magistrado de agir de acordo com o que normalmente acontece atende à máxima da experiência, normalmente associada pela doutrina à expressão latina *id quod plerumque accidit*, que decorre do brocardo extraído do Direito Romano que estabelece que as presunções são feitas conforme o que costuma ocorrer: *ex eo quod plerumque fit ducuntur praesumtiones*.

O recurso ao observador, que tem sua fonte de conhecimento na experiência acumulada da própria realidade social, permite a qualificação da causa. Sua função passa a ser de seleção das consequências que integram a cadeia jurídica relevante à indenização, delimitando a causalidade natural que tende à indeterminação infinita.

A utilização desse parâmetro não se dá de forma isolada. A experiência do observador é resultado de um contexto macrossocial, constituído da própria experiência humana em relação ao mundo ao redor. Essa perspectiva permite compreender

---

observação do que normalmente ocorre, qualquer ofensa à honra ou à autoestima do autor. Ato ilícito inexistente. Inocorrência de causa que alicerce a pretendida indenização. APELO DESPROVIDO. (Apelação Cível N. 70017156118, 6ª Câmara Cível, Tribunal de Justiça do RS, Rel. Osvaldo Stefanello, Julgado em 24/1/2008); e: RESPONSABILIDADE CIVIL. DITO POPULAR. PROGRAMA ESPORTIVO DE RÁDIO. DANOS EXTRAPATRIMONIAIS NÃO CONFIGURADOS. Manifestação de comentarista veiculada em programa esportivo que não passou de mero externar de dito popular incapaz de gerar descompasso psicológico em qualquer cidadão, portanto, não apta de, por si só, acarretar danos morais. Assim, ausente a intenção de prejudicar o autor, descaracterizado o ato como ilícito, não há de se falar em nexo de causalidade entre o ato praticado e o suposto dano. A hipótese amolda-se muito antes ao experimento de dissabor em suas relações, ao inconveniente que não ultrapassa o aborrecimento, em termos psíquicos. Não detecto, nessa situação, pela observação do que normalmente ocorre, qualquer ofensa à honra ou à autoestima do autor. Até porque, em momento algum dos comentários do jornalista teve o autor seu nome citado, mesmo o fosse indiretamente. Ato ilícito inexistente. Inocorrência de causa que alicerce a pretendida indenização. APELO DESPROVIDO (Apelação Cível N. 70022552863, 6ª Câmara Cível, Tribunal de Justiça do RS, Rel. Osvaldo Stefanello, j. 17/1/2008); outros julgados do mesmo Tribunal, sob o mesmo fundamento: Apelação Cível N. 70018314716, 6ª Câmara Cível, Tribunal de Justiça do RS, Relator: Osvaldo Stefanello, j. 13/12/2007); Apelação Cível N. 70020115978, 6ª Câmara Cível, Tribunal de Justiça do RS, Rel. Osvaldo Stefanello, j. 18/10/2007); Apelação Cível N. 70018291443, 6ª Câmara Cível, Tribunal de Justiça do RS, Rel. Osvaldo Stefanello, j. 16/8/2007); Apelação Cível N. 70018313627, 6ª Câmara Cível, Tribunal de Justiça do RS, Rel. Osvaldo Stefanello, j. 16/8/2007).

o fenômeno fático de causa e efeito, e de certa forma antever acontecimentos. Se é possível entender o processo desse modo, é também possível explicar o acontecimento, em sentido reverso, para que se identifique a sua causa e, assim, traçar as consequências, selecionando as que se apresentam relevantes na ótica jurídica da indenização.

Na composição da experiência, outro elemento fundamental surge e que se inter-relaciona com o parâmetro do observador, considerado como fenômeno comum aos acontecimentos, portanto, regular. A regularidade a ser tratada em seguida é elemento intrínseco ao conceito que se apresentou até aqui e integra as máximas da experiência. É o que assegura previsibilidade em termos de causação.

3.2 REGULARIDADE E O CURSO NORMAL DOS ACONTECIMENTOS

O conceito de regularidade aparece nas proposições de Traeger sobre a "causalidade adequada", assim como desenvolvimento teórico trazido por Von Kries, segundo o qual causa a ser considerada em uma cadeia de acontecimentos é a que atende ao "curso normal das coisas".[46] A causa de determinado evento é que se encontra mais favorável ao resultado em uma análise generalizante dos acontecimentos,[47] aquela condição que pela repetição determina resultados de mesma natureza.[48] A justificativa para a utilização desse critério tem respaldo na ordem dos acontecimentos, naquilo que se pode prever (previsibilidade) e no grau de segurança com que se pode esperar que algo aconteça (probabilidade), constituída pela frequência com que os fatos decorrem uns dos outros.

David Hume dissertava sobre a causalidade, ou a conjunção de fatos em uma ordem de causa e efeito, com base na experiência do ser humano.[49] Não haveria

---

[46] Conforme informa: HART, Herbert Lionel Adolphus; HONORÉ, Tony. *Causation in the law*. Oxford: Oxford University Press, 2002, p. 82.

[47] Cf. MARTY, Gabriel. La relation de cause à effet comme condition de la responsabilité civil. *Revue Trimestrielle de Droit Civil*, v. 38, n. 2, p. 658-712, 1939, p. 691.

[48] A própria ciência do direito e a adoção de um pensamento sistemático pressupõem a aferição de fenômenos de regularidade, como aponta Menezes Cordeiro, na introdução da obra de Canaris, ao afirmar que sem a regularidade o "Direito não teria qualquer consistência, ideal ou real: ininteligível, imperceptível e ineficaz" (CANARIS, Claus-Wilhelm. *Pensamento sistemático e conceito de sistema na Ciência do Direito*. 3. ed. Lisboa: Calouste Gulbenkian, 2002, LXII).

[49] A causa é um tema recorrente na obra de David Hume, particularmente no Tratado da Natureza Humana. O tema é de especial preocupação para o filósofo-autor no que se relaciona com o seu entendimento de um raciocínio baseado na experiência – ou seja, em uma perspectiva empírica (HUME, David. *Tratado da Natureza Humana*. Uma tentativa de introduzir o método experimental de raciocínio nos assuntos morais. Tradução Déborah Danowski. São Paulo: Editora Unesp, 2000, p. 59). ; ainda, na obra, sobre: causação e

FUNÇÃO E ELEMENTOS DA CAUSALIDADE JURÍDICA | **73**

conhecimento *a priori*; tudo o que se conhece decorre de uma experimentação física.[50] Da causa se infere um efeito que decorre da observação. O determinismo aí é dado pela mente humana, em grau de probabilidade.[51] A regularidade tem base na própria experiência humana, que é adotada pela figura do observador na análise de determinada cadeia causal. São a repetição, a previsibilidade e a probabilidade que dão nesse caso credibilidade ao processo causal que ocorre frente ao olhar humano e que pode assim ser objetivado na prática jurídica que visa à imputação de danos.

Ainda que a física moderna contraponha essa visão macroscópica da realidade, com o emergir de um cenário desordenado e imprevisível, demonstrado em um universo subatômico,[52] em uma esfera quântica,[53] não se pode dizer que no âmbito jurídico, assim como naquilo que está posto na ótica comezinha dos acontecimentos,

---

probabilidade, 101 ss., 133, 156-187; sobre: raciocínio causal e raciocínio demonstrativo, 102, 111-122, 132-4, 686-9; e questão acerca da necessidade de uma causa, 106, 107aa., 190; inferência causal, 106, 110-1, 115 ss., 125 n. 6, 126, 133-4, 137-8, 141-2, 172, 187, 196-7, 199, 203, 255-6, 436-7, 441-2, 445-6, 687 ss.; causação e relação de conexão necessária 105,-6, 116-7, 188-20, 278-82, 441-2, 446-7, 693-4.

[50] Ideia que é contraposta por Kant, cf. MALHERBE, M. *Qu'est-ce que la causalité?* Hume et Kant. Paris: J. Vrin, 1994.

[51] Para Hume, era o "costume", ademais, que permite antecipar que o futuro será semelhante ao passado e que leva a inferir de uma causa presente um efeito ausente. Para esta obra, esse conceito é o da regularidade com que os acontecimentos se repetem no quotidiano. É o mesmo raciocínio humano. O que faz pensar que algo decorra como efeito de um fato (causa) é já se ter o domínio do conhecimento, resultado da experiência pregressa. Nas palavras de Hume é em vão que se pretenderia "determinar qualquer evento particular ou inferir alguma causa ou efeito sem a ajuda da observação e da experiência" (*Ensaio sobre o entendimento humano*).

[52] O conceito de causalidade na física moderna é questionado em face das descobertas do século XX a respeito de um espectro quântico do universo natural das coisas. O jurista alemão Manfred Mainwald, a esse respeito, traça um paralelo entre a causalidade jurídica e a concebida no plano natural, afirmando que ambas não se contrapõem. Ao contrário, a própria discussão da causalidade na física ou na filosofia, no âmbito das novas descobertas científicas, é esclarecedora para o direito, não como nova solução imediata, mas por apontar ao jurista que as suas interrogações dependem dos fins perseguidos (*"soltanto riuscendo a considerare il problema in modo completamente autonomo dalla vita sociale, il giurista può comprendere più a fondo la sua concezione di causalità"*, in *Causalità e diritto penale*. Traduzione di Francesca Brunetta d'Usseaux. Milano: Giuffrè, 1990, p. 16).

[53] O abandono da visão determinista da causalidade se atribui a Heisenberg (*Die physikalischen Prinzipien Der Quantentheorie*), que em 1927 elaborou no âmbito da mecânica quântica o Princípio da Incerteza. Segundo ele, é impossível medir com precisão uma grandeza sem interferir em outra medida conexa. Capecchi, a propósito, fala em um declínio do princípio da causalidade nas ciências, com o abandono da ideia determinista da física Newtoniana, e mesmo das ideias da filosofia de Hume, em face das novas teorias científicas, como a da relatividade de Einstein no início do século XX, e do Princípio da Heisenberg, em 1927. Esse processo se dá pela superação do modelo determinista, da certeza, para a ideia de probabilidade (CAPECCHI, M. *Il nesso di causalità*: dalla condicio sine qua non alla responsabilità

tenha sido abandonado o elemento da experiência na verificação de uma realidade na qual está o indivíduo inserido.[54] E mesmo na visão de Kant, sobre o conhecimento *a priori* e o seu descaso com o empirismo, não se pode deixar de avaliar as situações jurídicas e concretas da vida sem o parâmetro da experiência humana.[55]

A ideia de regularidade causal foi amplamente defendida na Itália por Adriano De Cupis[56] e visava justamente afastar do fenômeno causal as situações extraordinárias e imprevisíveis.[57] É com base nesse entendimento que o autor propõe a interpretação do dispositivo do artigo 1.229 do Código Civil italiano de 1865 (reproduzido no atual Código de 1942 no artigo 1.223) no que tange à limitação dos danos aos "imediatos e diretos", tema que será abordado adiante neste livro. O próprio De Cupis admite, no entanto, que sua proposição poderia ficar excessivamente aberta ao arbítrio do magistrado, ao qual coubesse dizer o que é regular e normal aos acontecimentos.

A regularidade, entendida como padrão ordinário de repetição, visa afastar a incidência de fatores extraordinários e aleatórios. A crítica que se faz à regularidade (e ao conceito que dela faz Adriano De Cupis na Itália),[58] quanto a auferir demasiado poder ao magistrado para definir o quanto regular é a sucessão de fatos, pode ser limitada pela figura do "observador experiente", que nada mais é do que um *standard* de observação objetivo. A experiência, por assim dizer, é que determina a regularidade, e, por certo, o fato alheio, imprevisível e indissociável do curso

---

proporzionale. 3. ed. Padova: Cedam, 2012). Assim, para Capecchi, "falar de causa significa falar de probabilidade e de aumento de risco da produção de um evento" (op. cit., p. 215).

[54] Marty, em seu artigo de 1939, a propósito, já mencionava a questão, referindo que o jurista trabalha com as hipóteses da causalidade prática, observada na escala macroscópica. A par de como a causalidade é vista nos campos da filosofia e da física, a tecnicalidade do direito pode compreender os problemas que envolvem a causalidade, mas sua pesquisa recorre a métodos próprios que se aproximam mais ao da historicidade para o desenvolvimento de uma noção causal utilizável e satisfatória à sua área de atuação. (MARTY, Gabriel. La relation de cause à effet comme condition de la responsabilité civil. *Revue Trimestrielle de Droit Civil*, v. 38, n. 2, p. 658-712, 1939, p. 688).

[55] A propósito, vide KANT, Immanuel. *Crítica da razão pura*. 7. ed. Lisboa: Fundação Calouste Gulbenkian, 2009.

[56] DE CUPIS, Adriano. *Il danno*. Milano: Giuffrè, 1942, p. 191.

[57] Gisela Sampaio da Cruz afirma que a proposta de De Cupis, em realidade, constituiria uma subteoria da "causalidade adequada", o que faz que não seja tratada pela doutrina como uma teoria autônoma (CRUZ, Gisela Sampaio da. *O problema do nexo causal na responsabilidade civil*. Rio de Janeiro: Renovar, 2005, p. 77); CAPECCHI, Marco. *Il nesso di causalità*: dalla conditio sine qua non alla responsabilità proporzionale. Torino: Cedam, 2012, p. 35-40; REALMONTE, Francesco. *Il problema del rapporto di causalità nel risarcimento del danno*. Milano: A. Giuffrè, 1967, p. 199.

[58] DE CUPIS, Adriano. *Il danno*. Milano: Giuffré, 1946, p. 190 ss.

normal dos acontecimentos, não poderá ser considerado e sofrerá por essa régua sua evidente limitação.

O juízo hipotético de probabilidade deve ser realizado sempre em comparação ao caso concreto, de modo a impedir a generalização e se aplicar o critério de "adequação" à situação real. É o caso da pessoa que ao receber uma notícia traumática – porém falsa – vem a falecer em decorrência de um ataque cardíaco.[59] A situação em si não abarca a normalidade dos acontecimentos. Mas, se verificado o caso concreto, e o falecido fosse portador de uma notória moléstia cardíaca, pode-se afirmar que tal hipótese de morte seria possível e talvez esperada, tendo a notícia potencialmente a força causal para a consequência produzida. O observador experiente é uma figura que o julgador pode utilizar para universalizar situações concretas, ocorridas, e passíveis de serem analisadas pela combinação com o que está ocorrendo em concreto.

A verificação de idoneidade ou adequação de determinada causa requer a observação de uma frequência de acontecimentos de causa e efeito verificados a partir da visão humana e de um entendimento jurídico capaz de qualificá-los como relevantes para o direito (causação jurídica). Esse juízo não pode ser encarado de forma simplesmente intuitiva, baseado estritamente no bom senso. A causalidade nesse contexto deve se revestir de juridicidade, impondo mais do que uma sensibilidade individual, ou de subjetivismo, mas uma visão objetiva do direito. A funcionalidade de um "observador experiente", como se quer, é a de servir de parâmetro, de *standard* de observação,[60] combinando a verificação da sucessão de fatos (juízo empírico de regularidade) com o distanciamento formal da observação jurídica, de relevância adequada (juízo de juridicidade).

A causa, assim, é objetiva, apreendida pelo direito, e valorada tendo em conta que o processo de causação ou causalidade tem uma extensão jurídica que liga ato ilícito ao dano, mas que, em um segundo momento, liga evento (fato danoso) a eventos (consequências indenizáveis), também como cadeia de causalidade. E nesse

---

[59] Utilizado nesse caso o exemplo de MENEZES CORDEIRO, António. *Da responsabilidade civil dos administradores*. Lisboa, 2010, p. 533-535 (MALHEIROS, Pablo. *Imputação sem nexo causal*. 2013. 274 f. Tese (Doutorado em Direito) – Universidade Federal do Paraná, Curitiba, 2013, às fls. 58-60, e também SCHREIBER, Anderson. *Novos paradigmas da responsabilidade civil:* da erosão dos filtros da reparação à diluição dos danos. 4. ed. São Paulo: Atlas, 2012, p. 78-79).

[60] A exemplo dos *standards* adotados na jurisprudência, como o do "homem médio" ou do "bom pai de família", o *bonus pater familias* na cultura romano-germânica, ou do *reasonable man*, na anglo-saxã, que expressam determinado padrão de conduta e que servem de parâmetro a avaliação de determinadas analisadas submetidas a um juízo (LIMA, Alvino. *Culpa e risco*. 2. ed. São Paulo: Revista dos Tribunais, 199) Ver. E at. Prof. Ovídio Rocha Sanoval, p. 58; SILVA PEREIRA, Caio Mario da. *Responsabilidade civil*. Rio de Janeiro: Forense, 2001, p. 71.

caso a cadeia criada tem que ser mensurada, suficientemente a reparar a vítima lesada, e delimitada também na medida em que não constitua em ganho injustificado.

A liberdade do indivíduo na prática dos mais diversos atos, admitidos no direito, que abarcam situações lícitas e ilícitas, e que têm consequências na esfera dos direitos de terceiros, como quando da causação de danos, exigem na responsabilidade civil um instrumento de mensuração, a par de atingir o objetivo da restauração e do equilíbrio das relações sociais conflagradas. Os danos ocorrem como consequências incondicionais do convívio[61] e acontecem no âmbito das liberdades, impondo ao direito assegurar e tutelar aquele que é lesado, reparando-o na medida do restabelecimento de uma ordem de equilíbrio ideal.

A regularidade dos acontecimentos, em cadeia causal de fatos de causação e efeitos, está atrelada ao que a doutrina tem definido como curso "normal e ordinário" das coisas; nessa perspectiva, deve-se recorrer à previsibilidade objetiva, levando em consideração o aspecto da observação pelo seu caráter abstrato e ideal, impedindo um juízo meramente subjetivo, que poderia distorcer a aplicação da teoria e dela surgirem infindáveis interpretações dissociadas.

O quadro caótico que se apresenta na aplicação da causalidade desmerece o recurso a teorias causais. A adoção de um entendimento unitário, objetivo e universal pode servir, entretanto, para garantir segurança jurídica. O que não obsta a constante construção e reelaboração que os institutos possam sofrer em razão das mudanças socioculturais inerentes à própria dinâmica do direito. A teoria acerca da "causa direta e imediata", ou mesmo da causa adequada, é importante que se diga, surge para resolver um problema de causalidade em relação às premissas das condições que circunscrevem os acontecimentos e que se configuram na aferição proposta pela teoria da *conditio sine qua non*, de atribuir equivalência indeterminada a todos os fatos que condicionam um evento qualquer.

A propósito desse conceito, todos aqueles fatos que, em um teste de eliminação – ou seja, se ausentes –, impediriam o resultado alcançado são de igual forma contribuintes à produção do evento verificado. A qualificação de uma causa, em necessária, ou adequada, tem por objetivo estabelecer um critério à seleção das causas-consequências em meio às múltiplas situações existentes, distinguindo-as em face do curso normal e ordinário. É a causalidade tida por jurídica.

A regularidade nos acontecimentos remonta, ainda, ao estudo de J. Stuart Mill de encontrar padrão entre fatos e conjunto de fatos na natureza, discernindo do seu

---

[61]   O chamado aumento progressivo do *contato social*, verificado de forma evidente no processo de desenvolvimento, traz como consequência imediata e mediata a ocorrência constante, e igualmente crescente, de situações potencialmente danosas – e, por óbvio, o próprio dano (COUTO E SILVA, Clóvis. *A obrigação como processo*. Editora FGV, 2006; COUTO E SILVA, Clóvis. *Les principes fondamentaux de la responsabilité civile en droit brésilien et comparé* (datilog.). Porto Alegre, 1998).

emaranhado e caótico alguns processos repetitivos que permitissem constituir-se em leis.[62] As características dos fatos determinam certas sucessões regulares de eventos. A formulação de Mill em torno da necessidade científica de decompor os fenômenos naturais e individualizar características e seus resultantes dá sustentação para identificar padrões e sustenta a sua visão sobre as condicionantes e as causas. Para o matemático e filósofo, em cada evento há uma concorrência de circunstâncias e se costuma eleger dentre essas uma causa, no entanto seu entendimento é de que o conjunto das circunstâncias observado em seu todo deve ser considerado como a causa do fenômeno.

A proposição dá base científica à teoria do equivalente das condições – também denominada de *conditio sine qua non*. O conjunto, ou a soma das circunstâncias, é que determina o fenômeno causal de determinado evento particularmente observado. Uma circunstância única não pode ser vista de forma necessária a causar o evento. O exemplo de Mill é de uma casa que incendiou e que na procura de um fato determinante se chega ao curto-circuito, desconsiderando que para ocorrer o evento também era necessário que houvesse materiais inflamáveis. Para solucionar esse problema, desenvolveu um método de indução que qualificava as condições entre relevantes e irrelevantes de modo a atingir um fator causal mínimo suficiente e necessário para causar determinado fenômeno.[63] O esforço é seguido por toda a doutrina que pretendeu diferenciar as causas de resultados, sobretudo dentre aqueles voltados ao direito, cuja imposição era de imputar autoria ou responsabilidades.

O avanço científico, contudo, permitiu concluir pela incerteza das situações causais. As leis universais se encontram na ordem da probabilidade, e não mais da certeza. A probabilidade – mesmo que matemática – assume a primazia em detrimento da certeza e da previsibilidade. O certo não é mais certo, mas provável. Essa assertiva dá o tom ao debate que atualmente se desencadeia, inclusive na chamada flexibilização da causalidade, que se assume frente a uma situação de maior ou menor probabilidade e que indica a solução por aproximação; e tem por fim, na responsabilidade civil, o de alcançar a vítima e repará-la na medida em que suportou consequências lesivas.

---

[62] HART, Herbert Lionel Adolphus; HONORÉ, Tony. *Causation in the law*. Oxford: Oxford University Press, 2002, p. 12-25.

[63] Mill, em seu livro *Sistema de Lógica,* relaciona quatro procedimentos que constituem em regras para a lógica indutiva, que denomina de "os quatro métodos da pesquisa experimental", entre esses a regra da eliminação de condições para a verificação da existência do resultado. (MILL, John Stuart. *A system of logic, ratiocinative and inductive:* being a connected view of the principles of evidence and the methods of scientific investigation. London: Harrison and Co., 1884, p. 159 e ss.).

3.3 CAUSA FINAL

A ideia de finalidade é de Aristóteles, que apontava em sua classificação teórica das quatro causas[64] a que tinha o condão de determinar um fim, a atingir a um propósito concreto. A potencialidade encontrada na causa determina o ser ou objeto na forma adquirida, final, evidenciando uma mudança de curso em decorrência de um fator antecedente.

A pesquisa da causa final se dá em regime de inversão dos acontecimentos. O fim está posto e se deve buscar a sua causa pela adoção do processo indutivo retrospectivo que encontre no antecedente sua determinação. Esse é pelo menos um entendimento lógico baseado na experiência humana concreta, ressalvados os experimentos da física quântica, a respeito dos quais, já se disse, não se ocupa o direito ou âmbito jurídico da causalidade.[65]

Por que incluir a finalidade na elaboração da causalidade jurídica? Porque o entendimento professado é o de que a causalidade, na acepção jurídica e no fim pretendido de selecionar consequências, encontra respaldo e origem no conceito mais remoto de Aristóteles para a finalidade. No caso da teoria da causa adequada, "adequação" pode ser equiparada a "finalidade", modelo de raciocínio para determinar a possibilidade de determinado acontecimento ter sido precedido de uma causa teleológica.

O argumento físico e filosófico de Aristóteles não é estranho ao raciocínio jurídico que iniciou a teorização de uma causalidade adequada, idônea ao acontecimento. A finalidade se respalda pelo método de inversão indutiva, provocando ao intérprete da situação jurídica em análise o motivo do fato, desvendando a sua ocorrência pela sua relação estabelecida com outros fatos anteriores que o determinaram de forma finalística, ao menos com o propósito de conclusão da hipótese jurídica observada.

O elemento da finalidade encontra lugar na apuração fático-jurídica da ocorrência de danos. Dá, por isso, conotação, sentido e uma finalidade na aplicação de uma ou outra teoria da causalidade, que visa encontrar dentre causas aleatórias, remotas, possíveis, e até virtuais, uma juridicidade. Apta, adequada, necessária, suficiente para concatenar consequências e separá-las do mundo simplesmente fático e abarcar as condicionantes jurídicas essenciais à indenização. Que é também fim desejável para reparar aquele que é vitimado pela atitude antijurídica, configurada no quadro da responsabilidade civil.

A causa final vislumbrada em teorias como a da causalidade adequada se coaduna com a verificação jurídica. Para Aristóteles, o fim explica a causa. Na res-

---

[64] ARISTÓTELES, op. cit., p. 48 ss.

[65] A esse propósito também faz referência BARBOSA, Ana Mafalda Castanheiras Neves de. *Do nexo de causalidade ao nexo de imputação*. Cascais: Principia, 2013, v. I, p. 79.

ponsabilidade civil, as consequências se verificam a partir do dano a que se ligam. O ato ilícito é causa jurídica dos danos, dele derivando consequências, igualmente jurídicas, que clamarão pela respectiva indenização.

A pesquisa da causa final assume importância também em relação à adequação do meio e sua influência em relação ao derradeiro efeito. Os canonistas que estudaram o problema da *causa finalis* durante a Idade Média oferecem dois exemplos em que se indaga a causalidade, apreciando inclusive em relação à distância do acontecimento. O primeiro diz respeito ao fabricante de uma faca utilizada para cometer um crime, questionando-se nesse caso se era essa a causa para a qual se dirigia. O outro exemplo é o do construtor da janela pela qual o suicida se joga. Evidentemente, aqui não há que se perquirir sobre o fim pretendido, eis que é a utilização que dela se faz que altera e desvincula o objeto de sua finalidade.[66]

A precisão de conceitos acerca de teorias causais, especialmente em relação às opções adotadas pela doutrina e pela jurisprudência, em razão das elaborações teóricas já recebidas e acumuladas, deve contribuir à adoção de critérios gerais e de entendimento unificado. Continuamente se verifica a dificuldade enfrentada pelos magistrados na aplicação de teorias causais, dada a quantidade de qualificantes e a abundância de conceitos esparsos, que acabam mais por confundir do que por esclarecer. Nota-se que em inúmeras decisões judiciais, não só no Brasil como em outros países que adotam o mesmo sistema jurídico, a utilização de uma ou outra das teorias levam a uma pseudocientificidade, conduzindo à complexidade e a julgados inconsistentes, e na maioria das vezes contraditórios com as próprias teorias abordadas.

Essa é uma preocupação que se faz presente na proposta de se verificar conceitos uniformes, de acordo com a evolução dogmática a respeito da causalidade. A individualização de elementos teóricos da própria teoria e que não diferem do que a prática adota, ainda que desprovida de consciência da precisão científica. Isso pode ocasionar equívocos na aplicação ou no uso de terminologia incorreta, muitas vezes embaralhando conceitos de outras teorias jurídicas sobre a causalidade.[67]

---

[66] Sobre estes exemplos e o estudo dos canonistas, vide: DESCAMPS, Olivier. *Les origines de la responsabilité pour faute personnelle dans le Code civil de 1804*. Paris: LGDJ, 2005, p. 98.

[67] Gisela Sampaio da Cruz, a propósito, em obra sobre "o problema do nexo de causalidade na responsabilidade civil", tece uma crítica, por exemplo, ao fato de que "muitos autores que consideram a Teoria da Causalidade Adequada a teoria adotada pelo direito brasileiro, no momento de aferir o nexo causal, buscam, no mais das vezes, a causa necessária do dano, confundido-a com Teoria do Dano Direto e Imediato". Exemplifica o seu argumento, ainda, referindo trecho da obra de Sergio Cavalieri, que se filia à Teoria da Causalidade Adequada, mas pressupõe que o dano seja decorrente de "consequência necessária da conduta do agente" (na obra *Programa de responsabilidade civil*, p. 74). Para a autora, no Brasil, "como o nexo causal não foi muito estudado, é natural que os manuais de responsabilidade civil confundam as teorias, tanto mais a jurisprudência diante deste tema que é tão complexo" (CRUZ, Gisela Sampaio da. *O problema do nexo causal na responsabilidade civil*. Rio de Janeiro: Renovar,

RESPONSABILIDADE CIVIL EXTRACONTRATUAL • *Gabriel De Freitas Melro Magadan*

A inovação que se pretende diz respeito à elucidação e à otimização de conceitos, que não são largamente difundidos no Brasil ou por vezes são mal aplicados, principalmente no âmbito da abordagem da verificação e quantificação da indenização em face da existência de danos decorrente de um ato ilícito. E, afora a legislação argentina, e de parte significativa da doutrina daquele país que se debruça sobre o tema, não se vê na América Latina em geral uma sistemática clara de apuração de danos, baseada na ideia de imputação objetiva pelo nexo de causalidade.

3.4 JUÍZO DE ADEQUAÇÃO

A teoria da causalidade que adotou a denominação de adequada pretendia encontrar um modo de corrigir o problema da teoria da *conditio sine qua non* que atribuía igual importância a todas as condições de um evento. A teoria inicialmente elaborada por Von Kries introduziu a ideia de qualificar a causa com base em um critério de adequação ou de idoneidade. Tratou-se de um critério probabilístico, baseado na verificação dentre as variáveis condicionantes da causa que se mostrava adequada à produção do dano.[68]

2005, p. 85). Não obstante a confusão ser visível na doutrina e jurisprudência brasileira, é de se notar que há uma tendência a seguir o critério de "necessidade" para a verificação do vínculo causal, como demonstram os precedentes das cortes brasileiras trazidas nesta tese. Para Alvino Lima, ter-se-ia, aqui, adotado uma subteoria da causalidade relativa à da *conditio sine qua non*. O argumento para tanto, de fato, coincide, muitas vezes, com outras qualificantes corretivas da causalidade, como "adequação", "idoneidade" e "regularidade", que podemos, ao final, apontar para a mesma solução jurídica. A confusão jurisprudencial em torno das teorias da causalidade é verificável em tergiversação e falta de unidade. Citam-se alguns exemplos de julgados que fazem menção à teoria de danos "diretos e imediatos" (STF: RE 369.820-6, 2ª Turma, Rel. Min. Carlos Vellos, *DJ* 27/3/2004; RE 341.776-2, 2ª Turma, Rel. Min. Gilmar Mendes, *DJ* 17/4/2007 e STJ: REsp. 858.511/DF, 1ª Turma, Rel. Min.Teori Zavascki, j. 19/8/2008; REsp. 719.738/RS, 1ª Turma, Rel. Min. Teori Zavaski, j. 16/9/2008) e à "causalidade adequada" (STF: RE-AgR 481.110-3/PE, 2ª Turma, Rel. Min. Celso de Mello, j. 6/2/2007; e STJ: AgRG no Ag. 682.599/RS, 4ª Turma, Rel. Min. Fernando Gonçalves, j. 25/10/2005), além das que as tratam como sinônimas (STJ: REsp 325.622/RJ, 4ª Turma, Rel. Min. Carlos Fernando Mathias, j. 28/10/2008). Cf. TARTUCE, Flávio. *Responsabilidade civil objetiva e risco*: a teoria do risco concorrente. São Paulo: Método, 2011, p. 86-87.

[68] HART e HONORÉ lembram que Von Kries defendia que a causa de um evento em direito era a que justamente a condição que aumentava significativamente a probabilidade de determinado evento. (HART, Herbert Lionel Adolphus; HONORÉ, Tony. *Causation in the law*. Oxford: Oxford University Press, 2002, p. 485). Von Kries dá o exemplo do acidente ocorrido em uma ferrovia que obriga um de seus passageiros a permanecer por mais tempo na cidade onde se encontrava vindo a contrair nesse período uma doença. A permanência do sujeito na cidade em razão do incidente na ferrovia aumentou o risco e a probabilidade

A causa é adequada quando, no curso normal dos acontecimentos, aparece contando com alto grau de probabilidade de ter produzido determinado evento. Essa probabilidade se traduz em adequação ou idoneidade.

Como apurá-la, no entanto, é objeto de controvérsia. Alguns autores debateram a questão no desenvolvimento teórico que se seguiu entre o final do século XIX e o início do século XX, alertando para o elemento da maior ou menor probabilidade,[69] mas também confiando em um suposto "bom senso" do magistrado, juízos de probabilidade e razoabilidade. O equilibro entre subjetivismo e objetivismo parece mais claro na hipótese que mescla a perspectiva generalista e abstrata para a verificação do caso concreto.

---

de contrair a doença, mas não é a causa adequada do seu prejuízo (HART, Herbert Lionel Adolphus; HONORÉ, Tony, op. cit, p. 486).

[69] Na Itália, particularmente, em julgado das Sessões Unidas da Corte de Cassação, em julgado conhecido como *Sentenze Franzese*, de 2002, discutiu-se o que seria um "elevato grado di probabilità" e contrapondo a probabilidade de tipo estatístico com a de tipo racional. A conclusão, entretanto, foi no sentido de que a probabilidade estatística é somente um dos instrumentos à disposição do julgador e não a única solução, o julgador deve sempre se voltar às peculiaridades do caso concreto para uma análise dedutiva. Leis de certeza universal, segundo Stella (STELLA, Federico. *Leggi scientifiche e spiegazione causale nel diritto penale*. Milano: Giuffrè, 2000, p. 64-65), são raras, e não poderá o julgador ter conhecimento de todos os acontecimentos com a certeza que se poderia pretender, sendo então comum o recurso a um processo racional e lógico que se baseia e probabilidade. Assim, ficou consignado na decisão da Corte italiana que por "probabilidade estatística" se entende os fenômenos repetidos no tempo, indicando alto grau de frequência com que se conecta antecedente e consequente, são casos típicos e não singulares; por "probabilidade lógica", por sua vez, a que indica um grau de fundamentação lógica ou de credibilidade racional com que se pode sustentar que a lei estatística encontre aplicação também no caso singular objeto de apreciação. Trata-se, nesse caso, de reconstrução causal do evento concreto, que implica que via indutiva possa excluir que sejam as consequências causas alternativas (diversas dos antecedentes considerados com base na lei estatística) (TARTAGLIA, Angelo. *Il neso di causalità*. Milano: Giuffrè, 2013, p. 63). Segundo a *Sentenze Franzese* (Cass. pen. Sez. Un. n. 30328/2002): "*Per ciò che concerne quelle statistiche, esse sono tanto più dotate di 'alto grado di credibilità razionale' o 'probabilità logica', quanto più trovano applicazione in un numero sufficientemente elevato di casi e ricevono conferma mediante il ricorso a metodi di prova razionali ed empiricamente controllabili. Allo stesso tempo però ne è sostenibile che si elevino a schemi di spiega zione del condizionamento necessario solo le leggi scientifiche universali e quelle statistiche che esprimano un coefficiente probabilistico "prossimo ad 1', cioè alla 'certezza'*"; Setella afirma, ainda, que conforme a tese de Carl G. Hempel, segundo o qual a explicação causal é uma resposta à pergunta: "perché?", reconduzível ao esquema da explicação nomológica-dedutiva, portanto explicações não causais, não o impediu, de qualquer forma, de sustentar que a explicação probabilística consente a compreensão do fenômeno, quando fornecida com adequação: "*qualsiasi spiegazione adeguata deve trasmettere una informazione tale da mostrare che l'evento che si vuole spiegare era da attendersi, se non com certeza – come è il caso della spiegazzione deterministica – con un grado di probabilità vicina ad 1, o sia con pratica certeza*" (STELLA, Federico. Causalità e probabilità: il giudice corpuscolariano, in: *Riv. It. dir. e proc. pen.*, 2005, p. 61).

Um caso recorrente na jurisprudência brasileira que ilustra o problema é o da vacina contra a poliomielite, em que se relatam casos de situações em que as crianças submetidas à política pública de imunização contraíram a doença, apresentando sintomas de convulsão e sequelas caracterizados por problemas neurológicos e motores. As decisões têm sido no sentido da necessidade de se demonstrar o nexo de causalidade entre a vacina utilizada e a doença diagnosticada. A dificuldade é que podem se encontrar causas multifatoriais, prejudicando o grau de certeza do vínculo de causalidade.

Em julgamento no Tribunal de Justiça do Rio Grande do Sul, de 2014, semelhante à hipótese narrada, os pais de uma menor pleitearam a indenização do Estado alegando que a filha de um ano de idade que havia recebido as vacinas antipoliomielite, antissarampo e tríplice, algumas horas depois, apresentou um quadro de convulsões e com o aparecimento de distúrbios neurológicos. Houve laudo médico que apontou a ausência de problemas no armazenamento da vacina e concluindo que outros fatores de ordem individual poderiam ter contribuído, como a predisposição genética, à reação de algum de seus componentes.[70]

---

[70] Cf. Ementa: RESPONSABILIDADE CIVIL DO ESTADO E DO MUNICÍPIO. APLICAÇÃO DE VACINAS ANTIPÓLIO, DPT (TRÍPLICE) E ANTISSARAMPO. PROVÁVEL REAÇÃO ALÉRGICA. CONVULSÕES, QUADRO EPILÉTICO E DIAGNÓSTICO DE RETARDO MENTAL. TESE DE DEFEITO NOS LOTES REJEITADA. SAÚDE PÚBLICA. PROGRAMA NACIONAL DE IMUNIZAÇÃO. CONDUTA COMISSIVA LÍCITA. TEORIA DO RISCO ADMINISTRATIVO. ART. 37, § 6º, CF. DANO ESPECIAL E ANORMAL. TEORIA DA CAUSALIDADE ADEQUADA. ROMPIMENTO DO NEXO CAUSAL. CONCAUSA ANTECEDENTE PREPONDERANTE. PREDISPOSIÇÃO GENÉTICA À DOENÇA NEUROLÓGICA. CIRCUNSTÂNCIA DESCONHECIDA. DESFIGURADO O DEVER DE INDENIZAR. Criança que, após aplicação das vacinas antipólio, DPT (tríplice) e antissarampo, teria sofrido surto convulsivo que evoluiu para quadro epilético, com atual diagnóstico de retardo mental. Tese inicial de reação vacinal por má conservação dos frascos refutada, sob o argumento de que eventual alteração na composição química teria atingido outras crianças vacinadas com o mesmo lote, o que não ocorreu. Comprovado igualmente que não houve qualquer negligência e/ou imprudência do funcionário ao ministrar as doses. Pela Teoria do Risco Administrativo, prevista no art. 37, § 6º, da CF, o Estado responde inclusive pelos danos causados por atividade lícita, independentemente de culpa, desde que haja relação direta de causa e efeito entre o seu agir e a lesão do particular, esta caracterizada pela especialidade e anormalidade. Ao colocar em prática o Programa Nacional de Imunização, Estado e Município agem dentro da legalidade, cumprindo o seu dever de reduzir o risco de doenças (art. 196, CF) e conferindo eficácia ao direito da saúde (art. 6º, CF). Trata-se de uma escolha política adotada em prol da coletividade, em que o Poder Público assume o risco de eventualmente violar um interesse individual. O dano sofrido pela autora, portadora de retardo mental e epilepsia, é único e raro, bem como provoca verdadeiro desgaste emocional e dor da alma, além de exigir recursos financeiros extras para garantir uma vida digna à pessoa que passa a depender de ajuda alheia para sobreviver. Todavia, evidenciada a atividade lícita da Administração e o dano especial e anormal sofrido pelo administrado, inexiste, *in casu*, nexo de causalidade entre ambos. De acordo com a Teoria da Causalidade Adequada, havendo uma pluralidade de concausas, deve-se selecionar dentre elas aquela que

A decisão da primeira instância havia sido procedente, o Estado recorreu e foi dado provimento ao apelo, fundamentando o acórdão na impossibilidade de se verificar a causalidade pela teoria da causalidade adequada. Por esse entendimento, não há como se responsabilizar o Estado no caso de uma política de vacinação – ou mesmo em se tratando de clínica privada – pela falta do requisito de adequação. A vacina não aparece como causa adequada ao evento caracterizado por uma série de distúrbios, pelo menos na perspectiva abstrata e generalizante da aplicação teórica.

O fato, contudo, demonstra a necessidade de se examinar as situações concretas do caso – e não só as abstratas. Assim, faz-se um exercício de verificação de causalidade em abstrato, sem, contudo, deixar de observar se na situação, de fato, a causa identificada era idônea. E, a considerar as peculiaridades – ou condições havidas – como a demonstração por prova pericial a respeito da preexistência de componente reagente à vacina, a causa constatada aparece perfeitamente adequada.

É necessário conjugar os elementos do observador experiente, regularidade, e, nesse caso, sobretudo, o da finalidade, anteriormente descritos, para a verificação da adequação. A causa observada de forma generalizante não pode desconsiderar o fato concreto, ou seja, o fato de que a vacina dada ao indivíduo que apresentava uma condição preexistente poderia lhe ocasionar a morte. A não consideração dessa situação conduziria a irresponsabilidade, quando, em realidade, a verificação do evento morte se demonstra perfeitamente entrelaçada com a aplicação de uma vacina em quem não apresentava condições para recebê-la.

A causa poderia, ainda, ser considerada estranha à regularidade normal dos acontecimentos, o que poderia configurar, em tese, a interrupção da cadeia causal, com a consequente excludente de responsabilidade. Não obstante, defende-se que a teoria da causalidade adequada não pode ser utilizada exclusivamente consoante a ótica generalista e objetiva no que tange a sua aplicação; tampouco se pode admitir que o critério de necessidade tido atualmente no Brasil como chave de leitura para o disposto no artigo 403 do Código Civil seja suficiente à solução do caso. Os critérios

---

foi determinante na produção do resultado. A prova técnica afirma que há a possibilidade de que as vacinas tenham desencadeado a doença neurológica da menina, mas apenas porque esta já possuía uma suscetibilidade individual que não havia como pressupor antecipadamente. Ou seja, o retardo mental teria surgido em função de uma predisposição genética, a qual não poderia ser prevista antes da aplicação de qualquer vacina. O profissional que examinou o processo trouxe ainda outras causas que poderiam ter eclodido o dano, dentre as quais estaria a contaminação da autora pela imunizada acaso o Estado não tivesse aplicado as vacinas. Verificada a presença de um fator causal antecedente (predisposição genética), acerca do qual o réu não teria condições de saber (porque a criança era saudável), e tendo tal fator sido preponderante, prevalecido como causa para o injusto (já que outras tantas circunstâncias além da vacina poderiam tê-lo desencadeado), faz-se imperativo eximir--se o Estado e o Município do dever de indenizar. APELAÇÕES PROVIDAS. RECURSO ADESIVO PREJUDICADO (Apelação Cível N. 70063012256, 10ª Câmara Cível, Tribunal de Justiça do RS, Rel. Túlio de Oliveira Martins, j. 27/8/2015).

utilizados na verificação da causalidade devem considerar o fato em concreto para determinar se a causa daquele fato em si era regular, já que obviamente existindo e sendo demonstrada uma predisposição à reação ao componente da vacina, não poderá escapar ao observador experiente, que, combinando os critérios de regularidade e de finalidade, permite a conclusão a respeito da existência de um vínculo efetivo entre o ato-fato e o efeito lesivo em sua dimensão de consequências.

A imprevisibilidade nesse caso poderia dar a conotação de aleatoriedade, de acaso, mas, a consequência havida, ainda que rara, e podendo ser demonstrada por teste científico, atesta a probabilidade, e não serve para afastar a juridicidade, que o observador encontra ao analisar a experiência comum, e não deixar o dano sem reparo.

O que essa situação demonstra é que determinada abordagem, por exemplo, pela teoria da adequação, poderia levar também a conclusões díspares. Esse aspecto reforça a necessidade de se consolidar os critérios de interpretação e de verificação do instituto da causalidade e da utilização dessa formulação teórica.

O problema posto não se esgota por aqui. O exemplo colhido dos tribunais é visto no enquadramento de uma responsabilidade objetiva do Estado, na qual se prescinde o exercício de verificação da ilicitude. Não é preciso demonstrar a negligência, imprudência ou imperícia do Estado, bastando a prova da causalidade entre o ato (a aplicação da vacina no âmbito de uma política de vacinação) e o dano (morte do paciente).

O exemplo aqui é utilizado, no entanto, para demonstrar o raciocínio com o qual se quer empregar a causalidade jurídica. Não só na ligação entre os fatos, mas entre as suas consequências. A respeito da necessidade de se valer de um entendimento generalizante e objetivo aplicado a uma situação concreta.[71]

A avaliação da adequação, nesse entendimento, poder-se-ia dar em dois momentos. Em um primeiro de forma generalizante, para que se possa visualizar como normalmente ocorrem os fatos em situações genéricas; em segundo, a situação em si, pelas características concretamente verificadas se estão adequadas à produção dos resultados verificados.

---

[71] A generalização do resultado pode conduzir a equívocos, dada a incerteza com que as circunstâncias da vida podem ocorrer em grau de variabilidade. O julgador pode corrigir a imprecisão pondo a generalização a serviço do caso concreto, analisando as circunstâncias concretas em comparação com o que normalmente acontece. A propósito: QUEZEL-AMBRUNAZ, Christophe. *Essai sur la causalié en droit de la responsabilité civile*. Paris: Dalloz, 2010, p. 185-186. Stella, por sua vez, a esse respeito, afirma com relação à talidomida que nem todas as mães que usaram o medicamento tiveram filhos com má-formação, e que nem todos os filhos que tiveram más-formações nasceram de mães que utilizaram o medicamento (STELLA, Federico. *Leggi scientifiche e spiegazione causale nel diritto penale*. Milano: Giuffrè, 2000, p. 276).

A doutrina, ao apresentar o problema de causalidade, costuma referir casos que demonstram a complexidade causal pela intercorrência de um elemento externo que vem a interferir na cadeia de acontecimentos. É o caso do indivíduo que é atingido por um soco ou por um tiro não letal. Quando transportado para o hospital morre em razão de um acidente, ocasionado pelo abalroamento do veículo em que era transportado para o hospital por outro veículo; ou quando ocorre um incêndio no hospital onde foi internado, ou mesmo quando vem a ter alta e é atropelado ao sair da instituição, ou quando sofre de uma moléstia preexistente e vem a falecer ainda que o primeiro evento por si só não fosse suficiente para causar a sua morte.

Em todas essas situações, há um concurso de condições *sine qua non*, sem as quais não teria o evento final (morte) ocorrido.[72] A eliminação de uma ou outra situação condicionante evitaria o resultado. A solução para a responsabilização é o da qualificação da causa por um critério ou outro que irá determinar a cadeia de acontecimentos escolhida para configurar consequências jurídicas.

Os relatos antecedentes, por exemplo, possuem também consequências diferentes se o exemplo for do sujeito A, que é atropelado em uma estrada por B, que foge do local e que vem falecer por novo atropelamento do sujeito C. Ainda que o primeiro fato tenha causado um dano, a intervenção de um terceiro contribuiu para o agravamento e para o resultado havido. São situações complexas de serem individualizadas, mas que reforçam a adoção de critérios que possibilitem a separação de situações fáticas distintas, atribuindo e imputando responsabilidade de forma correta, sem estabelecer regras ou formulações causais que engessem e desvirtuem a aplicação da responsabilidade civil e o consequente dever reparatório.[73]

Há que se ter presente que as teorias causais podem e devem ter caráter limitador da indenização, mas devem servir imprescindivelmente a imputar responsabilidade e reparar o dano ou os danos causados à vítima.[74]

O que se vê em comum nas séries narradas é a interrupção de uma cadeia de acontecimentos pela superveniência de outro evento desencadeador do resultado mais gravoso, cabendo a critérios como os da idoneidade ou da adequação selecionar os resultados na medida da participação de cada causa, imputando responsabilidades a cada uma delas na proporção em que atua para a produção do resultado.[75]

---

[72] Vide: GÓMEZ LIGÜERRE, C. *Solidaridad y derecho de daños:* los límites de la responsabilidad colectiva. Cizur Menor, Navarra: Thomson Civitas, 2007.

[73] QUÉZEL-AMBRUNAZ, Christophe. *Essai sur la causalié en droit de la responsabilité civile.* Paris: Dalloz, 2010, p. 335.

[74] QUÉZEL-AMBRUNAZ, op. cit., p. 335-336.

[75] A "causa adequada" é também tida por "causa relevante" segundo Roxin (op. cit., p. 306). O autor dá exemplo em que o sujeito "A" convence o "B"de viajar de um avião que veio a sofrer um acidente. "A" não criou condição adequada para o acidente, pois um "observador médio" teria considerado totalmente improvável esse desfecho. Diferente seria se "A" soubesse que havia sido planejado um atentado no avião para o qual instigou "B" a viajar. A referência a

O que se pretende demonstrar é que há situações que, mesmo excepcionais, atendem aos critérios práticos de apuração de vínculo de causalidade e que podem ser observados por conjugação racional de determinados elementos, como os trazidos neste livro, os quais, entretanto, não podem ser confundidos na problemática complexa do concurso de causas, sob pena de se obterem resultados distorcidos.

São muitas as teorias que se dispõem a selecionar a causa na perspectiva jurídica, e a da adequação integra esse conjunto e se distingue por se apresentar mais eficaz ao anseio de reparação e justiça. Serve como tal de referência teórica para a imputação objetiva de danos, mas não deve ser vista por isso como uma limitadora do direito à reparação. É, sim, uma teoria de delimitação – e de seleção – de causas, mas não necessariamente de limitação da indenização à vítima, ficando adstrita à extensão de adequação. Por isso não está, de modo algum, em conflito com a teoria da reparação integral e da visão solidarista do direito, pois atua de forma complementar em atendimento aos requisitos legais atinentes à reparação de danos por um lado e do não alargamento desmedido de outro.

A opção por critérios de seleção que guardem relação com a causalidade adequada, seus elementos e conceitos, entendidos de forma científica e dogmática, imporá um determinado caminho ou desenrolar causal, apartado de outros de natureza qualquer, afirmando o caráter jurídico do evento e de suas consequências, a fim de repará-las na forma prevista pelo instituto da responsabilidade civil.

3.5 DISTINÇÃO DE CAUSAS

Devem-se distinguir duas classes de condições para fins de separar as que têm função na produção do dano das que são meramente aleatórias, mesmo que atuem conjuntamente. Há causas que se podem chamar de "aleatórias e variáveis" e outras que são "determinantes e eventuais" e que atuam em conjunto quando da ocorrência de determinado evento sob a análise e valoração jurídica.[76]

Roxin e seu exemplo também está em PERESTRELO DE OLIVEIRA, Ana. *Causalidade e imputação na responsabilidade ambiental*. Coimbra: Almedina, 2007, p. 57-58; vide ainda: QUÉZEL-AMBRUNAZ, Christophe. *Essai sur la causalité en droit de la responsabilité civile.* Paris: Dalloz, 2010, p. 282 ss.

[76] Quézel-Ambrunaz afirma a autonomia da causalidade jurídica na valoração do fenômeno da causalidade material, o que nesse aspecto pode também servir à seleção de causas que servem aos interesses do direito: "*Lautonomie de la causalité juridique est alors mesurée: elle permettrait d'adapter la causalitè materielle aux exigences de la responsabilité civile, notamment par une sélection affinée des antécédents, mais pas de s'affranchir du filtre de la causalité matérielle*" (QUÉZEL-AMBRUNAZ, Christophe. *Essai sur la causaltié en droit de la responsabilité civile*. Paris: Dalloz, 2010, p. 178).

As primeiras são causas ditas aleatórias, ocorrem em diversas conjunções de fenômenos variados sem com isso constituírem-se em regras ou padrão de um dado resultado. São fatos ordinários que se reúnem ao acaso, como, por exemplo, o caso do passageiro do avião que se atrasa para pegar o voo, obrigando-se a embarcar em outro que veio tragicamente cair. Todos os fatos que se encontraram para ocasionar o atraso, e que podem ser múltiplos e infinitos em distância temporal, ou próximos, como o despertador que não tocou na hora, o trânsito que estava particularmente intenso, o motorista que escolheu o caminho errado. São todas circunstâncias condicionais, e até causais, do fato em si que foi o de rumar a um acidente, pela sucessão do acaso.

São causas aleatórias que fizeram com que o sujeito embarcasse e fosse vitimado pelo acidente. É a sorte em seu sentido lato. Situações que acontecem sem uma conexão específica, não se repetem ordinariamente; a perda do voo, pela variação de fatos aleatórios e imprevisíveis, também inconscientes, é nesse sentido pura álea.[77] Demonstrada em termos estatísticos é diminuta, rara, e não comporta uma situação provável, mas possível.

O que acrescenta aleatoriedade ao caso é também o desfecho, já que a normalidade dos acontecimentos pressupunha que aquele que comprara a passagem para o voo nele embarcasse. O acidente torna o caso ainda mais exaltante, já que, pela aleatoriedade, culminou o trágico. A cadeia causal que resulta na queda do avião, entretanto, está alheia a esse fato, e se dá por outras conjunturas, igualmente causais, e não examinadas, já que não é o exemplo que se quer dar.

As causas "determinantes e eventuais", ao contrário, podem ser encontradas englobadas na cadeia de circunstâncias que se entrelaçam com certo grau de necessidade ou de uma ordem natural de acontecimentos. Formam, assim, um conjunto de probabilidades, enquadrando-se na esfera de um conhecimento nomológico, de verificação de sucessões naturais que se repetem hodiernamente do ponto de vista genérico e de abstração fática, ou de situações que, verificadas em concreto, evidenciam-se por uma ligação que alguns autores chamam de necessária, na visão ontológica do problema.

---

[77] Sobre o conceito de aleatoriedade, sobretudo na discussão asseguratória, contratos de seguro, vide: GRUA, Francois. Les effets de l'alea et la distinction des contrats aleatoires et des contrats commutatifs. *Revue Trimestrielle de Droit Civil*, v. 81, n. 2, p. 263-287, avril/juin 1983. VIDALI, D. *Il rapporto di causalità tra rischio ed evento nell'assicurazione*. Padova: Cedam, 1936; TIMM, Luciano Benetti; ALVES, Francisco Kummel Ferreira. Custos de Transação no contrato de seguro: proteger o segurado é socialmente desejável? *Revista de Direito Público da Economia*, v. 19, p. 125-158, jul./set. 2007; GOLDING, C. E. *The law and practice of reinsurance*. New York: CCG, 2001; BORGES, Nelson. A teoria da imprevisão e os contratos aleatórios. *Revista dos Tribunais*, São Paulo, v. 782, p. 78-89, dez. 2000.

Outro aspecto que tem sido salientado por alguns juristas seria o de atribuir à causalidade uma objetividade científica, baseada em leis estatísticas.[78] Essa vertente distingue leis universais, que ocorrem pela regularidade em qualquer tempo e lugar e leis científicas, calculadas em razão da repetição, da probabilidade de que o evento decorra de um antecedente. Utilizam-se os critérios de certeza e de probabilidade, sem, contudo, dissociarem-se completamente uma da outra, considerando que leis universais são medidas pela probabilidade estatística.

A cientificidade não parece ser um problema de causalidade jurídica, a menos que dela se utilize, por exemplo, para a produção de uma prova de cunho técnico, como o exame de DNA, ou outra de natureza pericial. A causalidade jurídica diz respeito à apuração de danos, e os critérios utilizados decorrem da construção teórica que, aplicada aos casos difíceis e complexos, perpassa pelo crivo de interpretação e aplicação judiciária.

A causalidade, na elaboração aqui formulada, a propósito dessa questão, é analisada pelo seu aspecto teleológico, finalista na visão aristotélica. Mais que uma necessidade, a relação causal estabelecida na produção de um evento é vista como conexão causal objetiva. O determinismo é avaliado pela conjunção de elementos *ex ante* e *ex post* evento, caracterizando uma idoneidade objetiva. A causa vista pelo observador experiente (*optimo*) e baseada na avaliação do curso ordinário das coisas (que é a própria experiência humana) e que serve como parâmetro para a análise do fato concreto em si (e a circunstância que se eleva pela finalidade efetivamente alcançada).[79]

---

[78] O recurso a critérios de causalidade baseados em dados estatísticos, sobretudo na área penal, decorre da elaboração de juristas como o italiano Federico Stella. O autor concebe um modelo de explicação científica, segundo o qual uma ação constitui antecedente de um evento quando se pode apurá-la conforme a sua frequência estatística. Na Itália, a jurisprudência já admitiu a aplicação dessa metodologia em casos em que se verificou a ocorrência em percentuais diversos (normalmente maior que cinquenta por cento) (STELLA, Federico. *Leggi scientifiche e spiegazione casuale nel diritto penale:* comprende il saggio La nozione penalmente rilevante di causa e una postfazione su l'ultimo decennio di sentenze della Cassazione sulla condizione necessaria conforme a leggi di copertura. Milano: Giuffrè, 2000).

[79] A Suprema Corte de Cassação, na Itália, em 2005, ao julgar caso de responsabilidade médica, a respeito do tema da individualização do nexo de causalidade, pronunciou-se pela possibilidade de se substituir o critério da certeza dos efeitos da conduta pelo da probabilidade de tais efeitos e da idoneidade da conduta ao produzi-los. A corte asseverou a necessidade de individualizar o nexo etiológico com base em uma probabilidade racional ("ragionevole probabilità"): "*la valutazione del nesso di causalità giuridica, tanto sotto il profilo della dipendenza dell'evento dai suoi antecedenti fattuali, sia sotto quello della individuazione del "novus factus interveniens", si compie secondo criteri: a) di probabilità scientifica, se esaustivi, b) di logica aristotelica, se appare non praticabile o insufficiente il ricorso a leggi scientifiche di copertura, con l'ulteriore precisazione che, nell'illecito omissivo, l'analisi morfologica della fattispecie segue un percorso "speculare", quanto al profilo probabilistico, rispetto a quello commissivo, dovendosi, in altri termini, accertare il collegamento evento-comportamento omissivo*

A hipótese que se verifica nesse caso permite avançar na tese da causa adequada, conjugando seus diversos conceitos já expressos e delineando uma nova versão, atualizada para enfrentar os problemas de difícil solução, de complexidade causal. Fazendo frente quiçá às críticas de imprecisão e de, por vezes, inadequação para a resolução de um dado problema. Sobretudo aqueles que envolvem a complexidade causal, caracterizada pela multiplicidade e a concorrência.

Nessa proposição, as causas determinantes e eventuais são aquelas verificadas dentre as circunstâncias genéricas e variáveis e que aparecem efetivamente como condições eficazes e idôneas a produzir o resultado. A análise que consiste na distinção de causas, para o atendimento das demandas que se põem no plano jurídico, é feita a partir dos elementos apreciados: o "observador experiente", "a regularidade", a "finalidade".

A finalidade deve ser entendida aqui como sinônimo de adequação e idoneidade, assim chamada, no entanto, como referência ao conceito que se acresce à causa e que remonta a elaboração de Aristóteles. A causa é idônea tanto quanto é capaz de produzir o resultado, a ser verificada em processo mental de reversão dos acontecimentos, que a identifica tal como a originária do fim alcançado. É causa adequada na terminologia teórica já consagrada, como também o é "final" na ótica aristotélica e determinista das coisas. Possui por sua essência natural ou adquirida o móvel necessário a atingir determinado fim, consagrado pelo acontecimento produzido, ou seja, o resultado.

A vertente atual da causalidade adequada, a qual se advoga neste livro, é resultado da construção e da reelaboração de conceitos teóricos aprofundados ao longo da

---

in termini di probabilità inversa, per inferire che l'incidenza del comportamento omesso è in relazione non probabilistica con l'evento stesso (che si sarebbe probabilmente avverato anche se il comportamento fosse stato attuato)" (in: Cass. 18 aprile 2005, n. 7997, in Jure); Ainda, outra decisão da Suprema Corte de Cassação, de 13 de julho de 2010, n. 16381, sobre o mesmo tema da responsabilidade pela omissão médica, afirmou o caráter lógico da apuração causal: *"pertanto soccorre il richiamo alla logica aristotelica, da intendersi come riferimento alle massime di esperienza fondate sull' id quod plerumque accidit. Un processo, un avvenimento, un comportamento sono causali quando comportano, secondo le regole dell'esperienza, altri processi, avvenimenti, comportamenti".* Tartagila, a propósito, reafirma o entendimento das Sessões Unidas de 2008 (n. 581) que *"in definitiva, nel settore della responsabilità civile, l'orientamento spo sato dalle Sezioni Unite penali non trova terreno fertile. Soprattutto in materia di trattamenti medico-chirurgici, ove l'attiva sanitaria è caratterizzata da un certo grado di aleatorietà, difficilmente sussiste l'alta probabilità o la quase certezza dell'incidenza del comportamento attivo del sanitario nell'evitare il prodursi dell'evento dannoso: infatti, sia il carattere di relatività delle cono scenze mediche che la complessita" dei fattori interagenti nel caso concreto sono idonee ad escludere qualunque ragionamento in termini di certezza. Di conseguenza, nel caso di omissione medica, il rapporto eziologico sussiste quando l'intervento sanitario avrebbe avuto "serie ed apprezzabili probabilità di sucesso' nell'impedire il verificarsi dell'evento dannoso ovvero lo avrebbe scon giurato secondo il criterio del 'più probabile che non'"* (TARTAGLIA, Angelo. *Il nesso di causalità.* Milano: Giuffrè, 2008, p. 72).

história recente da preocupação em torno da causalidade na responsabilidade civil, da verificada variante de entendimento e da aplicação confusa pela jurisprudência, que exigem um esforço de uniformização de conceitos.

Essa é uma questão fundamental, pois os conceitos elaborados decorrem de uma construção que parte das variantes que a teoria passou sob a ótica de diferentes autores, da filosofia, estatística, passando pelo direito penal e civil. E, portanto, não pretendem ser conceitos estanques, ficando abertos ao preenchimento pelo intérprete, posto que devem ser avaliados como *standards* de verificação de situações genéricas e de aplicação concreta que tem por fim a mensuração da extensão dos danos para que possam ser ressarcidos. São instrumentos de auxílio ao magistrado na verificação das consequências reparáveis do dano. De um lado atuando como limitadores, atendendo ao preceito de impedir o "enriquecimento ilícito", e, por outro, à evidente necessidade de reparar a vítima que suportou os danos.

A cadeia de consequências não pode ser tão indeterminada ao ponto de se estender por via aleatória, nem tão diminuta que não abarque aquelas consequências que se apresentam de forma evidente, atentando para a eficácia da indenização.

Outra questão que se põe, em decorrência disso, é a de selecionar tais consequências indenizáveis na teia complexa de acontecimentos caracterizados pelo emaranhando de situações nas quais as causas concorrem em efetividade e cuja escolha de uma ou outra determinará o caminho da indenização.

É assim no caso da causa hipotética que não se presta realmente ao fato, ainda que revestida de potencialidade na causação do dano e que pode ser tida como uma situação de interrupção ou superveniência de outra causa, real na ligação concreta com o dano. E o é também na causa alternativa, presumida diante da ocorrência de um dano, do qual se tem por determinada a origem, na circunscrição de um grupo de agentes e de atos potenciais, mas incerteza quanto à individualização. Nesses casos, nos quais a causalidade tem sido pesquisada com um elemento de ligação para imputar responsabilidade, pode-se afirmar que é também um elemento a se considerar na apuração dos danos, uma vez que definido o papel que terá na sua primeira fase que integra a sua dúplice função.[80]

Os elementos dispostos e individualizados também servem à causa da reparação. Desempenha um papel funcional, sobretudo, o Observador Experiente, a figura onisciente, que seleciona consequências das quais decorrem o evento danoso.

---

[80] ABERKANE, Hassen. Du dommage causé par une personne indéterminée dans un groupe de personnes. *Revue Trimestrielle de Droit Civil*, t. 56, p. 542 ss., 1958; ALTHEIM, Roberto. A atividade interpretativa e a imputação do dever de indenizar no direito civil brasileiro contemporâneo. *Revista dos Tribunais*, São Paulo, v. 841, p. 127-148, nov. 2005; CAPPELARI, Récio Eduardo. A responsabilidade civil sob a perspectiva da ética pós-moderna. *Revista da Ajuris*, Porto Alegre v. 39, n. 125, p. 119-134, mar. 2012; FILIPPI, M. *Le préjudice indirect*. Lille, 1933.

Apara, modula e mede os danos, impondo-o como objeto de reparação na extensão de adequação, idoneidade, que se verifica pela sua experiência baseada no curso normal dos acontecimentos. E na capacidade de se vislumbrar pelo exercício lógico e objetivo proposto um retrospecto aos fatos ocorridos que permita identificação de um nexo de finalidade, o efeito final decorrente da causa identificada como seu móvel, assim inserido em cadeia de circunstâncias (que se apresentam genéricas e variáveis e eventuais e determinantes).

3.6 PROBABILIDADE E PREVISIBILIDADE

A doutrina costuma discutir a respeito dos elementos de probabilidade e previsibilidade na imputação dos danos, por vezes utilizando-os como requisitos e critérios de causalidade. A diferença básica que se faz é que na probabilidade estaria incutida a dimensão objetiva e estatística a respeito do desencadear de um acontecimento, enquanto a previsibilidade diz respeito à subjetividade, na capacidade de determinado indivíduo de prever o acontecimento a partir de seu referencial cognoscitivo.[81]

A associação da causalidade ao requisito de previsibilidade, de forma exclusiva, parece deformar o instituto, aproximando-se muito mais do conceito de culpabilidade.[82] A causalidade, nessa visão, seria um elemento de imputação de danos calcado na possibilidade de o sujeito causador poder prever a sucessão de fatos decorrentes do seu agir.

O entendimento aqui defendido é que esse problema se resolve recorrendo ao ato ilícito ou à culpa *lato sensu*, que inclui tanto a intencionalidade (dolo) quanto a culpa *stricto sensu*, caracterizada pela negligência, imprudência ou imperícia.

O exemplo que surge no debate, e a respeito do qual os detratores da causalidade adequada a acusam de imperfeição, é o do indivíduo A que fere levemente o indivíduo B, hemofílico, que vem a óbito em razão de uma hemorragia decorrente da sua patologia. A responsabilidade de A estaria adstrita ao dano relativo ao feri-

---

[81] Alguns ordenamentos civis, como Francês (art. 1.150, CC), o Italiano (art. 1.225, CC), entre outros códigos europeus, inserem a figura da previsibilidade na verificação da extensão dos danos decorrentes do incumprimento de uma obrigação. Discute-se, contudo, a sua aplicação no caso do ilícito extracontratual. O modelo é também conhecido na *common law* que trata da hipótese de *foreseeability*, divergente na aplicação do contrato (*contract*) da responsabilidade pelo dano (*tort*) somente pelo grau de previsibilidade exigido; que é menor no *tort* (*reasonable foreseeability*) (GNANI, Alessandro. *Sistema di responsabilità e previbilità del danno*. Torino: Giappichelli, 2008, p. 136-137). O direito brasileiro não adotou o critério legislativo da previsibilidade das consequências, preterindo a subjetividade, na quantificação do dano – ao menos no que diz respeito à majoração.

[82] ORGAZ, Alfredo. *El daño resarcible*: actos ilícitos. Buenos Aires: Depalma, 1967, p. 49.

mento, não à morte, na ótica daqueles que dizem que a causalidade adequada não apontaria para outro desenrolar por seus requisitos. E que, nesse caso, a se considerar o fato de que o indivíduo "A" soubesse da doença, e que teria, por essa razão, deliberadamente ferido "B", para ocasionar a morte, a teoria em apreço estaria assim por deixar sem reparo indenizatório o evento mais grave.

A probabilidade de que o ferimento provocado – dito leve – causasse a morte seria, em termos estatísticos, remota, apontando o bom senso relativo ao curso normal das coisas à não responsabilização do indivíduo A no exemplo colhido. Essa é uma crítica reiterada daqueles que entendem que a teoria da causalidade adequada apresentaria uma falha grave, para a qual se empenham em corrigi-la ou simplesmente desmontá-la com o argumento da necessidade de se avaliar o aspecto psíquico consistente na intenção do sujeito, para que o percurso causal a seguir possa determinar a correta imputação de danos.

Aqueles que aderem a outras teorias causais, justamente, apontam para o descrédito da teoria da adequação, em consideração aos conceitos formulados pela doutrina que normalmente tratou do tema e chegam a afirmar que a própria jurisprudência que a aplica tende muitas vezes a forçar a utilização de critérios ao ponto de conformá-los com uma pré-compressão dos fatos que se apresentam.[83]

Entende-se, diferentemente dessa posição, que tal circunstância decorre mais do desconhecimento da teoria da causalidade adequada, ou da falta de conformação de seus elementos constituintes, do que propriamente pela intenção de ajustá-los à situação. A tese em curso, ademais, tem a pretensão de dar luz ao debate e contribuir para uma maior assertividade teórica e de uniformização na aplicação prática dos julgados.

No exemplo, o observador, como regra de aferição, deverá considerar se o indivíduo tinha conhecimento da hemofilia, mas como um elemento da culpabilidade já demonstrada, e não como da causalidade; essa será direcionada ao curso dos acontecimentos após a tal constatação. O elemento volitivo é balizador, mas não se confunde com o causal. Pode orientar a causalidade, mas não a integra como critério de apuração de consequências.

O que se afirma é que a questão da intencionalidade ou da negligência se dá no âmbito da comprovação da ilicitude da conduta, para fins de aplicação da regra geral da responsabilidade civil, e que o observador, como se quer, é um ente que analisa a imputação causal propriamente dita. São circunscrições teóricas distintas, que se inter-relacionam, mas que atuam como elementos distintos, sobretudo na fase da verificação dos danos (segunda função da causalidade), na qual a responsabilidade já está configurada, cabendo apurar a extensão e os limites da reparação.

---

[83] Nesse sentido, BARBOSA, Ana Mafalda Castanheiras Neves de. *Do nexo de causalidade ao nexo de imputação*. Cascais: Principia, 2013, v. I, p. 126.

Se o sujeito A, do exemplo, conhecia a condição do sujeito B, e tinha a intenção de causar-lhe a morte, é porque havia o elemento do dolo; se sabia, e mesmo assim o atingiu, pode ter sido negligente e assumido o risco do dano produzido. São situações verificáveis na primeira série causal estabelecida na responsabilidade civil, em que a causalidade cumpre seu primeiro papel de liame entre o ato e o dano.

Na hipótese em que A desconhecesse a situação de B, sua responsabilidade ficaria limitada aos danos decorrentes do ferimento. A menos que se entenda que nessa cadeia causal estabelecida, e em face da condição frágil de "B", teria "A" desencadeado uma situação de risco, sem a qual o dano não teria ocorrido.

Muitos autores justificam,[84] em exemplos como esse, a responsabilização do indivíduo causador de um dano menor pelo fato do dano maior decorrente, pela hipótese do "risco criado".[85] Essa visão se assemelha à da teoria da equivalência das condições ou da *sine qua non*, e pode abrir a porta da indefinição que a teoria da causa adequada pretendeu delimitar. Ao menos nos casos de responsabilidade extracontratual por ato ilícito, desconsiderando os casos de responsabilidade objetiva, por dano ambiental, por exemplo, que tem por fundamento a teoria do risco.

O ato de menor gravidade cometido por determinado sujeito, no sentido de causar um dano menor, não pode abarcar os danos maiores, ainda que tenha criado as circunstâncias para que se deflagrem. As situações mais gravosas havidas pelas precondições estabelecidas não configuram o curso normal dos acontecimentos (exceto, como se disse, frente à prova da culpabilidade), e poderiam gerar a responsabilidade pelo improvável, imponderável, admitindo a aleatoriedade como regra para a reparação.

Há que se ter presente, contudo, também o fato de que a precondição pudesse ser prevista pelo indivíduo "A", não que a soubesse, mas pelas circunstâncias genéricas, a doença pudesse ser previsível, por exemplo, se ocorresse dentro de um hospital, de uma ala de tratamento de hemofilia. Nesse caso, não é o caráter subjetivo que se analisa, mas o objetivo, porque tal fato seria provável em face das circunstâncias.

---

[84] TRIMARCHI, Pietro. *Causalità e danno*. Milano: Giuffrè, 1967, p. 90 ss.; QUÉZEL-AM-BRUNAZ, Christophe. *Essai sur la causalié en droit de la responsabilité civile*. Paris: Dalloz, 2010, p 328-330; MAZEAUD, Henri; MAZEAUD, León; CHABAS, François, *Leçons de droit civil*, op. cit, p. 659; MOORE, *Causation and responsibility*. Oxford: Oxford University Press, 2002 p. 100; HART, Herbert Lionel Adolphus; HONORÉ, Tony. *Causation in the law*. Oxford: Oxford University Press, 2002, p. 13-21.129 ss.; VANDERSPIKKEN, Anja; COUSY, Herman. *Causation under the Belgian Law*, op. cit., p. 28; WIDMER, Pierra. *Causation Under the Swiss Law*, p. 111-112; MAGNUS, Ulrich. *Causation under the german law* 66-67, 71-72; KOZIOL, Helmut. *Causation under the austrian law*, p. 17.

[85] Vide a propósito BARBOSA, Ana Mafalda Castanheiras Neves de Miranda. *Responsabilidade Civil Extracontratual: Novas Perspectivas em Matéria de Nexo de Causalidade*. Cascais: Principia, 2014, p.76-78; FRADA, Manuel A. Carneiro. *Direito civil, responsabilidade civil: o método do caso*. Coimbra: Almedina, 2011, p. 104-105.

A interrupção que exclui a responsabilidade, como se verá adiante, é aquela que desvia o curso normal da cadeia causal, ou seja, a que sofre a intervenção de um fato extraordinário que, por sua vez, instaura nova cadeia de acontecimentos, afastando a adequação criada pela primeira cadeia, para dar lugar a outros fatores de causação, ainda que o resultado possa ter sido potencialmente o mesmo da cadeia primária.

A descrição dos fatos, a comprovação dos acontecimentos, é primordial à verificação da responsabilidade e contribuirá essencialmente para que o observador experiente cumpra seu papel, adstrito à segunda fase de apuração de consequências decorrentes do evento dano, momento no qual já se superou a identificação do elemento subjetivo necessário à hipótese.

4

CAUSALIDADE JURÍDICA NA SELEÇÃO DAS CONSEQUÊNCIAS

Sumário 4.1. Reparação integral e o critério da causalidade jurídica - Artigos 944 e 945 do Código Civil 4.2. Expansão e delimitação das consequências – Artigo 403 do Código Civil 4.3. Causalidade necessária – *leading case* brasileiro

No Capítulo 1 deste livro se discorreu sobre a dupla função que a causalidade assume, servindo, de um lado, como critério para a imputação do ato ilícito na formação da obrigação ressarcitória da responsabilidade civil, e, de outro, de regra autônoma para a verificação das consequências danosas a serem ressarcidas – dita causalidade jurídica. Na aplicação da causalidade jurídica já está caracterizada a responsabilidade do agente, importando a ela delimitar a extensão das consequências.

Sua utilização serve como método de apuração do dano que se utiliza de elementos de verificação causal para a seleção das consequências indenizáveis. A mecânica de aplicação parte de um juízo hipotético e objetivo baseado em um *standard* de observação, denominado "observador experiente", e que permite a verificação de regularidade e normalidade, e da análise de variáveis de probabilidade.[31]

---

[31] Ludovico Berti afirma, a respeito da causalidade jurídica e de um juiz hipotético na delimitação das consequências, que: "*la delimitazione delle conseguenze risarcibili si fonda su di un giudizio ipotetico che riguarda il rapporto tra evento e danno con il quale si transforma il danno in un pregiudizio rilevante per il nostro ordinamento e quindi degno della tutela minima che è quella risarcitoria. Questo processo eziologico, il cui onere probatorio è in capo al danneggiato, identifica esattamente il danno rendendolo "risarcibile" poiché delimita tra le*

As regras que fundamentam essa hipótese e que permitem a elaboração dos aludidos mecanismos de apuração formam o regime de imputação de consequências que no atual Código Civil brasileiro está disposto de forma esparsa, compondo-se de dispositivos que se encontram em partes distintas e que devem ser reunidas para a compreensão da aplicação das normas de reparação na responsabilidade civil extracontratual.

É entendimento desta obra que a imputação das consequências do dano, em matéria de responsabilidade civil, que é objeto específico deste estudo, dá-se pela aplicação da causalidade jurídica.

O que se observa de um modo geral, nas diversas codificações europeias e latino-americanas, é que não houve preocupação expressa em estabelecer critérios específicos para a formação de um regime de imputação de consequências danosas, com exceção ao Código Civil argentino de Vélez Sarsfield e o atual, de vigência recente, que estabelecem um compêndio de normas específicas e adotam a teoria da causalidade adequada.

O uso da causalidade para a aferição das consequências do dano, especialmente, é resultado de uma construção dogmática, sobretudo, em países como Itália, França[32] e Portugal, onde a doutrina e a jurisprudência fazem menção expressa à dúplice função de gerar a obrigação ressarcitória e de selecionar os danos, partindo de normas de conteúdo semelhante ou idêntico ao incorporado no diploma civil brasileiro.

---

conseguenze pregiudizievoli, quelle che è legittimo riferire al danneggiante" (BERTI, Ludovico, op. cit., p. 88).

[32] Sabard, na França, fala em *"deux étage de causalité"*, o primeiro marcado por uma causalidade primária (*"causalité primaire"*), que une o fato gerador da responsabilidade ao dano, e a causalidade secundária (*"causalité seconde"*), que une o fato da reparação ao agente. Assim, segundo a autora: *"quelle que soit la nature du processus de réparation, deux liens de causalité peuvent être observés et doivent être caractérisés. La causalite doit exister en amont du dommage et em aval du dommage. En amont du dommage, elle revient à determiner la cause du dommage. En aval du dommage, elle revient à mettre en lumière les préjudices qui sont la conséquence du dommage"* (SABARD, Olivia, op. cit., p. 368); vide ainda: BONNET, D. *Cause et condition dans les actes juridiques.* Paris: LGDJ, 2005; CROISET, Alfred. *Essai d'une philosophie de la solidarité:* conferénces et discusions. 2. ed. Paris: Felix Alcan, 1907; GERKENS, J.-F. *"Aeque perituris..." une approche de la causalité dépassante en droit romain classique.* Liège: Collection Scientifique de la Faculté de Droit, 1997; G'SELL-MACREZ, F.; MUIR WATT, H. *Recherches sur la notion de causalité.* Paris: [s.n.], 2005; GUEX, F. *La rélation de cause à effet dans les obligations extra-contractuelles.* Paris, 1904, p.22; LAGOUTTE, J.; SAINT-PAU, J.-C.; WICKER, G. *Les conditions de la responsabilité en droit privé éléments pour une théorie générale de la responsabilité juridique.* [S.l.], [s.n.], 2012; MARTEAU, P. *La notion de la causalité dans la responsabilité civile.* Marseille: Barlatier, 1914; NICOLESCO, M. *La Notion de dommage direct: étude de doctrine et de jurisprudence sur le problème causal en matière de responsabilité civile.* Paris: Les Presses Modernes, 1931; RODIÈRE, R.; PÉDAMON, M. *Faute et lien de causalité dans la responsabilité délictuelle:* étude comparative dans les pays du Marché commun. Paris: Pedone, 1983.

CAUSALIDADE JURÍDICA NA SELEÇÃO DAS CONSEQUÊNCIAS | **97**

Há, no Brasil, contudo, evidente carência de elaboração teórica acerca do estudo da causalidade na perspectiva da apuração do dano. A discussão sobre o tema fica adstrita ao nexo causal com um dos pressupostos da obrigação indenizatória – e mera referência à possibilidade de se utilizá-la em uma segunda fase de imputação de consequências.[33] Há também dificuldade prática em função do desencontro conceitual e a falta de unidade nas decisões que a abordam.[34]

No contexto europeu, é importante referir a um conjunto de regras e princípios sugeridos para a uniformização do direito em matéria de responsabilidade civil que trazem normas específicas.[35] O projeto de harmonização em matéria de responsabilidade civil para a comunidade europeia, elaborado pelo European Group on Tort Law (EGTL), estabelece um capítulo específico disciplinando o tema da causalidade (Capítulo 3), a teoria adotada (Seção 1, art. 3:101: *conditio sine qua non*), as causas concorrentes (art. 3:102) e alternativas (art. 3:103), as causas potenciais (art. 3:104), a causalidade parcial incerta (3:105 e 3:106), e, especialmente, trata do problema da extensão da responsabilidade (Seção 2, art. 3:201).[36]

---

[33] Aguiar Dias, a propósito, ressalta a "importância da causalidade no campo da reparação do dano", segundo o autor, o "problema que imediatamente se propõe a quem intentar investigar o dano é resolver entre estes dois pontos de vista: ou aguardar o fim do ciclo de consequências provocadas pelo dano, ou proceder desde logo a sua delimitação" (DIAS, Aguiar, op. cit., p. 973); Segundo Mulholland, "o nexo de causalidade é ao mesmo tempo o componente da obrigação de indenizar que serve a identificar o responsável por reparar o dano – através do estabelecimento de uma ligação de causa e efeito entre uma conduta ou atividade e o dano que visa reparar – e o limitador do *quantum* indenizatório – através da demarcação das verbas indenizáveis" (MULHOLLAND, Caitlin Sampaio. *A responsabilidade civil por presunção de causalidade*. Rio de Janeiro: GZ, 2010, p. 57).

[34] Segundo Mulholland, "as diversas decisões judiciais que adotam teses opostas para justificar a investigação do nexo e a existência de uma obrigação de reparar nada mais apresentam do que uma aplicação pelos juízes do 'princípio do bom senso'", e complementa, afirmando que "não há concordância quanto às teorias adotadas e o magistrado simplesmente julga levando em conta muito mais uma ideia de bom senso do que a busca por uma cientificidade ou racionalidade, ou, ainda, juridicidade para a causalidade" (MULHOLLAND, Caitlin, op. cit., p. 58; LOREN-ZETTI, Ricardo L. *Teoria da decisão judicial:* fundamentos de direito. 2. ed. São Paulo: Revista dos Tribunais, 2010; GUASTINI, Riccardo. *Das fontes às normas*. São Paulo: Quartier, 2005; BERDAGUER, J. *Causalidad y responsabilidad aquiliana:* un nuevo enfoque sobre "la causalidad" en la naturaleza y en el derecho, desde las perspectivas de la teoría del derecho y del derecho positivo. Montevideo: Fundación de Cultura Universitaria, 2013; LARENZ, Karl. *Derecho civil:* parte geral. Traduzido por Miguel Izquierdo y Macías-Picavea. Madri: Editorial Revista de Derecho Privado, 1978; LÉVESQUE, M. *Le lien de causalité*. Québec: Qué, Université Laval, Faculté de Droit, 1998; RAZ, Joseph. *A moralidade da liberdade*. São Paulo: Campus, 2011).

[35] *Principles of european tort law*, European Group of Tort Law, http://www.egtl.org/principles/project.htm.

[36] Capítulo 3. Causalidade Secção 1. *Conditio sine qua non* e outros encadeamentos causais Art. 3:101. *Conditio sine qua non*. Uma atividade ou conduta (doravante: 'atividade') é causa do dano se, na ausência dessa atividade, este não tivesse ocorrido. Art. 3:102. Causas concorrentes. No caso de existirem várias atividades e se cada uma delas, por si só, teria causado o

Mesmo não enfrentada de forma expressa, a utilização da causalidade, como um instituto de natureza autônoma, não pode ser descartada. Os próprios dispositivos inseridos no atual código brasileiro permitem essa interpretação, como se pretende demonstrar, partindo, sobretudo, das normas que adotam o princípio da reparação integral do dano (arts. 403 e 944, CC) e culminando na leitura hermenêutica dessas regras para o atendimento reparação.

4.1 REPARAÇÃO INTEGRAL E O CRITÉRIO DA CAUSALIDADE JURÍDICA

A imputação das consequências do dano, compreendendo a medida e a extensão da reparação, é governada pelo princípio da reparação integral,[37] segundo o qual, na ocorrência do dano, deve-se reestabelecer a situação fática daquele que o

---

dano simultaneamente, cada uma delas será considerada como causa do dano. Art. 3:103. Causas alternativas. (1) No caso de existirem várias atividades, sendo que cada uma delas, por si só, teria sido suficiente para produzir o dano, mas em que persiste incerteza sobre qual efetivamente o causou, cada uma será considerada como causa do dano até ao limite correspondente à probabilidade de o ter causado. (2) Se, havendo vários lesados, persistir a incerteza sobre se o dano de um deles foi causado por uma atividade e sendo provável que esta não tenha causado danos a todos, a atividade será considerada como a causa do dano sofrido por todos na proporção da probabilidade de ter causado dano a um deles. Art. 3:104. Causas potenciais. (1) Se uma atividade causou definitiva e irreversivelmente um dano ao lesado, uma actividade posterior que, por si só, poderia ter causado o mesmo dano não deve ser tomada em consideração. (2) Uma atividade posterior deve, contudo, ser tomada em consideração se provocou um dano adicional ou se agravou o dano inicial. (3) Se a primeira atividade causou um dano contínuo e a atividade posterior teria causado o mesmo dano, ambas serão consideradas como causa do dano contínuo a partir deste segundo momento. Art. 3:105. Causalidade parcial incerta. No caso de existirem várias atividades, sendo certo que nenhuma delas causou o dano por inteiro ou uma parte determinável deste, presume-se uma contribuição em quotas-partes iguais daquelas atividades que provavelmente contribuíram, ainda que de forma mínima, para a ocorrência do dano. Art. 3:106. Causas incertas no âmbito da esfera do lesado. O lesado deverá suportar o prejuízo na medida correspondente à probabilidade de este ter sido causado por uma atividade, ocorrência ou qualquer outra circunstância que se situe no âmbito da sua própria esfera, incluindo eventos naturais. Secção 2. Extensão da responsabilidade. Art. 3:201. Extensão da responsabilidade. Quando o nexo de causalidade tiver sido estabelecido de acordo com a Secção 1 deste Capítulo, se ou em que medida o dano deverá ser imputado a uma pessoa depende de fatores como: a) a previsibilidade do dano para uma pessoa razoável no momento da atividade, tomando em consideração especialmente a proximidade temporal ou espacial entre a atividade causadora do dano e a sua consequência, ou a dimensão do dano em relação com as consequências normais daquela atividade; b) a natureza e o valor do interesse protegido (Art. 2:102); c) o fundamento da responsabilidade (Art. 1:101); d) os riscos normais da vida; e e) o fim de proteção da norma violada.

[37] GRARE, Clothilde. *Recherches sur la coherence de la responsabilité délictuelle*. Paris: Dalloz, 2005, p. 197.

suportou; senão na forma como se encontrava antes do evento ao menos por meio de indenização, abrangendo a integralidade dos prejuízos suportados.[38]

Segundo Grare, a reparação não deve ser inferior ao prejuízo, tampouco deve ultrapassar o prejuízo (*"la réparation ne doit pas être inférieure ao préjudice, la réparation ne doit pas dépasser le préjudice"*).[39] O princípio da reparação integral visa à proteção da vítima do dano, a sua reparabilidade na exata medida do prejuízo que suportou.

Grare explica que Domat, ao longo do preâmbulo e dos artigos do título dedicado aos "danos e interesses" (*dommages et intérêts*), na obra *Les loix civiles dans leur ordre naturel*, de 1689, já insistia a respeito do impacto das "circunstâncias"; para Domat, duas seriam as circunstâncias apreciáveis no âmbito dos danos: "a qualidade do fato" que faz surgir o prejuízo e as "circunstâncias que se seguem ao fato", esta, relativa à causalidade.[40]

O início do desenvolvimento do princípio da reparação integral sob a atual formulação,[41] nas atuais codificações, dá-se a partir do disposto no artigo 1.149 do *Code Civil*, ao estabelecer que a indenização pelos prejuízos gerados pelo incumprimento da obrigação contratual deve abranger os lucros cessantes e danos emergentes.[42] A jurisprudência tratou de estender a regra aos danos havidos na responsabilidade extracontratual.

---

[38] Sanseverino diz que o "princípio da reparação integral ou plena, também chamado de equivalência entre o dano e a indenização, como indicado por sua própria denominação, busca colocar o lesado em situação equivalente à que se encontrava antes de ocorrer o ato ilícito, ligando-se diretamente à sua própria função da responsabilidade civil, que é fazer desaparecerem, na medida do possível, os efeitos do evento danoso" (SANSEVERINO, Francisco. *Princípio da reparação integral*. São Paulo: Saraiva, 2010, p. 19); Grare diz que o princípio da reparação integral é constantemente mencionado pela jurisprudencia francesa e aparece em expressões como "todos os prejuízos devem ser reparados" e "a reparação deve ser equivalente ao prejuízo" (GRARE, Clothilde, op., cit., p. 198).

[39] Idem, p. 199.

[40] DOMAT, *Les loix civiles dans leur ordre naturel*, 1689, 1ª Partie, Livre III, Titre V: *"Car on doit premièrement considérer la qualité du fait d'où le dommage est arrive, comme si c'est un crime, un délit, une tromperie; ou si c'est seulement quelque faute, quelque négligence, où l'inexécution involontaire d'un engagement. Car, selon ces différences, les dedommagemens peuvent être, ou plus grand, ou moindre"*, On doit aussi considérer les événements que ont suivi e fait, et s'ils sont tel qu'on doive imputer à celui qui en est l'auteur, ou s'ils sont tel qu'on doive les imputer à celui qui en est l'auteur ou s'il'y trouve d'autres causes jointes, et que toutes ces suites ne doivent pas lui être imputer", (GRARE, Clothilde, op. cit., p. 201).

[41] VINEY, Geneviève; JOURDAIN, Patrice. *Traité de droit civil.[2]: Les obligations:[5]. Les effets de la responsabilité: exécution et réparation en nature, dommages et intérêts, aménagements légaux et conventionnels de la responsabilité, assurance de responsabilité. Paris: LGDJ, 2001, p. 112.

[42] Na doutrina francesa, igualmente, diz-se que *"la mesure de la réparation par équivalent est gouvernée par le prínicpe de réparation integrale"*; trad. livre: "a medida da reparação

A expressão *"réparation integrale du préjudice"* é utilizada inicialmente no princípio do século XX na obra de Baudry-Lacantinerie e Barde. Segundo esses autores, *"quant à l'étendue de la réparation, le principe est des plus simples: l'auteur du délit ou quase-délit est tenu de réparer tout le dommage qui en est la conséquence"*, concluindo, em seu trabalho, que esse princípio é *"celui de la réparation integrale"*.[43]

No direito brasileiro, desde Teixeira de Freitas, em seu *Esboço*, já se adotara o denominado princípio da reparação integral do dano, consistente na ideia de que todos os prejuízos suportados pela vítima de um dano devem ser reparados, *in natura*, ou, na sua impossibilidade, pela indenização pecuniária.[44]

O mesmo conteúdo foi incorporado implicitamente no Código Civil brasileiro de 1916, no artigo 1.059,[45] e, atualmente, vem expresso no Título IV, "Do Inadimplemento das Obrigações", Capítulo III, intitulado "Das Perdas e Danos" no artigo 402, que reza: "Salvo as exceções expressamente previstas em lei, as perdas e danos devidas ao credor abrangem, além do que efetivamente perdeu, o que razoavelmente deixou de lucrar".

O princípio da reparação integral passou a constar também da regra prevista no artigo 944 do atual Código Civil de 2002, inserido na parte referente à indenização nos casos de responsabilidade civil (Título IX, "Da Responsabilidade Civil", Capítulo II, "Da Indenização"), dispondo expressamente que "a indenização se mede pela extensão do dano".[46]

é governada pelo princípio da reparação integral" (GRARE, Clothilde. *Recherches sur la cohérence de la responsabilité délictuelle:* L'influence des fondements de la responsabilité sur la réparation. Paris: Dalloz, 2005, p. 197), e é abordada comumente em obras como VINEY, Geneviève; JOURDAIN, Patrice. *Traité de droit civil.[2]: Les obligations:[5]. Les effets de la responsabilité: exécution et réparation en nature, dommages et intérêts, aménagements légaux et conventionnels de la responsabilité, assurance de responsabilité.* Paris: LGDJ, 2001, p. 111; MAZEAUD, Henri; MAZEAUD, Léon; CHABAS, François. *Leçons de droit civil.* Paris: Montchrestien, 1998.

[43] GARE, Clothilde, op. cit., p. 213; a obra de BAUDRY-LACANTINERIE, G; BARDE, L. *Traité théorique et pratique de droit civil:* des obligations. 3. ed. 1908, t. 4, n. 2874, p. 578.

[44] Busca-se na responsabilidade civil restabelecer a situação em que se encontrava o lesado anteriormente à ocorrência de um dano, situação que se coloca muitas vezes impossível, no caso de morte, por exemplo, de tal modo que se persegue a reparação mais completa possível; nesse sentido: SANSEVERINO, Paulo de Tarso. *A reparação integral.* São Paulo: Saraiva, 2010, p. 48; MARTINS COSTA, Judith. *Comentários ao Código Civil:* do inadimplemento das obrigações. Rio de Janeiro: Forense, 2003; TEIXEIRA DE FREIAS, Augusto. *Código Civil:* esboço. Brasília: Ministério da Justiça, Departamento da Imprensa Nacional, 1983.

[45] CC de 1916, art. 1.059: Salvo as exceções previstas neste Código, de modo expresso, as perdas e os danos devidos ao credor abrangem, além do que efetivamente perdeu, o que razoavelmente deixou de lucrar.

[46] Código Civil brasileiro, artigo 944: "a indenização mede-se pela extensão do dano". O artigo 945 do Código Civil prevê: "Se a vítima tiver concorrido culposamente para o evento danoso,

Para Sanseverino:

> O princípio da reparação integral do dano é grande diretriz sistemática a ser perseguida pelos operadores do direito, particularmente pelos juízes, no momento da quantificação da indenização, que deve guardar uma relação de equivalência com a extensão dos prejuízos efetivamente suportados pelo lesado.[47]

O texto da norma abriga a tese da reparação pelo critério da causalidade, possibilitando a verificação da extensão do dano (suas consequências) pela adoção de um critério eminentemente jurídico – e objetivo. A regra, no entanto, não se apresenta de forma absoluta, na medida em que o parágrafo único do artigo 944 traz uma ressalva, prevendo que: "se houver excessiva desproporção entre a gravidade da culpa e o dano, poderá o juiz reduzir, equitativamente, a indenização".

A exceção surge como medida de contrapeso. O critério expresso para a redução é o do "grau de culpa", devendo o magistrado se valer da "equidade" para cumprir essa tarefa. A interpretação que comumente se extrai é que não seria justo nem razoável comprometer o patrimônio de uma vida por um mero deslize, podendo nesse caso o juiz diante de uma desproporção entre a conduta do agente causador (se mínima) e o dano havido (se de grande monta) reduzir a indenização.[48]

---

a sua indenização será fixada tendo-se em conta a gravidade da sua culpa em confronto com a do autor do dano".

[47] SANSERVERINO, Paulo de Tarso, op. cit. p. 97.

[48] Na obra revisada de Caio Mario, sobre a possibilidade de minoração da indenização, conforme o parágrafo único do artigo 944, refere que a regra gera discussão, suscitando "um possível retrocesso à noção de culpa psicológica em responsabilidade civil" (SILVA, Caio Mário Pereira, op. cit., p. 326). Anderson Screiber refere que "culpa normativa", que é aferida por meio de uma análise em abstrato, ainda que verificada "à luz de *standards* variados de comportamento", invocaria "a jamais superada discussão acerca dos graus de culpa". Tema que tem sua fonte no Direito Romano, sobretudo a partir da releitura e sua ideia de classificar e categorizar o comportamento como na tripartição em culpa grave, leve e levíssima. O autor alerta para a irrelevância do grau de culpa para a verificação do *quantum*, sendo ela avaliada objetivamente com intuito de "proteger o responsável civil" pelo "ônus excessivo" em certas situações (SCHREIBER, Anderson, op. cit., p. 43-44). A propósito da inovação trazida pelo parágrafo único do artigo 944, o autor afirma que pode ser vista com uma atenuação do método abstrato, mas ressalva que "de forma alguma significa uma retomada da concepção psicológica da culpa, seja porque a norma se limita à redução, seja porque trata exclusivamente da quantificação do dever de indenizar, e não de sua deflagração, para a qual mesmo a leve desconformidade com o *standard* específico de comportamento se mostra suficiente", idem, p. 45. Marcelo Junqueira Calixto, por sua vez, afirma que é possível concluir que no atual ordenamento houve a "adoção de um conceito mais objetivo ou normativo da culpa, o qual teria como principal característica considerar a culpa como simples desvio de um padrão de conduta socialmente previsto e imputável ao agente", para em seguida afirmar que, considerando a "tal construção doutrinária", houve um "equívoco" no disposto no parágrafo único do artigo 944, por lhe faltar "um pressuposto básico para a

O debate sobre o uso do critério do "grau de culpa" como exceção ocorreu na I Jornada de Direito Civil, promovida pelo Conselho de Justiça Federal, que elaborou e aprovou o enunciado n. 46, fazendo ressalva à aplicação do disposto no parágrafo único, considerando sua utilização de modo restritivo:

> Enunciado n. 46. Art. 944: A possibilidade de redução do montante da indenização em face do grau de culpa do agente, estabelecida no parágrafo único do art. 944 do novo Código Civil, deve ser interpretada restritivamente, por apresentar uma exceção ao princípio da reparação integral [,] não se aplicando às hipóteses de responsabilidade objetiva.[49]

A regra se coaduna com as normas estrangeiras que atentam para a situação de deterioração da condição financeira do devedor responsabilizado. O Código Civil português, que, com o mesmo objetivo declarado, adotou, ainda, regra mais

---

sua aplicação", que no seu entendimento constituiria na "relevância da divisão da culpa em seus distintos graus" (CALIXTO, Marcelo Junqueira. *A culpa na responsabilidade civil*. São Paulo: Renovar, 2008, p. 308-309).

[49] A parte final "*não se aplicado às hipóteses de responsabilidade objetiva*" foi suprimida pelo Enunciado n. 380 da IV Jornada de Direito Civil do mesmo Conselho de Justiça Federal. Este enunciado expressa a posição dos membros do Conselho que entenderam por relevante resguardar prioritariamente a vítima do dano, e se coaduna com o entendimento exarado no Enunciado 379, onde se lê: "art. 944: O art. 944, *caput*, do Código Civil não afasta a possibilidade de se reconhecer a função punitiva ou pedagógica da responsabilidade civil". A posição se baseia em um entendimento controverso a respeito da função da responsabilidade civil, e da aplicação do modelo de *punitive damages* da *common law*. Alguns autores defendem a tese da aplicação de conceitos do que chamam "solidarismo" e que visam à proteção da vítima do dano em atenção aos princípios constitucionais, como o previsto no artigo 5º, XXXVV, da CF, e que permitiria a integração de uma "visão contemporânea do princípio *neminem laedere*". Nesse sentido: CARVALHO, Washington Rocha de; MARTINS, Pedro A. Batista; DONNINI, Rogério; OLIVEIRA, Gleydson Kleber de, in *Comentários ao Código Civil brasileiro* (coord. ARRUDA ALVIM, Thereza), v. III, São Paulo: Forense, 2013, p. 445-460. A posição é discutível, tanto pela aplicação de uma penalidade (nos moldes dos chamados *punitive damage*) ao ofensor, que desvirtua o objetivo da responsabilidade civil, que é a reparação, como a visão unilateral esboçada em uma ideia de "solidarismo". É de se notar que nem sempre a parte mais frágil da relação é a da vítima, podendo sê-la o ofensor. De tal modo que a regra da redução prevista no código ocorre como forma de justamente estabelecer um equilíbrio entre as partes, em consideração as circunstâncias do grau de participação, proporcionalidade, e, eventualmente, até do patrimônio de cada de uma delas, como quer, por exemplo, o artigo 928, quanto ao dano causado por incapazes, que limita a indenização a montante equitativo que não comprometa o mínimo necessário ao sustento do incapaz ou de seu responsável. Não seria justo, nessa então perspectiva, aquele que causa um dano por mero deslize ter comprometido toda a sua vida financeira. Do mesmo modo, poder-se-ia pensar naquele que tem poucas posses e condições financeiras viesse a ser responsabilizado pelo dano de grande monta causado ao que possui riqueza. A via dos seguros se apresenta ainda mais eficiente ao atendimento das demandas havidas em uma sociedade de tráfego intenso.

abrangente à redução, levando em consideração o patrimônio do agente causador, quando esse for desproporcional ao da própria vítima.

> Artigo 494. Quando a responsabilidade se fundar na mera culpa, poderá a indenização ser fixada, equitativamente, em montante inferior ao que corresponderia aos danos causados, desde que o grau de culpabilidade do agente, a situação econômica deste e do lesado, e as demais circunstâncias do caso o justifiquem.

A atenção ao princípio da equidade fica evidente na racionalidade da norma, salientando a necessidade de se manter um equilíbrio na relação jurídica estabelecida entre lesante e lesado.

O mesmo se diz do Código Federal Suíço das Obrigações, conforme o artigo em que se lê:

> Art. 44. [...] Se o obrigado à indenização que não causou o dano nem intencionalmente nem por negligência grave, ficar, pela prestação da indenização reduzido a estado de necessidade, poderá o juiz, também por esse motivo, minorar a obrigação de indenizar.

A jurisprudência francesa, por seu turno, desde o século XIX, faz referência ao princípio de moderação, levando em consideração a situação econômica do devedor do dano para eventualmente reduzir o montante da indenização e manter o equilíbrio entre o autor e a vítima.[50]

Na Itália, onde se verifica regra semelhante à brasileira, o artigo 1.227 do Código Civil prevê que: "*se il fatto colposo del creditore ha concorso a cagionare il danno, il risarcimento è diminuto secondo la gravita della colpa e l'entità delle conseguenze che ne sono derivate*". A doutrina italiana, especialmente Berti, entende que a regra expressa os dois aspectos compreendidos na causalidade, o relativo à materialidade, que verifica a participação do lesado ("*creditore*") e sua conduta, e outra estritamente jurídica, que consiste na delimitação dos danos.[51]

---

[50] Segundo Ripert, "*il est de jurisprudence constante que le dommage peut être réduit et détérminé suivant le dommage souffert, et eu égard à la fortune de celui qui doit la réparation*" (RIPERT, L. *La réparation du préjudice dans la responsabilité civille délictuelle*. Paris: Dalloz, 1933, n. 95). Raciocínio que é formulado de forma análoga no artigo 2.024 do Code Civil, modificado pela Lei n. 98.657, de julho de 1998, cf.: "*Toutes les fois que la caution a fait l'indication de biens autorisée par l'article précédent, et qu'elle a fourni les deniers suffisants pour la discussion, le créancier est, jusqu'à concurrence des biens indiqués, responsable à l'égard de la caution, de l'insolvabilité du débiteur principal survenue par le défaut de poursuites. En toute hypothèse, le montant des dettes résultant du cautionnement ne peut avoir pour effet de priver la personne physique qui s'est portée caution d'un minimum de ressources fixé à l'article L. 331-2 du code de la consommation*".

[51] BERTI, Ludovico, op. cit., p. 102.

A concepção de uma visão objetiva de reparação do dano, que para sua extensão e majoração prescinde da verificação da intencionalidade em maior ou menor grau do comportamento do agente, reforça o caráter jurídico de seleção de consequências atribuído à causalidade – e, sobretudo, ao modelo de aplicação que se defende neste livro.[52]

Além do que dispõe o parágrafo único do artigo 944, é também relevante analisar o que prescreve o artigo 945, que traz a hipótese de culpa concorrente entre autor e vítima para a causação do dano: "se a vítima tiver concorrido culposamente para o evento danoso, a sua indenização será fixada tendo-se em conta a gravidade de sua culpa em confronto com a do autor do dano".

Apesar da menção expressa à "culpa", ao que parece, o legislador estaria se referindo ao grau de participação ou de envolvimento da vítima na produção do evento danoso, problema mais relacionado à causalidade do que propriamente ao elemento volitivo do sujeito.[53] Não é a função do direito civil a aplicação de uma penalidade, baseada no elemento intencional, como quer o direito penal. Aqui, constatado o ato ilícito praticado, o interesse é de impedir que uma das partes seja responsabilizada pela integralidade do dano, quando resta evidente que houve concorrência do próprio lesado para a produção do resultado.

Esse raciocínio é esboçado por Pontes de Miranda, ao mencionar que a função da responsabilidade está na reparação, pelo critério da causalidade, e não de sanção de culpas, como se lê:

---

[52] Caio Mario afirma que "a indenização e o dano serão mensurados por sua extensão, conforme expressam os artigos 403 e 944 do Código, não se atendo, na sua quantificação, ao grau de culpa do agente, mas somente ao vulto efetivo dos prejuízos. E mais: "o princípio da extensão do dano, que destaca a necessidade de se destacar a totalidade do dano como regra, demonstra a função eminentemente compensatória da responsabilidade civil, eis que o aspecto punitivo já é considerado, quando for o caso, na seara criminal, em que é indispensável aferir a culpabilidade para determinar a pena. Assim, não é possível majorar o valor de um dano com o fito de demonstrar a reprovação intensa à conduta do agente, por mais intencional que esta tenha sido, eis que isso contrariaria não só o *caput* do art. 944, CC, mas o próprio direito fundamental à propriedade privada (art. 5º, XXII, F/88), já que se estaria privando o responsável civilmente de uma parcela maior de seus bens, ensejando, inclusive, o enriquecimento indevido do prejudicado" (SILVA, Caio Mario Pereira da. *Instituições de direito privado*: teoria geral das obrigações. 25. ed. revista e atualizada por Guilherme Calmon Nogueira da Gama. Rio de Janeiro: Forense, 2013, v. II, p. 325-326).

[53] Nessa linha de entendimento, Facchini Neto registra que "embora esteja absolutamente consagrada pelo uso jurisprudencial (predominando também na doutrina) a expressão concorrência de culpas, na verdade a questão não se coloca tecnicamente no plano da culpabilidade, mas sim no plano da causalidade (concorrência de causas ou concausalidade), onde se deve fazer a distinção entre causa e condição. Todavia, referir-se à concorrência de culpas é um uso linguístico tão arraigado que dificilmente poderá ser revertido, apesar da impropriedade técnica" (FACCHINI, Eugênio. Da responsabilidade civil no novo código. *Rev. TST*, Brasília, v. 76, n. 1, jan./mar. 2010, p. 50).

A teoria da responsabilidade pela reparação de danos não se há de basear no propósito de sancionar, de punir, as culpas, a despeito de se não atribuir direito à indenização por parte da vítima culpada [...]. O fundamento – no direito contemporâneo – está no princípio de que o dano sofrido tem de ser reparado, se possível, a técnica legislativa, partindo da causalidade, há de dizer qual o critério na espécie, para se apontar o responsável.[54]

O agente que concorre com a vítima para a produção do resultado não pode ser responsabilizado pela que não deu causa. Essa é uma questão típica de concausalidade ou de concorrência de causas (equivocadamente relacionadas às culpas).

Se o critério é o da causalidade, como se afirma, volta-se à indagação sobre a teoria aplicável.

A referida I Jornada de Direito Civil, promovida pelo Conselho de Justiça Federal, com o objetivo de debater temas relacionados à área e a elaborar enunciados conclusivos de seus estudos, apresentou, em relação ao artigo 945 do Código Civil, o entendimento por meio do Enunciado n. 47, prevendo que o dispositivo "não exclui a teoria da causalidade adequada".[55] Teoria que se presta de modo eficiente à distinção de causas, excluindo as que não se apresentam idôneas para o resultado alcançado.

A menção expressa à teoria da causalidade adequada destoa do entendimento predominante na jurisprudência brasileira que tem feito referência ao uso de um critério de "necessidade causal", de um vínculo necessário entre causa e efeito, como corretivo à aplicação da teoria da equivalência das condições.

A função atribuída à causalidade jurídica é de distinguir e selecionar as consequências danosas que foram causadas pelo agente, daquelas que a vítima se autoempreendeu. O pedestre que é atropelado ao atravessar a rua sem observar devidamente a sinalização favorável aos veículos, pela sua atitude, concorre para o resultado. O dano causado pelo atropelamento implica a análise das participações de cada um dos envolvidos para a produção do evento. De um lado, com a verificação de materialidade, e de outro, como se disse, pela seleção de consequências a serem atribuídas a um e outro.

Essa situação não difere do dispositivo do Código Civil brasileiro, cuja redação incluiu ainda um critério ou um juízo de apreciação, segundo o qual há um confronto do grau de culpa (ou, em realidade, de participação na causação do evento). Contudo, o que se deve, contudo, observar é a necessidade de uma conduta ativa

---

[54] PONTES DE MIRANDA. *Tratado de direito privado*, op. cit., t. LVIII, p. 207.

[55] Enunciado n. 47. Art. 945: O art. 945 do novo Código Civil, que não encontra correspondente no Código Civil de 1916, não exclui a aplicação da teoria da causalidade adequada.

na determinação do resultado, caracterizando um nexo etiológico suficiente a contribuir proporcionalmente ao dano.[56]

Discute-se nesse caso o propósito da referência do legislador à "culpa", pois, ao que parece, pelo próprio contexto normativo, o objetivo era evitar o desequilíbrio da relação entre os envolvidos, com menor ou maior participação, e não de avaliar ou rechaçar qualquer condição psíquica, de intenção ou negligência, daquele que concorreu para o resultado. A avaliação de uma conduta ilícita é feita em um primeiro plano para a imputação da responsabilidade em si, não para a mensuração (majoração ou mesmo minoração) da indenização.

A opção do legislador foi de se referir à culpa como exceção, para tão somente reduzir o montante da indenização, o que reforça claramente o papel que assume a causalidade na verificação da extensão dos danos materiais – e mesmo extrapatrimoniais.[57] A proposição é de que há na configuração do dano decorrente do comportamento ilícito uma sequência de situações prejudiciais (consequências) e que cabe ao intérprete e aplicador do direito utilizar o conceito de causalidade jurídica, a fim de selecionar as que são indenizáveis.[58]

O dano se desdobra em consequências que são apuradas pela causalidade a partir de seus critérios e elementos de seleção. Essa situação está fundada justamente na regra do artigo 944, que se pode ter como cláusula geral da reparação de

---

[56] O princípio da concorrência da culpa, no direito brasileiro, foi acolhido pelo Projeto de Código das Obrigações de 1965 (art. 880), e foi adotado ainda pelo Projeto de Código Civil de 1975, no artigo 947 e, finalmente, inserido no artigo 945 do Código Civil em vigor. O texto não manifesta expressamente a hipótese da culpa exclusiva da vítima, apontado para a sua concorrência na causação do evento. Nesse caso não há que se falar propriamente em interrupção da causalidade ao ponto de eximir o agente, mas de mensurar o grau de participação de cada qual na produção do dano. Se a vítima concorre para o evento danoso por fato seu terá também de suportar os efeitos. Se não for o caso de culpa exclusiva, situação que exoneraria totalmente a responsabilidade do agente, a indenização será fixada tendo em conta a gravidade da sua culpa em confronto com a do autor do dano (PEREIRA COELHO, Francisco Manuel. *O problema da causa virtual na responsabilidade civil*. Coimbra: Almedina, 1998, p. 83).

[57] Ainda que a jurisprudência tenha admitido a utilização do critério de grau de culpa para a fixação do dano moral, por exemplo. A respeito do critério do grau de culpa para a verificação da extensão do dano, particularmente, vide: CAHALI, Yussef Sahid. *Dano e indenização*. São Paulo: Revista dos Tribunais, 1980; CALIXTO, Marcelo Junqueira. *A culpa na responsabilidade civil*: estrutura e função. São Paulo: Renovar, 2008.

[58] Sabard explica que na França há autores que defendem a tese de separação do conceito de dano do de prejuízo, apontando que o primeiro decorre da prática de uma conduta que vem a causá-lo (fato ou evento danoso), ao passo que a segunda seria constituída pelas consequências dele decorrentes (repercussão do fato ou evento danoso) (SABARD, Olivia. *La cause étrangère dans les droits privé et public de la responsabilité extracontractuelle*. Clermont-Ferrand: Fondation Varenne, 2008, p. 392).

danos, e, por consequência, norma que assegura à causalidade jurídica sua função de selecionar a cadeia de repercussão que será objeto do ressarcimento.

Olivia Sabard, em tese sobre a causalidade, afirma a dificuldade de se sistematizar soluções jurídicas em um quadro de possibilidades universais, salientando que tal fato permite ao julgador "ajustar a solução em função do interesse que lhe parece digno de proteção".[59] Em relação à causalidade, constata-se uma dispersão dos conceitos nos diversos julgados que abordam o tema, o que deixaria margem para corrigir imperfeições na aplicação das regras de direito.

O uso da causalidade na verificação da extensão do dano importa em uma decisão a respeito do seu conceito e de seus critérios de aplicação. Couto e Silva, a propósito, afirma que "extensão do dano objeto da reparação [...] foi sempre um dado importante da política jurídica";[60] a utilização de uma ou outra das teorias da causalidade poderá conduzir a desfechos antagônicos, como característica de uma opção feita pelo magistrado na concretização da norma.

A solução a ser encontrada passa pela ponderação de interesses, que no caso é o de delimitar os danos atendendo a um duplo aspecto da reparação: a extensão do dano (reparação integral) e a limitação (vedação de ganho injustificado),[61] situações contrapostas que se servem de critérios jurídicos reguladores, como o da causalidade, e que devem atender ao ideal de justiça.

Para Couto e Silva:

> como a matéria é fluida, a solução dependerá sempre da casuística dos juízes, que deve precisar a amplitude do dano. O raciocínio lógico não basta para estabelecê-

---

[59] SABARD, op. cit., p. 413.

[60] SILVA, Clóvis Couto e. O dever de indenizar. In: FRADERA, Vera (org.). *O direito privado brasileiro na visão de Clóvis do Couto e Silva*. Porto Alegre: Livraria do Advogado, 1997, p. 225; nesse sentido também, VINEY, Genéviève; JOURDAIN, Patrice; CARVAL, Suzanne. *Traité de droit civil*. Les conditions de la responsabilité. (Dir. J. Ghestin). 4. ed. Paris: LGDJ, 2013, p. 237.

[61] No Código Civil brasileiro, a regra de limitação da reparação do dano (art. 403, CC) estabelece o critério que restringe as consequências que decorrem de forma "direta e imediatamente" da conduta lesiva, com o propósito de evitar o ganho injustificado pela vítima (arts. 884 a 886, CC). Couto e Silva afirma, por conseguinte, que desde a glosa *Lucratus non sit* já se vedava que a vítima pudesse obter benefícios em função da reparação. Aquele que sofreu o dano não poderia estar em situação econômica melhor do que se encontrava anteriormente ao ato delituoso. A questão da equidade na apuração do lucro cessante, para Couto e Silva, se encontra nas mãos do juiz, para que estabeleça não somente a relação de causalidade, mas também a extensão do dano a ser reparado. O autor afirma que em matéria de responsabilidade civil é importante ter em conta o princípio da reparação. A reparação deve conter a "medida da indenização" que exerce a "função do elemento regulador da conduta dos indivíduos", sendo o que se denomina "princípio da prevenção" (SILVA, op. cit., p. 226).

-la. Não é possível esquecer que a ponderação dos interesses é obra de *finesse* jurídica ou *matter of judicial politics*.[62]

Nesta obra, compartilha-se do entendimento de que o julgador pode e deve corrigir imprecisões vistas diante do caso concreto na busca pela efetividade do direito, contudo exorta que uma maior precisão e solidificação conceitual em relação à aplicação da causalidade irão contribuir para a construção de um modelo teórico que sirva de referência para uma unificação na compreensão do tema e na sua aplicação prática.

Os elementos constituintes da causalidade, tais como propostos, podem servir como modelo para a utilização na aplicação da regra da responsabilidade civil e na apuração de danos e seus consequentes jurídicos. Não são conceitos estanques. Estão em constante desenvolvimento, sobretudo pela prática jurídica, dependendo sempre de uma avaliação e precisão para que atentem aos seus objetivos de reparação e limitação de consequências. A perspectiva de apuração do dano pela causalidade, nesse contexto, exige do intérprete da regra a utilização de conceitos objetivos, de maneira a conferir unidade aos critérios recorridos.

Cabe lembrar, ademais, sobre a extensão do dano, a lição de Pontes de Miranda que há de se indenizar "todo o dano",[63] entendido como tal "o dano em si e as repercussões do dano na esfera jurídica do ofendido",[64] atendendo assim ao princípio da indenizabilidade, ao qual ainda se deve juntar também o princípio da limitação da reparação do dano sofrido.

O debate que surge na jurisprudência de diversos países e que ilustra o grau de dificuldade com que se enfrenta o problema da extensão do dano, e para o qual a causalidade jurídica aqui defendida teria função relevante, trava-se em casos de pleitos indenizatórios, como os propostos pelos usuários de cigarros ou por seus familiares após a sua morte.[65] O mesmo se pode dizer do uso de medicamentos

---

[62] Idem.

[63] MIRANDA, Francisco C. Pontes de. *Tratado de direito privado*. São Paulo: Revista dos Tribunais, 1984, v. 26, p. 43.

[64] Idem.

[65] No Brasil, o tema do cigarro enfrentou dificuldades e teve sua superação mais recentemente pela introdução de regras específicas no tocante às advertências relacionadas aos potenciais danos causados pelo seu consumo. A questão ficou centrada no livre-arbítrio de quem fuma, considerando que na atualidade as informações quanto aos danos à saúde são notórias e informadas pelo próprio fabricante. De qualquer modo, duas questões se põem: uma em relação ao nexo de causalidade existente entre o ato de fumar e as doenças contraídas e outra com relação à extensão desse dano, inclusive para abarcar os demais membros de seu círculo familiar, por reflexo da doença e de seu efeito letal. Em duas etapas, há que se identificar o nexo de causalidade eventualmente existente entre o ato de fumar e o resultado morte. Esse aspecto de vinculação, como se disse, encontra obstáculos argumentativos de toda ordem, como a liberdade de escolha do indivíduo, que afastaria a causalidade pela assunção dos

autorizados pelos órgãos públicos e causadores de efeitos colaterais não previstos, como o conhecido caso da talidomida.

São situações complexas que importam em intensa reflexão acerca dos conceitos jurídicos e à sua aplicação prática, com o fito de tutelar os interesses lesados. Esse debate passa pela necessária compreensão da extensão do dano e suas consequências reparáveis. A integral reparação admitida no ordenamento, no entanto, encontra um critério de limitação, igualmente previsto, ao estabelecer que as consequências danosas que serão objeto da indenização devem ser diretas e imediatas. A regra é mais uma a compor o quadro da imputação de danos, e deve ser compreendida e interpretada na medida dos interesses a serem tutelados, como vem asseverando a doutrina e a jurisprudência, como se verá a seguir.

4.2 EXPANSÃO E DELIMITAÇÃO DAS CONSEQUÊNCIAS

A utilização da regra que limita o ressarcimento dos danos aos que são causados de forma "direta e imediata" tem como referência literal e histórica a releitura de textos romanos, especialmente do brocardo *corpore corpori datum*, que exigia o contato físico do causador com o dano. Aparece mais tarde, assim descrito, nos dispositivos do Código Civil Prussiano de 1794 (*Landrecht*)[66] e no artigo 1.151 do *Code Civil*, de 1804, e é seguido em legislações estrangeiras, como na Itália, que já

---

riscos para si próprio, ou mesmo de natureza técnica e científica, com o afastamento de outras variáveis que podem igualmente contribuir para o evento morte (genéticas e comportamentais). A matéria é controvertida e tem ganhado novas perspectivas, sobretudo no EUA, onde o debate é recorrente, e no campo da ciência, com o ganho de maior precisão na determinação de causas. O que se discutirá, e que interessa especificamente à elaboração teórica aqui desenvolvida, é se demonstrada a causalidade entre a atividade do produtor e/ou comerciante do cigarro, e o consumo pelo indivíduo, e a sua concorrência fatídica, que outros danos sobrevirão a fim de se apurar indenizações. Segundo Judith Martins Costa, em parecer publicado sobre o tema, "tem razão quem sublinha ser mais relevante questão, em matéria de nexo causal, a que diz respeito aos seus limites: daí o que se pergunta é até onde vai a extensão da responsabilidade pelo dano causado por ilícito absoluto ou relativo" (MARTINS COSTA, Judith. Ação indenizatória – dever de informar do fabricante sobre os riscos do tabagismo. *Revista dos Tribunais*, v. 812, p. 75-79, jun. 2003 p. 93). O problema passa a ser de verificação da que aqui estamos chamando de causalidade estritamente jurídica, e dos critérios disponíveis para a sua utilização.

[66] Moreira Alves ensina que o movimento de codificação, que é profundamente influenciado pela doutrina da Escola do Direito Natural, surge em meados do século XVIII com o Código da Prússia, que entra em vigor em 1794, e que culmina em influência marcante em outras codificações, sobretudo ao Código Civil francês que entra em vigor a partir de 1804 (MOREIRA ALVES, José Carlos. A responsabilidade extracontratual e seu fundamento. Roma e America. Diritto Romano Comune. Roma: *Rivista di Diritto dell'Integrazione e Unificazione del Diritto in Europa e in America Latina*, n. 10, p. 47-68, 2000, p. 52).

incorporava a locução em seu artigo 1.227 do Código Civil de 1865[67] e no atual dispositivo 1.223 do Código em vigência de 1942, assim como nos códigos latino-americanos; e, especialmente, o brasileiro, que tinha a expressão contida no artigo 1.060 do Código de 1916,[68] e no atual código vigente, de 2002, no artigo 403.[69]

---

[67] Explica Pinori que a disciplina atual da norma prevista no Código de 1942, em relação ao de 1865, é que no anterior não havia a referência expressa da sua utilização para apuração do dano originado na responsabilidade extracontratual, como prevê o artigo 2.056 em sua remissão (PINORI, Alessandro. Il critério legislativo dele consegueze immediate e dirette. Capitolo Terzo. In: VISINTINI, Giovanna. *Il risarcimento del danno contrattuale ed extra-contrattuale*. Milano: Giuffrè, 1999, p. 75). A própria tradição histórica na elaboração do termo visava a sua aplicação aos danos contratuais, sendo adaptado pela jurisprudência ao dano extracontratual, na Itália (VISINTINI, op. cit., p. 11).

[68] CC, 1916: "Art. 1.060. Ainda que a inexecução resulte de dolo do devedor, as perdas e danos só incluem os prejuízos efetivos e os lucros cessantes por efeito dela direto e imediato". Orlando Gomes entende que o Código brasileiro, ao estabelecer nessa regra que só são indenizáveis os prejuízos e o lucro cessante ocorrido "por efeito direto e imediato", adota o princípio da causa próxima, ou da causalidade imediata. Segundo esse autor, "a regra pode ser aplicada à indenização do dano proveniente do ato ilícito e, portanto, à responsabilidade extracontratual, desde que não seja aplicada com absoluta literalidade" (GOMES, Orlando, op. cit., p. 334.). Clóvis Bevil*u* Bevilaqua, autor do Código Civil brasileiro, em comentário ao referido artigo, explica a intenção da norma de evitar o ressarcimento dos danos que se encontrem em relação remota ao fato causador dano. Assim, nas palavras do legislador: "Se a inexecução resulta do dolo do devedor, não se atende à regra da previsão feita ou meramente possível na data da obrigação (art. 1059, parágrafo único), porque não era lícito prever. Nesse caso, as perdas e dano terão maior amplitude, a reparação deverá ser a mais completa que for possível. Mas o Código não quer que este preceito de equidade se transforme, pelo abuso, em exigência, que a equidade não possa aprovar. Fixa um termo à indenização, que não pode abranger senão as perdas efetivas e os lucros que, em consequência imediata e direta, da inexecução dolosa, o credor deixou de realizar. Afasta-se o chamado *damnum remotum*. O devedor, ainda que doloso, responde somente do seu dolo, o que é uma questão de fato a verificar" (BEVILÁQUA, Clóvis, *Comentários ao Código Civil dos Estados Unidos do Brasil*. Rio de Janeiro: Rio, 1958). Convém ressaltar, ainda, a noção de causa que oferece o Código Penal brasileiro, no artigo 13: "o resultado de que depende a existência de um crime, somente é imputável a quem lhe deu causa. Considera-se causa a ação ou omissão sem a qual o resultado não teria ocorrido". Esse artigo, conforme o penalista brasileiro Miguel Reale Jr, adota a teoria da equivalência das condições (REALE JR., Miguel. *Teoria do direito*. São Paulo: Revista dos Tribunais, 2000, p. 174).

[69] A interpretação que decorre nos ordenamentos estrangeiros que adotam esse modelo de reparação – tal como na Itália (art. 1.223 do Código Civil) e na França (art. 1.151 do Código Civil) – é no sentido de encontrar critérios de verificação da causalidade de modo a cumprir os fins pretendidos, tanto pela reparabilidade integral dos danos quanto pelo impedimento de uma extensão desmedida dos danos indenizáveis. A reparação integral, assim, pode sofrer a limitação conforme o que dispõe o próprio ordenamento, baseada em critérios de "proximidade e temporalidade" na literalidade do texto, como também de participação (causalidade) e intencionalidade (culpabilidade) dos agentes envolvidos. No sistema italiano da reparabilidade são três os critérios jurídicos de limitação expressos no Código Civil, o critério legislativo das consequências diretas e imediatas (art. 1.223, CC), o

A cláusula geral da reparação integral (art. 944, CC), para a sua aplicação, deve ser lida em conjunto com o que dispõe o artigo 403 do Código Civil, que, como seu antecedente no Código de 1916, artigo 1.060, prevê um critério lógico-causal de delimitação da indenização, restringindo-a aos efeitos "diretos e imediatos", dispondo que:

> ainda que a inexecução resulte de dolo do devedor, as perdas e danos só incluem os prejuízos efetivos e os lucros cessantes por efeito dela direto e imediato, sem prejuízo do disposto na lei processual.

A *ratio* da norma é a limitação do dano, evitando que se estenda indefinidamente, e impedindo que o lesado receba indenização que extrapole os princípios da razoabilidade e da proporcionalidade frente aos danos efetivamente suportados – o que caracterizaria a hipótese de um ganho injustificado.[70]

A limitação dos danos a partir do critério da proximidade física e temporal, como a que se subtrai da formulação "direto e imediato", surge como meio de ajuste à possibilidade irrestrita de imputação de danos, como se poderia supor na aplicação de uma teoria de equivalência de condições, em que os fatos decorrentes, de maneira ilimitada, justificam-se uns aos outros.

O sintagma remonta às explicações dadas por Pothier, quanto à necessidade de se estabelecer limites às consequências indenizáveis decorrentes de um dano. Particularmente, o exemplo, já descrito na Parte I do trabalho, do sujeito que sem saber adquire uma vaca doente e que vem a contaminar as demais do seu rebanho. Além da perda ocasionada pela morte das vacas, outros prejuízos sobrevêm, em sucessão, que privam o lesado de valores para outras despesas, até a sua bancarrota.[71]

A intenção de Pothier era a de fixar parâmetros ao ressarcimento de tal modo a evitar os indiretos e os mais remotos. A previsibilidade também pode ser considerada um elemento dessa natureza, evitando que aqueles remotos e improváveis sejam objeto de ressarcimento. Se por um lado há que se pensar na reparação da vítima, na tutela jurídica de seus interesses prejudicados, não se pode deixar de estabelecer

---

da evitabilidade das consequências danosas, com base na diligência do agente (art. 1.227, CC), e o da previsibilidade do dano (art. 1.225, CC) (VISINTINI, Giovanna. *Trattato breve della responsabilità civile*, op. cit., p. 680-711).

[70] Ludovico Berti, ao ser referir à regra idêntica do ordenamento civil italiano (artigo 1.223), afirma: "*La ratio della norma è, da una parte quella di impedire che il danneggiato possa ricevere un ristoro maggiore di quello efetivamente spettantegli, scongiurando così il crearsi di ipotesi, inaccettabili, di arricchimento senza causa o che gli vengano risarciti danni che si è autoprocurato e, dall'altra di imporre al danneggiante di rispondere di tutte – ma solo – le conseguenze immediate e dirette della sua azione, e cioè del danno ingiusto provocato*" (BERTI, Ludovico. *Il nesso di causalità in responsabilità civile*: nozione, onere di allegazione e onere della prova. Milano: Giuffrè, 2013, p. 86).

[71] Cf. POTHIER. Traité des obligations, in *Ouvres*, I, Bruxelles, n. 67, p. 45.

limites razoáveis. Esse equilíbrio tende a se encontrar com a utilização de critérios de seleção de danos, que reparam e que estabilizarão a ordem das relações afetadas pela ocorrência de um dano causado por determinada ação praticada.

Os danos decorrentes, como o da impossibilidade do cultivo das terras e o não pagamento de dívidas, suportados pelo sujeito que adquiriu o animal doente, no exemplo de Pothier, são considerados de ocasião[72] e não guardam relação necessária e previsível com o início do processo causal. Pode-se dizer, a esta altura, que existem processos causais, como ciclos que se interligam de forma aleatória, fora da esfera normal dos acontecimentos. A proximidade física e temporal facilita essa compreensão e elucida os fatos.

É nesse aspecto que a causalidade jurídica, justamente, como aponta Kelsen, distingue-se da naturalística, porquanto a primeira é assegurada por imposição da norma, e é apreciada em função do direito previsto; a segunda é atemporal e indeterminada, podendo encontrar soluções determinísticas pela ciência ou pela compreensão do homem sobre a natureza.

A pesquisa da causalidade que se estabelece entre os acontecimentos decorrentes do dano ganha importância na apuração e na seleção dos danos efetivos, que devem ser ressarcidos. Atendendo ao princípio da reparação integral em relação aos danos que têm vínculo de probabilidade e previsibilidade com o fato que os desencadeou.[73]

Em conformidade com a ótica jurídica, é necessário estabelecer o grupo fático causal que importa à indenização, descartando aqueles estranhos à regularidade dos acontecimentos na perspectiva do que aqui se está a chamar de "observador" – o homem médio, numa acepção objetiva daquele que observa os acontecimentos a partir da obviedade regular, não excepcional, não especulativa.

A doutrina e a jurisprudência italianas, especialmente, distinguem a causalidade material existente entre o ato ilícito e o dano, da causalidade jurídica, propriamente a que se verifica na seleção das consequências decorrentes do dano constatado na primeira etapa da pesquisa causal.[74] O problema da causalidade jurídica, nessa perspectiva, resolve-se com recurso ao artigo 1.223 do *Codice Civile*, cuja redação é idêntica ao disposto no artigo 403 do Código brasileiro, vindo expressa locução que limita o ressarcimento dos danos aos "diretos e imediatos".[75]

---

[72] Cf. VISINTINI, Giovanna. *Trattato breve della responsabilità civile*. 2. ed. Padova: Cedam, 1999, p. 589 ss.

[73] A previsibilidade aqui referida não deve ser confundida com que se insere na ótica sujeito causador, não se confunde com a culpabilidade do agente, mas a que se estabelece de forma abstrata, conforme o curso normal dos acontecimentos, sob a perspectiva do *standard* de um observador experiente.

[74] Nesse sentido, vide: GORLA, G. Sulla cosiddetta causalità giuridica: "fatto dannoso e conseguenze". *Rivista di Diritto Commerciale*, v. 1, p. 405 ss., 1951.

[75] A propósito, BELVEDERE, A. Causalità giuridica? *Rivista di Diritto Civile*, v. 52, n. 1, 2006, p. 8. Também adotam a redação os códigos de Quebéc, art. 1.613, da Espanha, artigo 1.107,

A causalidade jurídica se distingue da material, na visão de Realmonte, por possuir natureza autônoma, consistente no prejuízo econômico sofrido pelo lesado.[76] A relação causal que existe entre a conduta injusta (ato ilícito) e o dano, nessa perspectiva, é *in natura*, materialmente verificada, ao passo que entre o evento danoso configurado e seus prejuízos ressarcíveis permeia um liame de valoração jurídica, estranho aos mundos dos fatos.[77]

Discute a doutrina a respeito da aplicação do critério de limitação de danos. De Cupis afirma que a limitação que consiste em excluir os danos mediatos e indiretos não deve ser utilizada à letra do que prescreve o dispositivo italiano, afirmando que deve existir uma relação de condicionalidade a ser identificada pelo intérprete.[78] Em obra recente sobre o tema da causalidade, Marco Capecchi diz que a jurisprudência italiana, a propósito, tem se orientado pela interpretação do referido critério, aplicando os princípios da teoria da regularidade causal, segundo a qual os danos

---

do Peru, artigo 1.323; vide a propósito: ANGEL YÁGÜEZ, Ricardo de. *Causalidad en la responsabilidad extracontractual:* sobre el arbitrio judicial, la "imputación objetiva" y otros extremos. Cizur Menor: Aranzadi, 2014; *Tratado de responsabilidad civil.* Madrid: Civitas, 1993; ATIENZA NAVARRO, Maria Luisa. Il rapporto di causalità nel diritto spagnolo. In: VISINTINI, Giovana. *Fatti illeciti. Causalità e danno.* Padova: Cedam, 1999; CUEVILLAS MATOZZI, I. D. *La relación de causalidad en la órbita del derecho de daños.* Valencia: Tirant lo Blanch, 2000; DIEZ-PICAZO, Luiz. *Derecho de daños.* Madrid: Civitas, 1999; GARCÍA GOYENA, Florencio. *Concordâncias, motivos y comentarios del Código Civil Español.* Zaragoza: Universidad de Zaragoza, 1974; PANTALEÓN PRIETO, A. F. Causalidad e imputación objetiva: criterios de imputación. In: *Centenario del Código Civil (1889-1989).* Centro de Estudios Ramn Areces, 1990, v. 2; INFANTE RUIZ, F. J. *La responsabilidad por daños:* nexo de causalidad y "causas hipotéticas". Valencia: Tirant lo Blanch, 2002.

[76] REALMONTE, op. cit., 81.

[77] Ibidem, p. 84. Forchielli, no entanto, diverge do caráter dúplice da causalidade (FORCHIELLI, Paolo. *Responsabilità civile.* Padova: Cedam, 1968, p. 12) e a entende como um processo único e natural sujeito à apreciação jurídica no que importa ao ressarcimento do dano; a distinção se faz no momento em que se verificam as consequências, no que Gorla contesta a valoração única da causalidade desde a conduta. Para o autor, o artigo 1.223 do Código italiano pressupõe já se ter configurando o evento fonte da responsabilidade civil, devendo-se apurar as consequências decorrentes dele (GORLA, G. Sulla cosiddetta causalità giuridica: "fatto dannoso e conseguenze". *Rivista di Diritto Commerciale,* v. 1, p. 405 ss., 1951, p. 409). Trimarchi, por sua vez, analisa a questão da necessidade de discrição do evento e do risco da sua subdivisão em cadeias individualizadas a par de ocasionar uma impossibilidade permanente de responsabilização pela excepcionalidade (TRIMARCHI, Pietro. *Causalità e danno.* Milano: Giuffrè, 1967, p. 39).

[78] "*La limitazione consistente nell'escludere dal risarcimento i danni mediati e indiretti non va presa alla lettera: ad ogni modo alla limitazione della legge l'interprete non deve aggiungere, di propria autorità un'altra, con l'esigere che i danni diretti siano legati al fatto da cui derivano da um rapporto di condizionalità qualificata, anzichè di condizionalità pura e semplice*" (DE CUPIS, Adriano. *Il danno.* Milano: Giuffré, 1979, p. 122). Corroboram que a aplicação do disposto não deve ser literal (TRIMARCHI, op. cit., p. 21, FORCHIELLI, op. cit., p. 33).

são ressarcíveis na medida em que possam ser considerados como efeito normal e regular do fato danoso.[79]

A ideia de uma teoria de regularidade causal não é estranha aos conceitos desenvolvidos no âmbito da dogmática da causalidade adequada. A adequação em si é, para os seguidores dessa corrente, equivalente à idoneidade de determinada causa para produzir determinado resultado, de forma regular, excluindo os que se demonstram extraordinários e improváveis.

O que se verifica na doutrina italiana não é diferente da francesa e mesmo da brasileira, que possuem redação idêntica em relação à limitação dos danos e tiveram a mesma evolução interpretativa. A fórmula que emprega o consequencialismo direto e imediato foi reelaborada para atender ao princípio da reparabilidade integral, permitindo uma leitura com uma interpretação mais ampla. O desenvolvimento teórico ocorrido na aplicação da norma pretendeu atualizá-la ao contexto histórico.[80] Cabe ao aplicador-intérprete do direito utilizar-se de critérios hermenêuticos que permitam a concretização da norma, em atenção ao contexto do sistema jurídico como um todo e dos seus princípios jurídicos.

O objetivo justificado de limitar os danos aos diretos imediatos que por um lado visava coibir a indeterminação causal, como afirmava Pothier, por outro não pode ser compreendido como uma regra de restrição absoluta. Diferentes variáveis podem ser consideradas, tendo em conta a prevalência causal do ato em si e suas consequências, como "adequação" ou "necessidade", "regularidade" ou "probabilidade", que nada mais são do que qualificantes do caráter vinculativo que se espera entre causa e efeito para fins de apuração de danos.[81]

---

[79]   CAPECCHI, M. *Il nesso di causalità: dalla conditio sine qua non alla responsabilità proporzionale*. 3. ed. Padova: Cedam, 2012, p. 34, cita ainda na mesma página, nota de rodapé n. 71, extensa jurisprudência sobre o tema. O critério de regularidade é defendido particularmente por De Cupis (op. cit., p. 235). Giovanna Visintini discorda dessa posição, defendendo a limitação imposta pela regra, a exemplo de Pothier e Domat, concluindo pelo equívoco das decisões da jurisprudência italiana que assimilaram a tese da regularidade (VISINTINI, Giovanna. *Trattato breve della responsabilità civile*. 3. ed. Padova: Cedam, 2005, p. 687 ss).

[80]   Nesse sentido, VIOLANTE, Causalità flessibile como limite di rissarcibilità nella responsabilità oggetiva, *Danno e Responsabilità*, 1999, p. 1182. Também citado por CAPECCHI, M. *Il nesso di causalità: dalla conditio sine qua non alla responsabilità proporzionale*. 3. ed. Padova: Cedam, 2012, p. 38. Discordam, todavia, desta posição.

[81]   Caio Mário afirma que "ademais do dano, exigem-se, como pressupostos para a responsabilidade civil e a subsequente reparação, a ação e o nexo de causalidade, e especialmente em sede jurisprudencial, sobre a teoria que deve ser adotada. Como outrora afirmado o art. 403, único dispositivo codificado a cuidar desse tema, parece ter atacado, em sua literalidade, a teoria da causalidade direta e imediata ou da interrupção do nexo causal, o que implicaria à rejeição à indenização do dano indireto e remoto, e, para alguns, excluiria, de pronto, a teoria da equivalência das causas ou da *conditio sine qua non*, aclamada no direito penal, no âmbito da responsabilidade civil, visto que aquela alarga demasiadamente o nexo causal. Portanto, a simples interpretação gramatical desse artigo afastaria a indenização do próprio

A leitura que se faz da conjugação dessas normas exprime o que se pode chamar de um regime de imputação de danos indenizáveis – ou, como se quer nesta obra, de seleção de consequências indenizáveis decorrentes do "dano-evento".[82] A extensão da reparação, assim, terá lugar após a verificação concreta de elementos limitadores, desde os previstos nas regras de que aludem ao elemento da culpabilidade, mas também na que prevê o encadeamento pela lógica de danos diretos e imediatos.

A jurisprudência, tanto no Brasil como em outros países que têm dispositivos idênticos, tem construído hipóteses de reparação de danos mediatos e indiretos, utilizando-se de interpretações mais abrangentes, e aplicando o dispositivo aos casos de responsabilidade civil extracontratual, conforme o critério de seleção atribuído à causalidade jurídica. A utilização da causalidade para essa finalidade é uma via para a solução do problema da apuração dos danos, sobretudo por desempenhar um papel dúplice de imputação de autoria (participação do sujeito no evento danoso) e de seleção de consequências (causalidade jurídica).

Esse tema passa a ter a relevância no âmbito da imputação de danos e da regra de limitação que traz o artigo 403 do atual Código Civil e que tem sua interpretação alargada por força da jurisprudência.

4.3   CAUSALIDADE NECESSÁRIA – *LEADING CASE* BRASILEIRO

A jurisprudência de diversos países que adotaram a formulação semântica dos danos direto e imediato, *pari passu*, foi construindo uma interpretação mais abrangente à aplicação da norma, distanciando-se da inicial intenção dos comentadores franceses, que limitava a reparação segundo a proximidade e a temporalidade. Estabeleceu-se, por exemplo, a possibilidade de a indenização abranger os danos que têm consequências mais distantes, utilizando o critério causal que relaciona os acontecimentos em uma ordem de regularidade, como no caso das decisões italianas.[83]

Mas também outros critérios de leitura e interpretação foram adotados, em atenção ao que preceituam os modelos debatidos e evidenciados pelas teorias da causalidade. Sobretudo, com o objetivo de atender ao princípio de reparação integral, de indenizar todos os danos suportados pelo lesado.

---

dano por ricochete, que é admitido nos tribunais pacificamente. Inclusive, é devido a esse excessivo rigorismo técnico de cada uma das teorias mencionada, ora à causalidade direta e imediata e ora da equivalência das condições, sem uma posição assentada em definitivo (SILVA, Caio Mario Pereira da, op. cit., p. 327).

[82]   GORLA, G. Sulla cosiddetta causalità giuridica: "fatto dannoso e conseguenze". *Rivista di Diritto Commerciale*, v. 1, p. 405 ss., 1951.

[83]   Vide VISINTINI, Giovanna. *Trattato breve della responsabilità civile*. 3. ed. Padova: Cedam, 2005, p. 81.

No Brasil, em julgado de 1992, no Supremo Tribunal Federal, já se admitia a hipótese de se abarcar os danos indiretos e remotos, desde que ligados por um nexo de necessidade. Em voto, o ministro Moreira Alves, em análise de um caso de fuga de presidiários do sistema penitenciário, em que se verificava a ocorrência de danos advindos, ainda sob a égide do Código de 1916 (art. 1.060), assim discorreu sobre o tema:

> Em nosso sistema jurídico, como resulta do disposto no artigo 1.060 do Código Civil, a teoria adotada quanto ao nexo de causalidade é a teoria do dano direto e imediato, também denominada teoria da interrupção causal. Não obstante aquele dispositivo da codificação civil diga respeito à impropriamente denominada responsabilidade contratual, aplica-se ele também à responsabilidade extracontratual, inclusive objetiva, até por ser aquela que, sem quaisquer considerações de ordem subjetiva, agasta os inconvenientes das outras teorias [...] Essa teoria, como bem demonstra Agostinho Alvim [...], só admite o nexo de causalide quando o dano é efeito necessário de uma causa, o que abarca o dano direto e imediato sempre, e, por vezes, o dano indireto e remoto, quando, para a produção deste, não haja concausa sucessiva.[84]

---

[84] STF: Rext n. 130.764-PR, 1ª Turma, Relator Ministro Moreira Alves, j. 12/5/1992. O mesmo trecho é transcrito no artigo de Tepedino (Apontamentos sobre a causalidade. In: *Revista Jurídica* 296, jul. 2002, Doutrina Civil, p. 8). Cf. Ementa: RESPONSABILIDADE CIVIL DO ESTADO. DANO DECORRENTE DE ASSALTO POR QUADRILHA DE QUE FAZIA PARTE PRESO FORAGIDO VÁRIOS MESES ANTES. – A responsabilidade do Estado, embora objetiva por força do disposto no artigo 107 da Emenda Constitucional n. 1/69 (e, atualmente, no parágrafo 6. do artigo 37 da Carta Magna), não dispensa, obviamente, o requisito, também objetivo, do nexo de causalidade entre a ação ou a omissão atribuída a seus agentes e o dano causado a terceiros. – Em nosso sistema jurídico, como resulta do disposto no artigo 1.060 do Código Civil, a teoria adotada quanto ao nexo de causalidade e a teoria do dano direto e imediato, também denominada teoria da interrupção do nexo causal. Não obstante aquele dispositivo da codificação civil diga respeito à impropriamente denominada responsabilidade contratual, aplica-se ele também à responsabilidade extracontratual, inclusive a objetiva, até por ser aquela que, sem quaisquer considerações de ordem subjetiva, afasta os inconvenientes das outras duas teorias existentes: a da equivalência das condições e a da causalidade adequada. – No caso, em face dos fatos tidos como certos pelo acórdão recorrido, e com base nos quais reconheceu ele o nexo de causalidade indispensável para o reconhecimento da responsabilidade objetiva constitucional, é inequívoco que o nexo de causalidade inexiste, e, portanto, não pode haver a incidência da responsabilidade prevista no artigo 107 da Emenda Constitucional n. 1/69, a que corresponde o parágrafo 6. do artigo 37 da atual Constituição. Com efeito, o dano decorrente do assalto por uma quadrilha de que participava um dos evadidos da prisão não foi o efeito necessário da omissão da autoridade pública que o acórdão recorrido teve como causa da fuga dele, mas resultou de concausas, como a formação da quadrilha, e o assalto ocorrido cerca de vinte e um meses após a evasão. Recurso extraordinário conhecido e provido .

Colhe-se da argumentação trazida no voto a lição do jurista Agostinho Alvim, para quem o "dano direto e imediato" significava "nexo causal necessário", deixando de sê-lo quando do surgimento de concausas. A adoção dessa teoria e da sua aplicação, segundo Tepedino,[85] afastaria outras teorias jurídicas sobre a causalidade, destacando, no entanto, a tendência a uma interpretação evolutiva da locução, tendo por influência as teorias da equivalência das condições, da causalidade adequada e, especialmente, da professada "necessidade", esta com subteoria decorrente da dicção "direta e imediata", ainda que, não raro, seriam tratadas de forma "eclética" e "atécnica" pelas cortes brasileiras.[86]

No referido julgado analisou-se a responsabilidade civil do Estado em situação na qual o presidiário ferido teria fugido de um estabelecimento hospitalar e cometido o crime de homicídio. A família da vítima pretendia indenização que foi negada por maioria em face do argumento de que não haveria um liame de necessidade entre os fatos, o procedimento comissivo ou omissivo da Administração Pública e o evento danoso verificado como consequência.

E, em que pese a admissão da teoria que permite a leitura mais ampla da locução do dispositivo, que limita os danos em diretos e imediatos, o relator Moreira Alves consignou o seu voto, que "se admite o nexo de causalidade quando o dano é efeito necessário de uma causa, o que abarca o dano direto e imediato sempre, e, por vezes, o dano indireto e remoto, quando, para a produção deste, causa sucessiva".

O relator, no caso *sub judice*, não vislumbrou o requisito do "efeito necessário", entendendo que os danos constatados não decorreram exclusivamente da fuga, mas resultaram de "concausas" sucessivas, como a formação de uma quadrilha e o assalto ocorrido após o lapso temporal de vinte e um meses após a evasão do preso.

O ministro Celso de Mello, seguindo o relator no julgamento, entretanto, acrescentou que as circunstâncias do caso não evidenciariam "o nexo de causalidade material", quer em face "da ausência de imediatidade entre o comportamento imputado ao Poder Público e o evento lesivo consumado", ou quer, ainda, "em face da superveniência de fatos remotos descaracterizadores por sua distante projeção no tempo". O mesmo admitiu o ministro Sepúlveda Pertence em seu voto, afirmando a existência de nova cadeia causal interruptiva do fato anterior, eventual fuga por omissão do Poder Público, de modo que os novos fatos que se sucederam teriam absoluta independência, não cabendo a vinculação condicional que teria admitido no acórdão recorrido.

A suprema corte havia sido provocada em recurso que pretendeu a reforma de julgado do Tribunal de Justiça do Paraná, que havia admitido a indenização aos familiares da vítima, baseada no entendimento da condicionalidade da causa

---

[85] TEPEDINO, Gustavo José Mendes. Notas sobre o nexo de causalidade. *Revista Trimestral de Direito Civil*, Rio de Janeiro, v. 2, n. 6, p. 3-20, abr. 2001, p. 9.

[86] Idem, p. 11.

(considerando que, se não tivesse havido a fuga, por suposta negligência do Poder Público, não teria havido o crime). A posição é mais próxima da teoria da *conditio sine qua non* ou da equivalência das condições e foi rechaçada na decisão que julgou recurso do Estado.

O acórdão do Supremo Tribunal Federal se tornou paradigma para as decisões posteriores, fixando critérios de interpretação do dispositivo do artigo 1.060 do Código Civil de 1916 e no artigo 403 do atual Código vigente, de 2002, baseados no liame de necessidade, considerando-o não pela proximidade e temporalidade, mas como relação de vínculo contínuo, ou seja, não sujeito a interrupções por fatos estranhos e independentes.

Na doutrina brasileira, José de Aguiar Dias,[87] Agostinho Alvim,[88] Alvino Lima[89] e Wilson Melo da Silva,[90] prestigiosos autores que trataram os temas da responsabilidade civil, apontam também os problemas da causalidade, sobretudo da adoção de teorias, mencionando a incorreta aplicação da máxima de Bacon segundo o qual somente as causas próximas e não as remotas devem ser consideradas. Dessa conclusão se extrairia a exigência de se qualificar a causa que se verifica "eficiente", "adequada", "necessária"; o que se persegue é um liame, um vínculo, que contemple uma força de necessidade, que se relacione de forma inevitável.[91]

O acórdão referido, baseado nas ideias desses autores, serviu de *leading case* em casos que analisaram questões relacionadas ao problema da causalidade.[92] Por

---

[87] DIAS, José de Aguiar. *Da responsabilidade civil*. 11. ed. São Paulo: Renovar, 2006, p. 568-569.

[88] ALVIM, Agostinho. *Da inexecução das obrigações e suas consequências*. São Paulo: Saraiva, 1949, p. 327 e p. 370.

[89] LIMA, Alvino; SANDOVAL, Ovídio Rocha Barros. *Culpa e risco*. São Paulo: Revista dos Tribunais, 1998.

[90] DA SILVA, Wilson Melo. *Responsabilidade sem culpa*. São Paulo: Saraiva, 1974.

[91] HART, Herbert Lionel Adolphus; HONORÉ, Tony. *Causation in the Law*. Oxford: Oxford University Press, 2002, p. 33 ss., sistematizam as posições da causalidade em cinco grupos, dentre eles os que referem as *necessity causes*.

[92] Seguiram julgamentos idênticos no STF, os julgados: RE 369820/RS, Min. Carlos Velloso, j. 4/11/2003; 2ª Turma, *DJ* 27-2-2004, Estado do Rio Grande do Sul, Maria Anísia Hauschild. cf.: Ementa: CONSTITUCIONAL. ADMINISTRATIVO. CIVIL. RESPONSABILIDADE CIVIL DAS PESSOAS PÚBLICAS. ATO OMISSIVO DO PODER PÚBLICO: LATROCÍNIO PRATICADO POR APENADO FUGITIVO. RESPONSABILIDADE SUBJETIVA: CULPA PUBLICIZADA: FALTA DO SERVIÇO. C.F., art. 37, § 6º. I. Tratando-se de ato omissivo do poder público, a responsabilidade civil por tal ato é subjetiva, pelo que exige dolo ou culpa, esta numa de suas três vertentes, a negligência, a imperícia ou a imprudência, não sendo, entretanto, necessário individualizá-la, dado que pode ser atribuída ao serviço público, de forma genérica, a falta do serviço. II. – A falta do serviço – *faute du service* dos franceses – **não dispensa o requisito da causalidade, vale dizer, do nexo de causalidade entre a ação omissiva atribuída ao poder público e o dano causado a terceiro. III.** – Latrocínio praticado por quadrilha da qual participava um apenado que fugira da prisão tempos antes: neste caso, não há falar em nexo de causalidade entre a fuga do apenado e o latrocínio.

CAUSALIDADE JURÍDICA NA SELEÇÃO DAS CONSEQUÊNCIAS | **119**

ter estabelecido uma discussão efetiva sobre o tema, serviu de balizador para julgados que muitas vezes equiparam também a dicção "dano direto e imediato" com a teoria da causa adequada, interpretando-as, ambas, com a chave da "necessidade". "O ato ilícito e o dano – e suas consequências – devem se ligar por um nexo de necessariedade", independentemente da temporalidade ou da proximidade, como forma de "adequação".

A posição que passou a vigorar de forma recorrente na jurisprudência brasileira é de que a causalidade deve ser verificada com um nexo necessário e contínuo na sucessão de fatos para que se verifique a responsabilidade civil. Nesse caso, temporalidade e proximidade seriam variáveis prescindíveis desde que não houvesse a interrupção ocasionada pela concorrência de novos fatos. A leitura do dispositivo do artigo 403 deve considerar essa argumentação lógica para que não limite situações cuja força causal ou vínculo de necessidade esteja presente em modo regular.

Essa situação, particularmente, evidenciou-se também em decisões do Superior Tribunal de Justiça em análise de casos envolvendo a discussão da causalidade e das normas concernentes.

Em 2008, em relatoria do ministro Luix Fux, a corte julgou um caso de responsabilidade civil do Estado em face de uma vítima de "bala perdida" disparada por menor que evadiu de estabelecimento destinado ao cumprimento de medida socioeducativa.[93] O relator deu provimento ao Recurso Especial interposto pelo pai

---

Precedentes do STF: RE 172.025/RJ, Min. Ilmar Galvão, "D.J." de 19/12/1996; RE 130.764/PR, Rel. Min. Moreira Alves, *RTJ* 143/270, IV, RE conhecido e provido; e RE 341776/CE, Rel. Min. Gilmar Mendes, j. 17/4/2007, 2ª Turma, *DJe* 2/8/2007, Estado do Ceará, Francisco Alves de Almeida, cf.: Ementa: Recurso extraordinário. 1. Responsabilidade civil do Estado. 2. Morte. Vítima que exercia atividade policial irregular, desvinculada do serviço público. 3. Nexo de causalidade não configurado. 4. Recurso extraordinário conhecido e provido

[93] BRASIL STJ, REsp. n. 858.511, RJ, 1ª Turma, Rel. Min. Luiz Fux, j. 19/8/2008, *DJE* em 15/9/2008, Cf. Ementa: ADMINISTRATIVO. RESPONSABILIDADE CIVIL DO ESTADO. DANOS MATERIAIS E MORAIS. MORTE DECORRENTE DE "BALA PERDIDA" DISPARADA POR MENOR EVADIDO HÁ UMA SEMANA DE ESTABELECIMENTO DESTINADO AO CUMPRIMENTO DE MEDIDA SOCIOEDUCATIVA DE SEMILIBERDADE. AUSÊNCIA DE NEXO DE CAUSALIDADE. 1. A imputação de responsabilidade civil, objetiva ou subjetiva, supõe a presença de dois elementos de fato (a conduta do agente e o resultado danoso) e um elemento lógico-normativo, o nexo causal (que é lógico, porque consiste num elo referencial, numa relação de pertencialidade, entre os elementos de fato; e é normativo, porque tem contornos e limites impostos pelo sistema de direito). 2."Ora, em nosso sistema, como resulta do disposto no artigo 1.060 do Código Civil [art. 403 do CC/2002], a teoria adotada quanto ao nexo causal é a teoria do dano direto e imediato, também denominada teoria da interrupção do nexo causal. Não obstante aquele dispositivo da codificação civil diga respeito à impropriamente denominada responsabilidade contratual, aplica-se também à responsabilidade extracontratual, inclusive a objetiva [...]. Essa teoria, como bem demonstra Agostinho Alvim (*Da inexecução das obrigações*, 5. ed., n. 226, p. 370, Editora Saraiva, São Paulo, 1980), só admite o nexo de causalidade quando o dano é efeito

da vítima, restabelecendo a decisão de primeiro grau que havia acolhido a tese de responsabilidade do Estado. O ministro relator, nesse caso, considerou que o fato da fuga do menor que estava sob a guarda de instituição penal teria sido a causa do posterior evento que resultou na morte da vítima que foi atingida por um disparo da arma do fugitivo em um tiroteio.

O debate é calcado no argumento da responsabilidade objetiva do Estado pela omissão e negligência que propiciaram a fuga, entretanto instaurou-se no julgamento uma importante discussão sobre a causalidade e seus critérios de aplicação, na imputação da responsabilidade e no conteúdo do dano, e acabou por também envolver considerações em relação às hipóteses de responsabilidade extracontratual subjetiva.

O voto do revisor, ministro Teori Zavaski, de plano, destaca-se pelo enfrentamento do problema conceitual da causalidade, admitindo-o como matéria de direito e assentando uma posição sobre a sua natureza lógico-normativa, conforme se depreende do trecho extraído:

> Por nexo causal entende-se a relação – de natureza lógico-normativa, e não fática – entre dois fatos (ou dois conjuntos de fatos): a conduta do agente e o resultado danoso. Fazer juízo sobre nexo causal não é, portanto, resolver prova, e sim estabelecer, a partir de fatos dados como provados, a relação lógica (de causa e efeito) que entre eles existe (ou não existe). Trata-se, em outras palavras, de pura atividade interpretativa, exercida por raciocínio lógico e à luz do sistema normativo. Daí não haver qualquer óbice de enfrentar, se for o caso, mesmo nas instâncias extraordinárias (recurso especial e extraordinário), as questões a ele relativas.

O mesmo ministro, em seu voto, suscitou as teorias que seriam adotadas no sistema brasileiro, apontando similaridade entre o "princípio da causalidade adequada" e o "princípio do dano direto e imediato". Exegese que, segundo se depreende de seu voto, extrai-se da combinação dos artigos que preveem a cláusula geral da responsabilidade (art. 927, CC) e a da apuração e limitação dos danos (art. 403, CC):

> Sobre o nexo causal em matéria de responsabilidade civil – contratual e extracontratual, objetiva ou subjetiva – vigora, no direito brasileiro, um princípio (denominado, por alguns, de *princípio da causalidade adequada* e, por outros, *princípio de dano direto e imediato*) cujo enunciado pode ser decomposto em duas partes: a primeira (que decorre, a *contrario sensu*, do art. 159 do CC/16 e

---

necessário de uma causa" (STF, RE 130.764, 1ª Turma, *DJ* de 7/8/1992, Min. Moreira Alves). 3. No caso, não há como afirmar que a deficiência do serviço do Estado (que propiciou a evasão de menor submetido a regime de semiliberdade) tenha sido a causa direta e imediata do tiroteio entre o foragido e um seu desafeto, ocorrido oito dias depois, durante o qual foi disparada a "bala perdida" que atingiu a vítima, nem que esse tiroteio tenha sido efeito necessário da referida deficiência. Ausente o nexo causal, fica afastada a responsabilidade do Estado. Precedentes de ambas as Turmas do STF em casos análogos. 4. Recurso improvido.

do art. 927 do CC/2002 – Caio Mario da Silva Pereira, "Responsabilidade Civil" 7. ed. Forense, p. 76 – e que fixa a indispensabilidade do nexo causal), segundo a qual ninguém pode ser responsabilizado por aquilo a que não tiver dado causa; e outra (que decorre do art. 1.060 do CC/16 e do art. 403 do CC/2002 e que fixa o conteúdo e os limites do nexo causal), segundo a qual somente se considera causa o evento que produziu direta e concretamente o resultado danoso.

Seguiu, destacando a lição de Caio Mario da Silva Pereira, a respeito da teoria da causalidade adequada:

> Em linhas gerais, e sucintas, a teoria pode ser assim resumida: o problema da causalidade é uma questão científica de probabilidade. Dentre os antecedentes do dano, há que se destacar aquele que está em condições de necessariamente tê-lo produzido. Praticamente, em toda a ação de indenização, o juiz tem de eliminar os fatos relevantes, que possam figurar entre os antecedentes do dano. São aqueles que seriam indiferentes à sua efetivação. O critério eliminatório consiste em estabelecer que, mesmo na sua ausência, o prejuízo ocorreria. Após este processo de expurgo, resta algum que, no curso normal das coisas, provoca um dano dessa natureza. Em consequência, a doutrina que se constrói nesse processo técnico se diz da causalidade adequada, porque faz salientar, na multiplicidade de fatores causais, aquela que normalmente pode ser o centro do nexo de causalidade (*Responsabilidade Civil*, 9. ed., Forense, p. 79).

A decisão, em seguida, faz menção a paradigma do STF (RE n. 130.764), a respeito da teoria adotada pelo sistema brasileiro, do dano direto e imediato, e quanto ao requisito da "necessidade"; afirmando, por conseguinte, que "só se admite o nexo de causalidade quando o dano é efeito necessário de uma causa [...]", concluindo pela sua não ocorrência no caso concreto:

> A imputação da responsabilidade civil, portanto, supõe a presença de dois elementos de fato (a conduta do agente e o resultado danoso) e um elemento lógico-normativo, o nexo causal (que é *lógico*, porque consiste num elo referencial, numa relação de pertencialidade, entre os elementos de fato; e é *normativo*, porque tem contornos e limites impostos pelo sistema de direito, segundo o qual a responsabilidade civil só se estabelece em relação aos efeitos diretos e imediatos causados pela conduta do agente).

Diante disso, no caso específico em julgamento, questionou se o primeiro fato (fuga do menor) poderia ser tido como causa imediata e direta do segundo (evento-morte), (ou, como propôs, sob outro enfoque: "se o segundo fato pode ser tido como efeito necessário do primeiro?"). A resposta do ministro foi negativa, afastando o nexo causal:

> no caso, não há como afirmar que a deficiência do serviço do Estado (que propiciou a evasão de menor submetido a regime de semiliberdade) tenha sido a causa

direta e imediata do tiroteio entre o foragido e um seu desafeto, ocorrido oito dias depois, durante o qual foi disparada a "bala perdida" que atingiu a vítima, nem que esse tiroteio tenha sido efeito necessário da referida deficiência.

A divergência exposta entre os ministros, com o voto do relator, Min. Luiz Fux, tendo dado inicialmente provimento ao recurso, considerando a existência de relação causal, e do revisor, Min. Teori Zavaski, por afastar a causalidade, foi decidida com o voto da ministra Denise Arruda, que, mesmo admitindo a possibilidade de eventual responsabilidade do Estado, entendeu que o lapso temporal havido entre a fuga e o evento morte teria ocasionado a interrupção do nexo causal:

> No caso vertente, as circunstâncias apresentadas pelas instâncias ordinárias evidenciam que o nexo de causalidade não está configurado, na medida em que o evento danoso não está imediatamente ligado à fuga – há um lapso temporal razoável entre a ocorrência do ato ilícito e a evasão do infrator do sistema prisional –, bem como que há fatos que descaracterizam a relação direta entre os eventos.

A decisão, portanto, por maioria, afastou a hipótese de ter havido uma relação de causalidade entre a omissão do ente público e o fato trágico ocorrido posteriormente, fazendo prevalecer o entendimento de que no caso ocorrido o lapso temporal e os acontecimentos posteriores à fuga teriam interrompido o liame exigido para a responsabilização do Estado:

> As circunstâncias apresentadas pelas instâncias de origem evidenciam que o nexo de causalidade não está configurado, na medida em que o evento danoso não está imediatamente ligado à fuga – **há um lapso temporal razoável entre a ocorrência do ato ilícito e a evasão do infrator do sistema prisional** –, bem como que há fatos que descaracterizam a relação direta entre ambos os eventos.

A solução encontrada pelo STJ neste caso, que tem suporte fático semelhante ao referido "paradigma" do STF, considerando que em ambos se discutia o prejuízo ocorrido em face da fuga de indivíduos que se encontravam sob a vigilância do Estado, ao final, é a mesma. A leitura do dispositivo do artigo 403, na argumentação consolidada pela jurisprudência, é de que há a possibilidade de se alcançar os prejuízos distantes, desde que não se interrompa o vínculo de necessidade, que se caracteriza pela continuidade e não interrupção por concausas.

Ainda assim, o julgado equipara essa perspectiva à da causalidade adequada, concluindo que entre a fuga do menor (omissão do Estado) e o tiroteio no qual foi atingido (dano) haveria decorrido um "lapso temporal razoável" e a concorrência de fatos praticados por terceiros que teriam interrompido o nexo de causalidade (*"há um lapso temporal razoável entre a ocorrência do ato ilícito e a evasão do infrator do sistema prisional –, bem como que há fatos que descaracterizam a relação direta entre ambos os eventos"*).

A decisão, além de se utilizar de diferentes proposições teóricas da causalidade, no entanto, trata do nexo causal com um elo único. O que para esta obra poderia ser resolvido de outra forma, já que se defende a duplicidade causal. O primeiro nexo é o de imputação (art. 927, CC), e, no caso da responsabilidade objetiva, já estaria evidenciado pelo fato de ter o Estado sido omisso na vigilância do menor e não ter agido para evitar a fuga. Sem tal circunstância demonstrada não teria ocorrido o dano (morte por bala perdida). Esse primeiro vínculo é condicional, deve se apresentar provável (regular, segundo a ordem normal dos acontecimentos), fuga de um criminoso e a probabilidade de vir a praticar atos criminosos. Há, entretanto, um segundo nexo, esse, sim, a ser apreciado à luz do que dispõe o artigo 403 do Código Civil, e que diz respeito às consequências danosas (que a morte de um filho ocasiona aos pais e todas as consequências decorrentes).

A causalidade jurídica, como está sendo chamada, é invocada para se apurar as consequências do dano. É nesse contexto que se utilizam os elementos da causalidade expostos, o observador experiente, a regularidade, a probabilidade. A primeira aferição, que é também jurídica, por estar apoiada na lei, no entanto, é verificada em consonância com a realidade fática, sem a qual o evento não teria ocorrido.

Ao mencionar a teoria da causa adequada, que não é objetivamente expressa no sistema, os julgadores partem de um pressuposto de regularidade e probabilidade, que não são estranhos ao modelo que se propõe, mas tangenciam a possibilidade de aplicá-lo conceitualmente em momentos distintos e individualizados. Além disso, deixam transparecer uma posição errática, ora admitindo causalidade adequada, ora dano direto e imediato, sem fazer as necessárias distinções que a compreensão de causalidade em momentos distintos e sucessivos permite.

Em julgado do STJ[94] de 2013, alegadamente à luz da teoria da causalidade adequada, decidiu-se afastar o nexo causal em caso em que as proclamadas vítimas,

---

[94] BRASIL STJ, REsp. n. 1.067.332, RJ, 4ª Turma. xx Rel. Min. Marco Buzzi, j. 5/11/2013, *DJE* em 5/5/2014, cf. ementa: RECURSO ESPECIAL – AÇÃO CONDENATÓRIA – INDENIZAÇÃO POR DANOS PATRIMONIAIS E EXTRAPATRIMONIAIS PLEITEADA PELA VÍTIMA PRINCIPAL, SEUS IRMÃOS E PAIS (vítimas por ricochete) – CRIANÇA QUE, APÓS ASSISTIR PROGRAMA DE TELEVISÃO, NOTADAMENTE UM NÚMERO DE MÁGICA, REPRODUZINDO-O EM SUA RESIDÊNCIA, ATEIA FOGO AO CORPO DE SEU IRMÃO MAIS NOVO, CAUSANDO-LHE GRAVES QUEIMADURAS – RESPONSABILIDADE CIVIL DA EMISSORA DE TELEVISÃO CORRETAMENTE AFASTADA PELA CORTE DE ORIGEM, TENDO EM VISTA A AUSÊNCIA DE NEXO DE CAUSALIDADE, EXAMINADO À LUZ DA TEORIA DA CAUSALIDADE ADEQUADA. INSURGÊNCIA RECURSAL DOS AUTORES. Pretensão ressarcitória deduzida pela vítima principal, seus irmãos e pais, tendo em vista que, após assistir a um número de mágica – veiculado em programa de televisão de responsabilidade da ré –, o irmão mais velho, reproduzindo o número, ateia fogo ao corpo do primeiro autor, causando-lhes graves queimaduras. Tribunal de origem que, em sede de apelação, reforma a sentença que julgara parcialmente procedentes os pedidos, ante a ausência de nexo de causalidade. Entendimento mantido por ocasião do julgamento

pais e irmãos, pleiteavam indenização por parte de uma emissora de televisão, por dano ricochete, pelo fato de o filho atear fogo ao irmão, após assistir a um programa de televisão e tentar reproduzir o que seria um truque de mágica.

O acórdão utilizou como referencial a interpretação da jurisprudência brasileira no tocante à exigência da um liame de necessidade, a qual se consubstanciaria a teoria causal do dano direto e imediato, equiparando-a ainda aos conceitos da teoria da causalidade adequada, tratando-as como sinônimas na adoção pelo direito brasileiro.

Nesse sentido, destaca-se trecho do voto do relator:

> No ordenamento jurídico brasileiro, a partir do disposto no artigo 403 do Código Civil atual, que, em linhas gerais, repetiu o artigo 1.060 do Código Civil de 1916, depreende-se que os prejuízos indenizáveis ou ressarcíveis são aqueles que decorrem direta e imediatamente do seu fato gerador. Apesar da dicção do comando normativo, fez-se necessário, no âmbito doutrinário e jurisprudencial, o desenvolvimento⁄adoção de teorias que pudessem explicar o nexo de causalidade, sobretudo no que concerne à determinação, dentre as múltiplas condições (*con-*

---

dos embargos infringentes. 1. A conduta perpetrada pela criança, ao atear fogo em seu irmão, bem assim os danos daí decorrentes, não pode ser considerada desdobramento possível/previsível ou necessário da exibição de número de mágica em programa televisivo. A partir dos fatos delineados pelas instâncias ordinárias, observa-se que concretamente duas outras circunstâncias ensejaram a produção do resultado lesivo: (i) a ausência de vigilância dos pais, pois as crianças encontravam-se sozinhas em casa; (ii) a manutenção dos produtos inflamáveis ao alcance dos menores. 2. Não se conhece do recurso especial quanto à alegada violação ao artigo 221 da Constituição Federal, pois este modo de impugnação de decisão judicial não se presta ao exame de suposta ofensa a dispositivos constitucionais, por se tratar de matéria reservada à análise do Supremo Tribunal Federal, nos termos do artigo 102, inciso III, da Constituição Federal. 3. Inviabilidade do conhecimento do apelo no que concerne à arguida ofensa aos artigos 6º, incisos I, II, III, 8º, 9º, 10º, 12º e 14, parágrafo 1º, incisos I e II, do Código de Defesa do Consumidor, bem assim artigo 76 do Estatuto da Criança e do Adolescente, porquanto ausente o necessário prequestionamento. Aplicação da Súmula 320/STJ: "A questão federal somente ventilada no voto vencido não atende ao requisito do prequestionamento". 4. À aferição do nexo de causalidade, à luz do ordenamento jurídico brasileiro (artigo 1.060 do Código Civil de 1916 e artigo 403 do Código Civil de 2002), destacam-se os desenvolvimentos doutrinários atinentes à teoria da causalidade adequada e àquela do dano direto e imediato. Considera-se, assim, existente o nexo causal quando o dano é efeito necessário e/ou adequado de determinada causa. 4.1 No caso concreto, a atração circense emitida pela emissora ré, durante um programa ao vivo, muito embora não possa ser considerada indiferente, não se constitui em sua causa. A partir dos elementos fáticos delineados pelas instâncias ordinárias, infere-se que duas outras circunstâncias, absolutamente preponderantes e suficientemente autônomas, ensejaram concretamente a produção do resultado lesivo: (i) a ausência de vigilância dos pais, pois as crianças encontravam-se sozinhas em casa; (ii) a manutenção dos produtos inflamáveis ao alcance dos menores. 4.2. Ausente o liame de causalidade jurídica entre a transmissão do número de mágica e os danos alegados pelos autores, não há falar em responsabilidade civil da emissora ré e, por conseguinte, em dever de indenizar. 5. RECURSO ESPECIAL PARCIALMENTE CONHECIDO E, NA EXTENSÃO, NÃO PROVIDO.

ditio sine qua non) que culminaram na consecução do dano, daquela a ser erigida como sua causa. Dentre os desenvolvimentos doutrinários adotados no Brasil, destaca-se *a teoria do dano direto e imediato*, bem com a *teoria da causalidade adequada*. Sem maiores digressões acerca do tema, afirma-se que *a teoria da causalidade adequada* examina a adequação da causa em função da possibilidade e probabilidade de determinado resultado vir a ocorrer, à luz da experiência comum. Nesse sentido, assevera Fernando Noronha, defensor da aludida teoria,

E segue:

Para tal teoria, um fato é causa de um dano quando este seja consequência normalmente previsível daquele. E para sabermos se ele deve ser considerado consequência normalmente previsível, devemo-nos colocar no momento anterior àquele em que o fato aconteceu e tentar prognosticar, de acordo com as regras da experiência comum, se era possível antever que o dano viesse a ocorrer. Quando a resposta for afirmativa, teremos um dano indenizável. Os danos indenizáveis serão aqueles que só se produziram devido a circunstâncias extraordinárias, a situações improváveis, que não seriam consideradas por um julgador prudente, ponderando as regras de experiência, comum e técnica (cf. 335 do Cód. Proc. Civil) (*Direito das Obrigações*. 4. ed. São Paulo: Saraiva, 2013, p. 499-500; grifou-se). De outro lado, sob a perspectiva *da teoria do dano direto e imediato*, segundo as lições de Agostinho Alvim – seu grande mentor –, [...] suposto certo dano, considera-se causa dele a que lhe é próxima ou remota, mas, com relação a esta última, é mister que ela se ligue ao dano, diretamente. Ela é a causa única, porque opera por si, dispensadas outras causas. Assim, desde que ela lhe seja causa necessária por não existir outra que explique o mesmo dano. (Agostinho Alvim apud NORONHA, Fernando. *Direito das Obrigações*. 4. ed. São Paulo: Saraiva, 2013, p. 623; grifou-se) Interpreta-se, portanto, a expressão "direto e imediato" como "necessário". De acordo com essa teoria, ainda que a inexecução resulte de dolo do devedor, este só responde pelos danos que são consequência necessária do inadimplemento, e não por aqueles originados de outras consequências não necessárias, conjecturais. Com efeito, embora muitos sejam os fatores que contribuam para a consecução do dano, nem todos devem ser reputados como sua causa, mas tão somente os que a ele se ligam em uma relação de necessariedade. Portanto, *a teoria do dano direto e imediato* também distingue, dentre o conjunto de antecedentes causais, a causa das demais condições.

No voto, ainda, o relator concorda com a proposição de Rafael Peteffi da Silva, que equipara o dano direto e imediato à teoria da causalidade adequada:

A análise cuidadosa das características essenciais das teorias acima estudadas deixa transparecer semelhanças inegáveis entre a "causa adequada" da teoria da causalidade adequada e a "causa necessária" da teoria do dano direto e imediato. [...] acredita-se que, na maioria dos casos nos quais é possível imaginar ou comprovar outras causas supervenientes e eficazes para a causação do dano, o vínculo entre a causa anterior e o prejuízo final passa a esvanecer, maculando inexoravelmente o seu "caráter de adequação", pois outras causas se apresentam como mais adequadas. Assim, pode-se afirmar que o exame de adequação causal guarda estreita ligação com o exame da causa direta e imediata (*Responsabilidade civil pela perda de uma chance*. São Paulo: Atlas, 2009, p. 40-41; grifou-se)

Em outra situação submetida à apreciação do STJ, em 2013, seguindo a linha de raciocínio que vem expressa nas decisões anteriores, julgou-se, em sede de recurso especial, o caso que envolveu o pedido de indenização dos familiares do filho menor morto após evadir em condições precárias do hospital no qual tratava de uma meningite. A pretensão se baseou na alegada omissão da instituição de não evitar que o enfermo saísse abandonando o tratamento em uma noite de chuva que teria ainda agravado seu estado e causado a morte.[95]

O voto do relator resumiu o reiterado entendimento da jurisprudência brasileira:

> Na aferição do nexo de causalidade, a doutrina majoritária de Direito Civil adota a teoria da causalidade adequada ou do dano direto e imediato, de maneira que

---

[95] BRASIL STJ, Resp. n. 1.307.032, RJ, 4ª t. Rel. Min. Raul Araújo, j.15/10/2013, *DJE* em 4/2/2013, conf. ementa: RECURSO ESPECIAL. CIVIL. RESPONSABILIDADE CIVIL. PRESCRIÇÃO. NÃO CONFIGURAÇÃO. FUGA DE PACIENTE MENOR DE ESTABELECIMENTO HOSPITALAR. AGRAVAMENTO DA DOENÇA. MORTE SUBSEQUENTE. NEXO DE CAUSALIDADE. CONCORRÊNCIA DE CULPAS. RECONHECIMENTO. REDUÇÃO DA CONDENAÇÃO. RECURSO PARCIALMENTE PROVIDO. 1. Não incidem as normas do Código de Defesa do Consumidor, porquanto o evento danoso ocorreu em data anterior à sua vigência. Ficam, assim, afastadas a responsabilidade objetiva (CDC, art. 14) e a prescrição quinquenal (CDC, art. 27), devendo ser a controvérsia dirimida à luz do Código Civil de 1916. 2. Aplica-se o prazo prescricional de natureza pessoal de que trata o art. 177 do Código Civil de 1916 (vinte anos), em harmonia com o disposto no art. 2.028 do Código Civil de 2002, ficando afastada a regra trienal do art. 206, § 3º, V, do CC/2002. 3. Na aferição do nexo de causalidade, a doutrina majoritária de Direito Civil adota a teoria da causalidade adequada ou do dano direto e imediato, de maneira que somente se considera existente o nexo causal quando o dano é efeito necessário e adequado de uma causa (ação ou omissão). Essa teoria foi acolhida pelo Código Civil de 1916 (art. 1.060) e pelo Código Civil de 2002 (art. 403). 4. As circunstâncias invocadas pelas instâncias ordinárias levaram a que concluíssem que a causa direta e determinante do falecimento do menor fora a omissão do hospital em impedir a evasão do paciente menor, enquanto se encontrava sob sua guarda para tratamento de doença que poderia levar à morte. 5. Contudo, não se pode perder de vista sobretudo a atitude negligente dos pais após a fuga do menor, contribuindo como causa direta e também determinante para o trágico evento danoso. Está-se, assim, diante da concorrência de causas, atualmente prevista expressamente no art. 945 do Código Civil de 2002, mas, há muito, levada em conta pela doutrina e jurisprudência pátrias. 6. A culpa concorrente é fator determinante para a redução do valor da indenização, mediante a análise do grau de culpa de cada um dos litigantes, e, sobretudo, das colaborações individuais para confirmação do resultado danoso, considerando a relevância da conduta de cada qual. O evento danoso resulta da conduta culposa das partes nele envolvidas, devendo a indenização medir-se conforme a extensão do dano e o grau de cooperação de cada uma das partes à sua eclosão. 7. Recurso especial parcialmente provido. .

somente se considera existente o nexo causal quando o dano é efeito necessário e adequado de uma causa (ação ou omissão). Diferentemente do que ocorre no Direito Penal, em que é adotada a teoria da equivalência dos antecedentes – *conditio sine qua non* –, segundo a qual não há distinção entre causa e condição, tudo aquilo que contribui para a ocorrência do crime gera responsabilidade penal (CP, art. 13).

O acórdão proveu parcialmente o recurso sob o entendimento de ter havido causas concorrentes, como a interrupção do tratamento por culpa da vítima e de terceiros, seus pais, que o acolheram em casa mesmo diante do quadro de gravidade. O julgado levou em consideração o que chamou de concorrência de culpas ou de causas para minimizar a participação do hospital e distribuir responsabilidades por um critério de proporcionalidade.

Aventou-se, concretamente, a hipótese de concorrência de causas (art. 945, CC), considerando que para o evento teria concorrido também a atitude negligente dos pais do menor:

> No caso em exame, mostram-se causas adequadas e eficientes para a ocorrência do evento morte do menor tanto a omissão do ora recorrente em promover a guarda e vigilância do enfermo quanto a postura negligente dos pais da vítima. Deve, assim, ser reconhecida a concorrência de causas (ou culpas), com a fixação da indenização que proporcionalmente reflita a culpa de terceiro. Com efeito, a culpa concorrente – ou, como menciona a doutrina mais moderna, a concorrência de causas ou concorrência de responsabilidades – é fator determinante para a redução do valor da indenização, mediante a análise do grau de culpa de cada um dos litigantes, e, sobretudo, das colaborações individuais para confirmação do resultado danoso, considerando a relevância da conduta de cada qual. O evento danoso resulta da conduta culposa das partes nele envolvidas, devendo a indenização medir-se conforme a extensão do dano e o grau de cooperação de cada uma das partes à sua eclosão.

Os casos trazidos ilustram o entendimento que vigora nas cortes superiores a respeito da aplicação de teorias causais e dos seus limites. Não há, contudo, discussão relevante identificada nesta pesquisa em relação ao conteúdo do dano, à apuração de consequências do dano, reafirmando o fato de que no debate interno a causalidade é compreendida como pressuposto da formação do dever reparatório, e as teorias não são aprofundadas a não ser pelo discurso afirmativo e de justificação de apreciações de razoabilidade e bom senso do julgador.

Não por isso, pode-se deixar de verificar a possibilidade de uma aplicação mais larga, não literal da expressão direto e imediato,[96] com vistas à verificação de

---

[96] De Cupis, a propósito, afirma que o objetivo da locução seria evitar o desequilíbrio econômico: "*tale laconica espressione non va interpretata alla lettera: il legislatore, mediante essa,*

um nexo de regularidade.[97] O dano mediato e indireto, admite a jurisprudência, pode então ser ressarcido se contínuo e regular (não sujeito a interrupções) dentro da cadeia na causal que se insere. O critério que vem prevalecendo na aplicação da regra que prevê o ressarcimento de consequências diretas e imediatas, no Brasil, assim como nos países da Europa, que seguem a tradição romanista, em especial a locução do artigo do Código de Napoleão, é o da não literalidade.

Agostinho Alvim conclama a teoria do dano direto e imediato e a ideia de uma subteoria da necessidade, fundamentando a sua posição nas elaborações de Pothier, que pretendia a reparação dos danos diretos, a respeito dos quais não intercediam causas estranhas:

> A escola que melhor explica a teoria do dano direto é a que se reporta à necessarie-dade da causa [...] é ela que está mais de acordo com as fontes históricas da teoria do dano direto e imediato [...] nós aceitamos a teoria ou subteoria da necessariedade da causa [...] suposto certo dano, considera-se causa dele a que dele é próxima ou remota, mas, com relação a esta última, é mister que ela se ligue ao dano, direta-mente. Ela é causa necessária desse dano, porque ele e ela se filia necessariamente; é causa única, porque opera por si, dispensada outra causa. Assim, é indenizável todo o dano que se filia a uma causa, ainda que remota, desde que ela lhe seja causa necessária, por não existir outra que explique o mesmo dano.[98]

O autor discorre sobre a locução, afirmando que o termo imediato significa "sem intervalo" e "direto" "aquilo que vem em linha reta, haja ou não intervalo", lembrando que o legislador poderia querer atribuir a cada um sentido, não obstante ser comum na prática e até em dicionários aparecerem como sinônimos,[99] o que, para ele, constitui em si um reforço linguístico, "querendo o legislador, com essas expressões, tornar indispensável o nexo causal".[100] Para Alvim, indiscutivelmente, "a expressão dano direto e imediato significa nexo causal necessário".[101]

---

ha voluto significare che l'obbligo di ressarcimento non deve essere ilimitato; al contrario deve sussistere un critério di moderazione e, quindi, non vanno risarciti i danni remoti, legati al fatto dell'uomo da un rapporto di causalità quasi impercettibile: altrimenti il responsabile sarebbe facilmente esposto al rischio di perderei l próprio patrimonio" (DE CUPIS, Adriano. *Il danno.* Milano: Giuffré, 1979, p. 112).

[97] Vide DE CUPIS, op. cit., p. 228, e VISINTINI, Giovanna. *Trattato breve della responsabilità civile.* 3. ed. Padova: Cedam, 2005, p. 83. De Cupis teria reelaborado a teoria penal da causa-lidade adequada, chamando-a de causalidade regular, conclamando a utilização de critérios estatísticos para demonstrar a regularidade e fatos ordinários.

[98] ALVIM, Agostinho. *Da inexecução das obrigações e suas consequências.* 3. ed. Rio de Janeiro: Jurídica e Universitária, 1965, p. 338-339.

[99] Idem, p. 339-340.

[100] Ibidem, 345.

[101] Segundo Agostinho Alvim, "esta é a interpretação do criador desta teoria (DUMOLIN), do seu apologista e divulgador (POTHIER), dos expositores do Código de Napoleão (o primeiro

O dicionário Aurélio define o vocábulo "direto", "o que vai em linha reta", embora também obtenha na acepção "o que não há intermediário, imediato"; e "imediato", o que "não tem nada de permeio; próximo". A "necessidade", por sua vez, é definida como "aquilo que é inevitável, fatal; aquilo que obriga de modo absoluto".[102] O sentido dado por Agostinho Alvim à leitura da locução dano direto e imediato, aceita na jurisprudência brasileira, é o de necessariedade como "determinação absoluta", que não permite variáveis na sua concretização.

A mesma flexibilidade em relação à leitura do texto normativo, que permite a construção de uma interpretação que equipara o dano direto e imediato ao dano que se dá em relação de necessidade, tem possibilitado a utilização de conceito igualmente debatido a respeito da regularidade causal, no sentido em que significa "aquilo que ocorre segundo a ordem normal dos acontecimentos". Essa perspectiva considera a causalidade como fenômeno que constitui um vínculo entre dois eventos em ordem de regularidade e probabilidade.

É impossível a certeza pretendida na atribuição de um vínculo de necessidade; sendo que ele mesmo, na proposição aceita, a sucessão de fatos que ocorre em uma ordem que não sofre a interrupção.[103] Critério que pode parecer falho, já que as concausas estarão sempre presentes, cabendo determinar em que medida ou proporção elas contribuem para o evento, e se são suficientes para afastar efetivamente a causa que se encontrava em curso. A solução pelo critério da regularidade é mais eficiente, na visão aqui defendida.

Por essa razão, reafirma-se a necessidade de precisão conceitual e uniformidade. E mais que isso, estender a possibilidade de discutir a causalidade como instrumento e critério para apuração de danos (de preenchimento e de determinação) e não só de ligação material. Quando se está a discutir a "distância" e a "contiguidade" entre evento, está-se a falar na extensão do dano em seus desdobramentos consequentes. A seleção desses desdobramentos a partir do critério da causalidade – e sua concepção jurídica – é que vai preencher o conteúdo do ressarcimento. Vai, por assim dizer, delimitar uma zona de ressarcimento.

Na segunda cadeia, instaurada a partir da constatação do dano, há que se averiguar a regularidade para fins de selecionar as consequências. A cadeia que se estabelece em ordem de regularidade, para este livro, determina os danos que devem ser ressarcidos, e não só em vinculação direta e imediata em seu sentido literal. Nesse ponto, o intérprete e aplicador do direito lança mão da proposta de um "observador

---

diploma que o acolheu) e de Códigos posteriores, alguns dos quais adotaram a expressão necessário ou necessariamente, para substituir a locução direto e imediato" (Ibidem, p. 341-342).

[102] FERREIRA, Aurélio de Buarque de Holanda. *Novo dicionário Aurélio da Língua Portuguesa*. 3. ed. Rio de Janeiro: Positivo, versão digital, 2010.

[103] Agostinho Alvim, a propósito, argumenta que "a ideia central, enunciada e repetida pelos autores é, pois, a de que o aparecimento de outra causa é que rompe o nexo causal e não a distância entre a inexecução e o dano" (ALVIM, Agostinho. *Da inexecução das obrigações e suas consequências*. 3. ed. Rio de Janeiro: Jurídica e Universitária, 1965, p. 345).

experiente", um *standard*, um modelo de representação daquele que observa fatos com base na experiência quotidiana da vida em um contexto social e que permite antever os resultados em face da probabilidade e da regularidade com que ocorrem.

Trata-se de um exercício de prognóstico *a priori* no qual o observador se coloca hipoteticamente no momento anterior aos acontecimentos para que possa constatar se o que aconteceu após está em conformidade (adequação) com tal formulação hipotética, baseada na regularidade. É uma construção mental que permite estabelecer idoneidade ao fato desencadeador em relação aos fatos desencadeados.

Segundo Giovanna Visintini, o Código italiano que prevê em seu artigo 1.223 regra semelhante, com a utilização do mesmo critério para a limitação da reparação do dano, é um dos critérios limitadores elaborado pela tradição para resolver a problemática central da quantificação do dano ressarcível.[104] A mesma autora refere que é comum se notar na jurisprudência daquele país que o critério definido é avaliado com certa elasticidade para abranger situações que se vinculem com um grau de regularidade.[105]

O Código Civil argentino de Vélez apresentava uma distinção entre causas diretas e imediatas. O artigo 901 dispôs: "as consequências que habitualmente se seguem a um fato, segundo o curso natural e ordinário das causas, chamam-se, nesse Código, consequências imediatas";[106] o atualmente em vigência diz, no artigo

---

[104]   VISINTINI, Giovanna. *Cos'è la responsabilità civile*: fondamenti della disciplina dei fatti illeciti e dell'inadempimento contrattuale. 2. ed. Napoli: Edizione Scientifiche Italiane, 2014, p. 291. A doutrina italiana entende ainda que são critérios de limitação do dano, tanto na responsabilidade extracontratual quanto no incumprimento das obrigações, o da previsibilidade pelo ofensor e o do instituto da compensação do dano com lucro (*compensatio lucri cum damno*). A jurisprudência italiana vem utilizando critérios de "normalidade" e "previsibilidade" para a interpretação do artigo 1.223 do Código Civil. Também Berti (BERTI, Ludovico. *Il nesso di causalità in responsabilità civile*: nozione, onere di allegazione e onere della prova. Milano: Giuffrè, 2013, p. 88) afirma que por normalidade se entende o que se presume da experiência e das regras probabilísticas e estatísticas, considerando o dano ressarcível quando for "provável", "normal" e "estatisticamente demonstrável" que derive de um determinado evento. Por esse critério se reconhece relevância jurídica ao ressarcimento de danos mediatos e indiretos. O autor cita o julgado da Corte de Cassação (Cass. civ., 21/12/2001, n. 16163, in *Giust. civ. mass.* 2001, 2200) que, textualmente, afirma:"*In tema di risarcibilità del danno da fatto illecito, il nesso di causalità va inteso in modo da ricomprendere nel risarcimento anche i danni indiretti e mediati che si presentinho come effetto normale secondo il principio della cosiddetta regolarità causale, con la conseguenza che, ai fini del sorgere dell'obbligazione di risarcimento, il rapporto fra illecito ed evento può anche non essere diretto ed immediato se, ferme restando le altre condizioni, il primo non si sarebbe verificato in assenza del secondo, sempre che, nel momento in cui si produce l'eventoca usante, le conseguenze dannose di esso non appaiano del tutto inverosimili. L'accertamento di tale nesso di causalità è riservato al giudice del merito, il cui apprezzamento è insindacabile in sede di legittimità, se sorretto da motivazione congrua ed immune da vizi*".

[105]   VISINTINI, Giovanna, op. cit., p. 295-296.

[106]   Art. 901. Las consecuencias de un hecho que acostumbra suceder, según el curso natural y ordinario de las cosas, se llaman en este código "consecuencias inmediatas". Las consecuencias que resultan solamente de la conexión de un hecho con un acontecimiento distinto, se

1.727, que: "as consequências de um fato que costumam suceder segundo o curso natural e ordinário das coisas, chamam-se, nesse Código, 'consequências imediatas'. As consequências que somente resultam da conexão de um fato com um acontecimento distinto, chamam-se consequências mediatas".[107] As mediatas somente são ressarcíveis quando previsíveis.

Alvim analisou a redação primeira do Código para afirmar que o objetivo expresso na distinção era de afastar a responsabilidade do devedor no aparecimento de concausas.[108] A consequência mediata, nessa concepção, pressupõe a concausalidade, enquanto a imediata decorre naturalmente do fato. Por isso, a mediata em regra (quando não previsível pelo agente) não era ressarcível. Os exemplos dados, como o do próprio Pothier, para afastar a responsabilidade pelo eventual surgimento de concausas, é que não convencem, já que se sustentam em probabilidades de interferência, quando o que parece mais razoável é o raciocínio inverso, de procurar a probabilidade não na eventual concausalidade, que estarão sempre presentes, em menor ou maior medida, mas na consequência.[109] Em outras palavras: o quão

---

llaman "consecuencias mediatas". Las consecuencias mediatas que no pueden preverse se llaman "consecuencias casuales". Nos artigos seguintes, 903 e 904, diz-se que são imputáveis ao autor as consequências imediatas e as mediatas quando as puder prever: Art. 903. Las consecuencias inmediatas de los hechos libres, son imputables al autor de ellos. Art. 904. Las consecuencias mediatas son también imputables al autor del hecho, cuando las hubiere previsto, y cuando empleando la debida atención y conocimiento de la cosa, haya podido preverlas; e as puramente casuais: Art. 905. Las consecuencias puramente casuales no son imputables al autor del hecho, sino cuando debieron resultar, según las miras que tuvo al ejecutar el hecho.

[107] Art. 1.726. Relación causal. Son reparables las consecuencias dañosas que tienen nexo adecuado de causalidad con el hecho productor del daño. Excepto disposición legal en contrario, se indemnizan las consecuencias inmediatas y las mediatas previsibles; Art. 1727. Tipos de consecuencias. Las consecuencias de un hecho que acostumbran a suceder según el curso natural y ordinario de las cosas, se llaman en este Código "consecuencias inmediatas". Las consecuencias que resultan solamente de la conexión de un hecho con un acontecimiento distinto, se llaman "consecuencias mediatas". Las consecuencias mediatas que no pueden preverse se llaman "consecuencias casuales".

[108] ALVIM, Agostinho. *Da inexecução das obrigações e suas consequências*. 3. ed. Rio de Janeiro: Jurídica e Universitária, 1965, p. 349.

[109] Veja-se, a propósito, o exemplo de Pothier, do rebanho contaminado pela vaca adquirida com moléstia, reproduzido por Augustinho Alvim, e no qual se coloca no lugar do comprador lesado: "A perda que sofri por não ter podido cultivar minhas terras parece ser uma consequência menos distante do dolo desse negociante; todavia, eu penso que ele não deve ser responsabilizado; ou pelo menos não o deve inteiramente. A referida falta de cultura não é uma consequência absolutamente necessária da perda de meus bois, que me causou o dolo desse negociante; eu podia, não obstante ela, obviar essa falta de cultura, fazendo cultivar as terras por outros bois que houvesse comprado; ou, por outros bois, que houvesse tomado de arrendamento; ou poderia ter arrendado as terras se não pudesse explorá-las eu mesmo" (ALVIM, Agostinho. *Da inexecução das obrigações e suas consequências*. 3. ed. Rio de Janeiro: Jurídica e Universitária, 1965, p. 344).

provável, segundo o curso normal dos acontecimentos, é o resultado alcançado por um determinado fato?

Os inúmeros julgados do Superior Tribunal de Justiça, em atenção ao precedente histórico da relatoria do ministro Moreira Alves, identificam o critério do dano direto e imediato com o de um vínculo de necessariedade entre os fatos para que se possa assim compreendê-los na reparação indenizatória.

Alguns casos que se podem colher da jurisprudência demonstram na verdade uma fragilidade assertiva no tocante aos conceitos que devem servir para delimitação e seleção dos danos ressarcíveis. Há mais intuição e bom senso do que propriamente a aplicação de conceitos. A casuística, ainda que refira à causalidade, parece ignorá-la em sua função concreta de selecionador de danos ressarcíveis, tangenciando as teorias e a doutrina que vê justamente a causalidade jurídica com essa precípua e importante função.

A doutrina estrangeira tem se mostrado mais atenta à questão da causalidade nessa perspectiva. O recurso à causalidade jurídica para a apuração dos danos pressupõe já ter sido demonstrada a causalidade material, aquela que se estabelece entre ilícito e dano, fonte da responsabilidade, até que se estabeleça o segundo momento do dano-prejuízo, que do primeiro nexo deriva.[110]

O debate da causalidade na jurisprudência brasileira, por influência das fontes doutrinárias, fica restrito ao campo da materialidade e da temporalidade. Mesmo que se procure qualificar a causa e identificar critérios de necessidade ou de regularidade, independência causal, ou adequação, o foco está sempre na configuração da responsabilidade civil e do dever de indenizar. Está ausente nessa perspectiva o estudo sistemático da causalidade jurídica. Há um simplismo no tratamento da causalidade, que a relega ao plano naturalístico, desconsiderando a valoração jurídica dos acontecimentos no plano das consequências indenizáveis.

Essa abordagem da causalidade é ainda mais relevante quando se discutem situações complexas, com variáveis de interrupção, como aponta a jurisprudência que admite um liame de necessidade. Falta, sobretudo, a percepção do instituto como categoria jurídica aplicável à seleção de danos.[111]

---

[110] Nesse sentido, VISINTINI, Giovanna. *Trattato breve della responsabilità civile*. 3. ed. Padova: Cedam, 2005, p. 313.

[111] Vacalvi aponta que a fórmula do artigo 1.223 sofreu críticas por seu caráter restritivo, e que, no entanto, Gabba e Chironi, em obras que datam de 1905 e 1897, teriam proposto reelaborá-la na forma de teoria das "consequências necessárias", p. 35-38, Vacalvi fala de um projeto italiano que pretendia incluir tal expressão e remete ao artigo *Intorno al rapporto di causalità nel torto civile*, p. 491, nota 37 (vide também a distinção entre dano-evento e dano consequências, in VACALVI, G. Intorno al rapporto di causalità nel torto civile. *Rivista di Diritto Civile*, v. 2, p. 481 ss., 1995, p. 37 e nota 37).

5

CASOS DIFÍCIES NA SELEÇÃO DOS DANOS

Sumário 5.1. Casos difíceis 5.2. Alcance virtual da causalidade. 5.3. Dano por rico-chete e perda de chance. 5.4. Probabilidade na seleção de danos. 5.5. Questão fática e natureza lógico-normativa da causalidade 5.6. Carga probatória da causalidade e a regra da máxima da experiência

5.1 CASOS DIFÍCIES

Fala-se em caso difícil[31] no direito para denotar situações que se encontram fora do estipulado na literalidade da regra, que exigem um esforço interpretativo, diferentemente daquelas cuja simples leitura de uma norma permite concluir por

---

[31]   A propósito, Ronald Dworkin afirma que o positivismo jurídico fornece uma teoria para os chamados casos difíceis, "quando uma ação judicial específica não pode ser submetida a uma regra de direito clara, estabelecida de antemão por alguma instituição, o juiz tem, segundo tal teoria, o poder discricionário para decidir o caso de uma maneira ou de outra" (DWORKIN, Ronald. *Levando os direitos a sério*. São Paulo: Martins Fontes, 2010, p. 127). O esforço do juiz está a justificar a decisão tomada, o que pode parecer aos olhos da parte a preexistência de um direito, mas segundo Dworkin, isso não passa de ficção, o que faz o juiz é na verdade "legislar novos direitos" para aplicá-los retroativamente. Esse modelo é criticado por Dworkin que insiste que o juiz deve continuar em busca do direito adequado às partes, e não deve inventar novas regras, atendendo a princípios. Não obstante, a presente obra acredita na aplicação de modelos que auxiliam à prática decisória, sem que com isso se aliene o poder discricionário do magistrado e a necessidade de se orientar por regras e princípios que se inserem no sistema jurídico como um todo.

uma solução. A denominação é apropriada aqui para indicar situações fáticas complexas, nas quais intervêm diferentes possibilidades de causas para determinado evento. Múltiplas causas podem ser analisadas em seu conjunto quando da causação de um dano. Podem também exigir do aplicador do direito uma distinção, a fim de que não se imputem indevidamente consequências a quem não contribuiu de fato. Na reparação de danos, tais circunstâncias podem implicar maior dificuldade para a seleção das consequências que devem ser indenizadas.

A causalidade denominada virtual acentua essa dificuldade. É verificada quando determinada conduta ou fato que é suficientemente capaz de produzir um dano não chega ao resultado pela superveniência de outro (comportamento ou fato) que dá causa ao mesmo efeito (resultado) que teria caso não fosse interrompido.[32] A eficácia causal da situação preexistente não atinge o resultado final aguardado, permanecendo em um estado virtual, em oposição àquele real que de fato ocorreu.[33]

Trata-se de uma hipótese de interrupção. O fato novo que é suportado por uma cadeia causal própria aparece e provoca o mesmo resultado que a outra cadeia anteriormente em curso vinha delineando, afastando a ordem inicial dos acontecimentos.[34] A primeira cadeia se torna virtual, caracterizada pela potencialidade que apresentava de ter gerado o mesmo resultado alcançado pela segunda. A nova causa, conforme De Cupis, não deve ter nenhuma relação com aquela antecedente para que se possa falar em interrupção; caso contrário, seria "uma única cadeia causal composta de vários anéis".[35]

A preocupação em torno da interrupção causal é verificada desde os textos romanos, como em exemplos extraídos de suas fontes, tais como: do escravo ferido que morre por causa de uma ruína de um edifício, ou de um naufrágio, ou de outro fato que ocorre antes que a ferida atingisse eficácia letal (D. 9, 2, 15, 1), ou do escravo ferido por alguém e que é morto pela ação de outra pessoa (D. 9, 2, 11, 3).[36]

---

[32] DE CUPIS, Adriano. *Il danno*. Milano: Giuffré, 1979, p. 242.

[33] Nessa circunstância a causa está fora da relação direta dos acontecimentos, vindo, de forma alheia, a se introduzir em determinada cadeia causal, passando a integrá-la na produção do dano como "estrangeira" em sua origem, ou simplesmente se colocando ao lado do resultado de forma virtual ou hipotética (PEREIRA COELHO, Francisco Manuel. *O problema da causa virtual na responsabilidade civil*. Coimbra: Almedina, 1998, p. 23 ss).

[34] Nesse caso, fala-se também em "causa estranha ou estrangeira" que é aquela que ocorre fora da relação usual havida entre o agente e a vítima de um evento danoso, ou seja, é aquele fato estranho que interfere ou interrompe o nexo de causalidade entre a ação de um sujeito e a esperada produção do dano. Os fatos alheios à vontade do sujeito, conjugados com os elementos de imprevisibilidade e de irresistibilidade, podem configurar hipóteses de exclusão de responsabilidade. Ausentes esses requisitos, concorrem normalmente para a produção do dano, hipótese em que a participação do fato estranho não eximirá totalmente o agente causador que deverá responder no limite da sua participação e dos danos causados (GREZ, Pablo Rodriguez. *Responsabilidade extracontratual*. Santiago do Chile: Juridica de Chile, 1999, p. 399).

[35] Idem.

[36] Essas hipóteses foram referidas na primeira parte deste livro.

CASOS DIFÍCIES NA SELEÇÃO DOS DANOS | **135**

Conforme essas passagens, não há responsabilidade dos que causaram as feridas pela morte dos escravos, pois o evento letal se deu pela causa superveniente (ruína de edifício, naufrágio, sucessiva ferida mortal), que interrompe o nexo causal entre a ferida inicial e o efeito morte. Entre o efeito produzido e a causa superveniente não existe nenhum liame, pois se estabeleceu uma relação absolutamente distinta daquela precedente.[37]

Todavia, quando o processo causal se conclui antes do novo fato superveniente que também causaria aquele dano, permanece a responsabilidade. Por exemplo, o caso do Digesto 43, 24, 7, 4, de uma casa que é derrubada quando estava para pegar fogo. O incêndio teria provocado o mesmo dano, mas o primeiro processo causal desencadeado teve o seu desfecho antes daquele.

O problema da causalidade virtual foi estudado principalmente pela doutrina alemã, que a denomina überholenden Kausalität. Na Itália, encontram-se discussões acerca do tema em alguns estudos, dos quais convém ressaltar os de Trimarchi,[38] Realmonte,[39] De Cupis[40] e Bianca.[41] Alguns autores italianos, entretanto, utilizam a expressão *"causalità alternativa ipotetica"* para referir essa hipótese causal.[42]

---

[37]   DE CUPIS, Adriano. *L'interruzione del nesso causale:* osservazioni sull' interruzione del nesso causale nel diritto civile. Milano: Giuffrè, 1954, p. 50 ss.

[38]   TRIMARCHI, Pietro. *Causalità e danno.* Milano: Giuffrè, 1967, p. 165-196.

[39]   REALMONTE, Francesco. *Il problema del rapporto de causalità nel risarcimento del dann.* Milano: Giuffrè, 1967, p. 113-121.

[40]   DE CUPIS, op. cit., p. 235.

[41]   BIANCA, Cesare Massimo. Dell'inadempimento delle obligazioni. In: SCILOJA, Antonio; BRANCA, Giuseppe. *Comentario al codice civile:* delle obbligazioni. Bologna-Roma, 1967, art. 1223, p. 234 ss.

[42]   Essa hipótese não deve ser confundida com a chamada "causalidade alternativa", que teve forte debate na jurisprudência francesa na metade do século XX, e que trata da responsabilidade civil do grupo pela presunção do nexo causal, e muito bem exposta na obra do autor Vasco Della Giustina (DELLA GIUSTINA, Vasco. *Responsabilidade civil dos grupos.* Rio de Janeiro: Aide, 1991); outro autor que tratou do tema foi Couto e Silva que, no entanto, preferia chamá-la de "causalidade disjuntiva" (SILVA, Clóvis Couto e. *Principes fondamentaux de la responsabilité civile en droit brésilien et comparé* [texto impresso]. Cours fait à la Faculté de Droit et Sciences Politiques de St. Maur Paris, 1988, p. 97). Na legislação brasileira não há um dispositivo específico, servindo de fundamento o artigo 938 do CC ("Aquele que habitar prédio, ou parte dele, responde pelo dano proveniente das coisas que dele caírem ou forem lançadas em lugar indevido"; a jurisprudência brasileira, contudo, já a admitiu em casos de danos ocasionados pela atividade de um grupo, atribuindo responsabilidade solidária a todos os membros identificados, cf.: STJ – RESP 26.975. 4ª T. Rel. Min. Aldir Passarinho. *DJ* de 20/5/2002. O tema ganhou importância também em âmbito da Europa com o trabalho realizado pelo Grupo Europeu de Responsabilidade (EGTL – European Group on Tort Law) que elaborou os Princípios de Direito Europeu da Responsabilidade Civil, que incluiu expressamente no Art. 3:102 as hipóteses da causalidade alternativa: Art. 3:103. Causas alternativas. (1) No caso de existirem várias atividades, sendo que cada uma delas, por si só, teria sido suficiente para produzir o dano, mas em que persiste incerteza sobre qual efetivamente o causou, cada uma será considerada como causa do dano até o

A causalidade virtual configura uma situação de interrupção do nexo causal pela superveniência de uma causa nova, estranha àquela e que exclui a responsabilidade do potencial causador em relação ao efeito produzido. A hipótese da intervenção de uma nova cadeia de acontecimento pôde ser vislumbrada, inclusive, nos exemplos trazidos no capítulo anterior, nos quais, sob o fundamento da teoria da causalidade direta e imediata, ou da subteoria de necessidade causal. As cortes superiores decidiram por afastar a responsabilidade daqueles que seriam inicialmente os causadores dos desfechos apresentados.

Foram os casos anteriormente discutidos nos quais houve o afastamento da responsabilidade estatal em razão do aparecimento de concausas intervenientes e que teriam ocasionado a ruptura do encadeamento causal inicial.[43] O primeiro nexo se estabeleceu a partir da atividade de um ente estatal (omissão ou negligência na vigilância) que foi, no entendimento dos julgados, interrompido e permaneceu na condição de causa virtual do prejuízo. A teoria que considera a necessidade e a imprescindibilidade no estabelecimento de uma relação "direta e imediata" entre os fatos foi utilizada para afastar a imputação do dever indenizatório.

Não obstante, a causa interveniente pode ser um fato do homem (fato de terceiro[44] ou culpa exclusiva da vítima[15]), mas pode ainda ser um fato da natureza,

---

limite correspondente à probabilidade de o ter causado. Os documentos contendo os princípios foram apresentados em conferência pública em 19 e 20 de maio de 2005, em Viena, conforme consulta ao *site*: http://civil.udg.edu/php//index.php?id=129&idioma=EN.

[43] Caso discutido no acórdão supra: BRASIL STJ, REsp. n. 858.511, RJ, 1ª Turma, Rel. Min. Luiz Fux, j. 19/8/2008, *DJE* em 15/9/2008.

[44] Considera-se terceiro qualquer pessoa estranha às pessoas do agente e da vítima, nos casos de responsabilidade civil (DIAS, op. cit., p. 713). Os códigos filiados ao sistema francês, conforme informa Aguiar Dias, não mencionam especialmente o fato de terceiro (DIAS, José de Aguiar. *Da responsabilidade civil*. 11. ed. São Paulo: Renovar, 2006, p. 712). O mesmo não o faz o código brasileiro, limitando-se a clássica referência ao caso fortuito e força maior. Os casos deste tipo têm sido julgados pela jurisprudência brasileira com base nos artigos 186 e 932 do Código Civil, Cfr. GONÇALVES, Carlos Roberto. *Responsabilidade civil*. Saraiva: São Paulo, 2015, p. 144. O problema surge quando se questiona a que título o fato de terceiro possui virtude exoneratória da responsabilidade do suposto causador do dano (PEIRANO FACIO, Jorge. *Responsabilidad extracontractual*. Montevideo: Barreiro y Ramos, 1954, p. 475). Muitos autores consideram o fato de terceiro como uma circunstância constitutiva da força maior. Peirano Facio aponta autores como Josserand, Salvat, Alessandri, De Villé, Morcos (PEIRANO FACIO, op. cit., p. 476, nota 1). Entende-se que para a caracterização do fato de terceiro, como excludente da responsabilidade civil, que o ato do terceiro tenha sido a causa preponderante para a produção do evento danoso, ligando-se a este por um nexo causal. Caso contrário, não se pode configurar uma causa estranha, suscetível de exonerar a responsabilidade do ofensor. O terceiro deve ser individualizado, não importa que seja desconhecido, basta que haja a certeza de que o fato provém de uma pessoa determinada (MAZEAUD, Henri; MAZEAUD, LEON, Jean. *Traité theorique et pratique e la responsabilité civile*. 6. ed. Paris: Montchrestien, 1978, p. 580). Para que seja excludente, é necessário que o seu ato atraia os efeitos do fato principal, interrompendo o nexo de causalidade da conduta do agente (PEREIRA COELHO, Francisco Manuel. *O problema da causa virtual na responsabilidade civil*. Coimbra: Almedina, 1998, p. 300).

revestido de características imprevisíveis e inevitáveis, hipóteses, por exemplo, de caso fortuito ou força maior. Pode também por isso interromper e excluir a responsabilidade, como pode apenas se inserir como uma concausa sujeita à verificação de imputação de responsabilidade.

O ordenamento brasileiro, no Código Civil de 1916, assim como no atual de 2002, não faz diferença entre caso fortuito e força maior, tratando-os como sinônimos. O artigo 393 do Código estabelece a excludente de responsabilidade, prevendo que "o devedor não responde pelos prejuízos resultantes do caso fortuito e força maior, se expressamente não se houver por eles responsabilizado".[46] O parágrafo

---

A ação do agente deve ser interferida pela ação preponderante de um terceiro. A participação da pessoa estranha na causação do dano pode ocorrer de maneira total ou parcial. O dano será, então, devido exclusivamente ao terceiro ou este concorre na sua produção e responde pela parte que deu causa. Somente na primeira hipótese se caracteriza a responsabilidade do terceiro, pois só naquela houve a interrupção do nexo causal. Para a caracterização do fato de terceiro como excludente da responsabilidade civil é necessário o elemento da causalidade, ou seja, o efeito danoso deve estar ligado à ação única de um terceiro por um nexo causal. Aguiar Dias explica que no antigo direito francês o fato de terceiro era considerado causa de exoneração na acepção ampla, não admitindo a concorrência de culpa do agente para a produção do prejuízo.

[45] Autores como Aguiar Dias e Peirano Facio preferem utilizar a expressão "fato da vítima" em vez de "culpa da vítima" para referir-se a essa excludente de responsabilidade (DIAS, op. cit., p. 727; PEIRANO FACIO, Jorge. *Responsabilidad extracontratual*. Montevideo: Barreiro y Ramos, 1954, p. 429 ss.). A opção por esta concepção mais ampla se explicaria na ideia de que nem sempre existe uma culpa por parte da vítima. Veja-se, por exemplo, a hipótese do louco que se atira sob um carro que passa em uma estrada. Não se poderia cogitar de culpa nessa hipótese, mas fica claro que o evento se deu por causa exclusiva da vítima. De qualquer forma, o ato negligente ou doloso da vítima quando constitua total ou parcialmente causa de um determinado evento danoso, deverá excluir a responsabilidade do agente (SANTOS BRIZ. *La responsabilidad civil: derecho sustantivo y derecho procesal*. Madrid: Montecorvo, 1981, p. 270, p. 268).

[46] No Direito Romano, sobretudo na época clássica, fazia-se distinção entre caso fortuito e força maior, mas em geral, na prática, eram idênticos os seus efeitos. Somente nos fins do século XIX surgiram as chamadas teses dualistas. Discute-se, como afirma Peirano Facio (PEIRANO FACIO, Jorge. *Responsabilidad extracontratual*. Montevideo: Barreiro y Ramos, 1954, p. 451, nota 1), se na segunda hipótese não se deveria discutir a questão do ponto de vista da culpa, como sugere, por exemplo, Mazeaud. O autor uruguaio considera uma imprecisão de uma parte da doutrina que confunde o caso fortuito ou força maior com a ausência de culpa. Exner, por sua vez, distinguiu os dois conceitos, considerando força maior como o evento irresistível e o caso fortuito como imprevisível. Segundo o autor, o primeiro se caracteriza por uma impossibilidade absoluta, enquanto o segundo por uma impossibilidade relativa (EXNER, *La noción de la fuerza mayor. Teoria de la responsabilidad en el contrato de transporte*, 1892, apud PEIRANO FACIO, op. cit., p. 455), e, nesse sentido também: MARTY, Gabriel; RAYNAUD, Pierre. *Droit civil: les obligations*. Paris: Sirey, 1988, p. 693. A orientação do direito ocidental sempre considerou o caso fortuito e a força maior como conceitos equivalentes que correspondem a uma única noção, podendo-se distinguir nos seus fatos geradores, mas tendo ambos os mesmos efeitos práticos. Esta ideia predominou na França na época anterior ao Código de Napoleão. O conceito unitário foi adotado por Pothier que rechaçava qualquer distinção utilizando os termos como sinônimos e, finalmente, pela grande parte da doutrina francesa (PEIRANO FACIO, op. cit., p. 460).

único do artigo 393, que manteve a redação do parágrafo único do artigo 1.058, ademais, define-os da seguinte forma: "O caso fortuito ou de força maior verifica-se no fato necessário, cujos efeitos não era possível evitar ou impedir".

A ideia de conceito unitário teve influência preponderante nos códigos que sofreram influência do código napoleônico. O Código Civil brasileiro de 2002, no parágrafo único do artigo 393, assim como no anterior de 1916, no parágrafo único do artigo 1.058 de 1916; o Código Civil chileno, art. 45, prevê que: "se llama fuerza mayor o caso fortuito el imprevisto a que no es posible resistir, como un naufragio, un terremoto, el apresamiento de enemigos, los actos de autoridad ejercidos por un funcionario público etc"; o Código Civil uruguaio, art. 1.322, e o Código Civil espanhol, art. 1.105, são alguns exemplos. Em particular na doutrina francesa, ressalta-se a opinião dos irmãos Mazeaud, para quem as expressões "caso fortuito" e "força maior" são sinônimas (MAZEAUD, Henri; MAZEAUD, León. *Leçons de droit civil*. 6. ed. Paris: Montchrestien, 1965, p. 625). Chamam atenção alguns Códigos Civis que estabelecem uma definição de caso fortuito e força maior, como nos casos do Código chileno, que, no artigo 45, diz que "se chama força maior ou caso fortuito o imprevisto que não é possível resistir", e dá exemplos, "como um naufrágio, um terremoto, os atos de autoridade exercidos por um funcionário público etc."; o Código peruano, no artigo 1.315: "Caso fortuito o fuerza mayor es la causa no imputable, consistente en un evento extraordinario, imprevisible e irresistible..."; e o Código argentino de Vélez Sarsfield, cujo artigo 514 dispõe que "caso fortuito es el que no há podido preverse, o que previsto, no ha podido evitarse". Observe-se, entretanto, a nota de Vélez a este artigo: "no se deben, por lo tanto, calificar como caso fortuito o de forza mayor, los acontecimientos que son resultado del curso ordinario y regular de la naturaleza...". Vélez faz clara alusão ao artigo 901 do Código que versa sobre as imputações das consequências danosas. Mosset Iturraspe explica que na Argentina houve uma tendência, todavia já supera-da pela doutrina, que via na segunda parte do artigo 514 a possibilidade de um caso fortuito configurado somente com o requisito da inevitabilidade, quando expressa: "...o que previsto, no há podido evitarse". A nota de Vélez a este artigo, entretanto, é clara ao afirmar que os denominados "casos fortuitos previstos" não tratam de uma verdadeira previsibilidade ou probabilidade, mas de uma possibilidade: "...pero no debe entenderse de una previsión pre-cisa, conociendo el lugar, el día y la hora en que el hecho sucederá, sino de la eventualidad del hecho..." (MOSSET ITURRASPE, Jorge. *Responsabilidad por daños*. Buenos Aires: Ediar, 1982, p. 210-211). O atual Código Civil y Comercial argentino, em vigência no ano de 2015, manteve o mesmo texto em relação ao caso fortuito no artigo 1.730: "*Caso fortuito. Fuerza mayor. Se considera caso fortuito o fuerza mayor al hecho que no ha podido ser previsto o que, habiendo sido previsto, no ha podido ser evitado. El caso fortuito o fuerza mayor exime de respon-sabilidad, excepto disposición en contrario*", e traz ainda a sua equiparação ao fato de terceiro, como causa excludente de responsabilidade: "*articulo 1.731 – Hecho de un tercero. Para eximir de responsabilidad, total o parcialmente, el hecho de un tercero por quien no se debe responder debe reunir los caracteres del caso fortuito*". Na Europa o código espanhol também estabelece uma definição: "*Fuera de los casos expresamente mencionados en la ley y de los en que así lo declare la obligación, nadie responderá de aquellos sucesos que no hubieran podido preverse, o que previsto, fueran inevitables*". Essas normas constituem exceção, já que não existe conceito legal de caso fortuito nas legislações da Alemanha, Itália, Suíça, e nem menos na França. O código francês contém algumas regras básicas a respeito do caso fortuito, mas não dá uma definição legal (arts. 1.147 e 1.148). A norma encontrada nos códigos latino-americanos tem fonte imediata na Lei das Partidas (Partida VII, Lei XI, Título 28) e antecedentes nos textos de Ulpiano, no Direito Romano.

CASOS DIFÍCIES NA SELEÇÃO DOS DANOS | **139**

Interessante observar, nesse caso, a utilização do termo "fato necessário" significando aquele cujos "efeitos" não se poderia "evitar ou impedir"; a vinculação de termos, "necessidade" e "inevitabilidade", está em consonância com o entendimento manifestado pela doutrina e a jurisprudência na leitura que faz das regras de limitação de danos, conforme visto anteriormente. Na hipótese de força maior ou caso fortuito, essa conjunção serve para determinar o fato que interrompe determinada cadeia causal em curso, para eventualmente afastar a responsabilidade – ou para que se distribuam as participações.

O dano causado direta e exclusivamente por um caso fortuito ou força maior poderá admitir a exclusão da responsabilidade do devedor. Há hipóteses, contudo, em que essa assertiva não se confirma. São os casos nos quais o dano resulta da conjunção do fato do ofensor e o caso fortuito ou força maior, e aqueles cujo dano, ainda que causado diretamente pelo ofensor, tenha ocorrido em razão de uma força externa.[47] Nessas duas hipóteses, como acentua Peirano Facio, cabe indagar qual é a incidência desse fenômeno no nexo causal.[48]

Alguns critérios foram sendo definidos pela doutrina e jurisprudência contemporânea para a configuração da hipótese de caso fortuito. Deve ser irresistível, inimputável e imprevisível. Elementos que, todavia, despertam questionamentos de ordem doutrinária e jurisprudencial e que estabelecem diversidade de entendimento.[49] Quando se considera o caso fortuito diante de uma suposta situação de responsabilidade, percebe-se que este pode ser causa de todo o dano ou sê-lo em concorrência com o fato de um sujeito. Na primeira hipótese, o problema não apresenta dificuldades, pois, não havendo relação causal entre o fato de uma pessoa e o dano, não há que se falar de responsabilidade. A ausência do nexo causal provoca a plena liberação do suposto agente.

O problema surge, como bem coloca Peirano Facio, quando o dano é causado em parte pelo caso fortuito e em parte por uma pessoa, indicando que nesse caso é preciso buscar uma solução adequada.[50] A propósito, confrontam-se duas correntes.

---

[47] PEIRANO FACIO, Jorge. *Responsabilidad extracontratual*. Montevideo: Barreiro y Ramos, 1954, p. 450; SANTOS BRIZ. *La responsabilidad civil:* derecho sustantivo y derecho procesal. Madrid: Montecorvo, 1981, p. 270.

[48] Discute-se, como afirma Peirano Facio (PEIRANO FACIO, Jorge. *Responsabilidad extracontratual*. Montevideo: Barreiro y Ramos, 1954, p. 451, nota 1), se na segunda hipótese não se deveria discutir a questão do ponto de vista da culpa, como sugere, por exemplo, Mazeaud. O autor uruguaio considera uma imprecisão de uma parte da doutrina que confunde o caso fortuito ou força maior com a ausência de culpa.

[49] PEIRANO FACIO, Jorge. *Responsabilidad extracontratual*. Montevideo: Barreiro y Ramos, 1954, p. 468-469; TADEU, Silney Alves. Responsabilidade civil: nexo causal, causas de exoneração, culpa da vítima, força maior e concorrência de culpas. *Revista de Direito do Consumidor*. São Paulo, v. 64, p. 134-165, out. 2007.

[50] PEIRANO FACIO, op. cit., p. 469.

Os autores que seguem a teoria da equivalência das condições inclinam-se no sentido de que corresponde ao sujeito que concorreu ao dano assumi-lo integralmente, ainda que aquele tenha tido origem no caso fortuito, pois toda condição concorre à produção de todo o resultado. Os partidários da tese da causalidade adequada ou da causalidade eficiente sustentam que a responsabilidade deve ser repartida, sendo aquele que concorreu ao dano responsável somente na medida em que efetivamente contribuiu para a sua concretização.

Não se pode olvidar que na responsabilidade objetiva, ou mesmo na contratual, a interrupção de nexo, pelo fato fortuito ou força maior, pode não ser impeditivo de responsabilidade, em razão do vínculo obrigacional estabelecido por lei ou pré-constituído contratualmente. Os fatos supervenientes e reais causadores dos danos não são imprevisíveis em determinadas atividades e por isso são admitidos e reparáveis por força de imposições legais ou pelo ajustado entre partes ou mesmo por se configurarem um risco inerente à atividade.

É de se observar que nem sempre o fato que deu início à relação causal e que foi interrompido por outro exime absolutamente o autor do primeiro. Pode-se tratar de uma hipótese de concausalidade em que as causas se somam ou cooperam entre si para o resultado (denominadas causas conjuntas e causas acumulativas).[51]

---

[51] A hipótese de causas que se cumulam (ou se somam) se verifica quando o dano e suas consequências têm sua origem comum praticada pela ação independente entre si de múltiplas causas – ou causadores –, de maneira que a verificação do resultado é dissociada da atuação de uma causa específica. É um caso de concorrência de causas em que todas possuem a potencialidade de atingir o resultado ocorrido, e, portanto, a uma delas ou a todas se pode atribuir o resultado havido, cf. BUSTAMANTE ALSINA, J. *La responsabilidad colectiva en el ressarcimiento de daños*. Buenos Aires: Depalma, 1970, p. 282. Segundo Pereira Coelho, há causalidade cumulativa "quando a eficácia causal dos dois fatos, cada um dos quais seria capaz de produzir o efeito por si, cooperou efetivamente para o dano verificado", cf. PEREIRA COELHO, Francisco Manuel. *O problema da causa virtual na responsabilidade civil*. Coimbra: Almedina, 1998, p. 25. O autor acentua que, se um dos fatos envolvidos não possui eficácia causal, tem-se que se tornará meramente hipotético em relação ao dano ocorrido. O exemplo clássico é de Pontes de Miranda, em que A acende um fósforo na grama do vizinho pretendendo causar um incêndio, e B, que passava ao lado, despeja querosene. Ambas as causas – e os autores – participam do evento, independentes um do outro, e, mesmo que eliminada a ação de um ou outro, estariam potencialmente aptos a causar o prejuízo. Há um elemento de autoria e outro de intencionalidade, mas não descaracteriza o exemplo que visa mostrar as circunstâncias causais independentes que concorrem para o resultado. Pontes de Miranda, a propósito, também cita o exemplo de dois salteadores que atiram em um passante, embora desconhecessem cada um a ação do outro. Os tiros atingem a vítima que morreria com qualquer dos tiros, sendo, portanto, qualquer dos agentes responsável pelo evento. (MIRANDA, Francisco C. Pontes de. *Tratado de direito privado*. São Paulo: Revista dos Tribunais, 1984. v. 22, p. 192). Outro exemplo é o caso de duas fábricas que jogam detritos em um rio contaminando-o, ou no caso do fornecimento independente por dois produtos que causam envenenamento. Exemplos de Von Thur citados por DÍAZ, Julio Alberto. *Responsabilidade coletiva*. Belo Horizonte: Del Rey, 1998, p. 118. Não há cooperação

As situações que envolvem interrupção, exclusão e concurso de causas estão muito próximas, delimitam-se por linha tênue, cuja identificação é imprescindível para que se cumpra o duplo papel da causalidade, de individualizar a causa e estabelecer as consequências danosas que a ela serão imputadas.

Um exemplo que é reiterado pela doutrina e que permite a reflexão é o da ambulância que é abalroada enquanto transporta um paciente que vem a falecer pelo impacto do acidente. A primeira causa que o levou ao socorro é apenas virtual, não ocasionou o desfecho trágico, que se deu pela interrupção de nova causa real na produção do resultado morte. Impõe-se o desmembramento das cadeias a fim de atribuir consequências distintas à reparação indenizatória. À primeira, se causada por ato de um indivíduo, o ressarcimento de despesas de atendimento; à segunda, certamente a morte do paciente, com a apuração de danos decorrentes desse evento, que podem incluir não só os custos funerários, como também eventual indenização à família que mantinha e até a perda de oportunidades que podem ser verificadas. Também o transportador suportou danos materiais pelo acidente que devem ser ressarcidos pelo que deu origem ao segundo processo causal.

Outro fator ainda pode ser apurado: a eventual imperícia do transportador que porventura tenha causado a colisão por sua ação, ainda que lícita. E, nesse caso, é possível excluir a responsabilidade dos demais agentes em relação ao evento morte, mas não daquele que o causou. Ou, quem sabe, o motorista da ambulância não tenha sido imperito, mas apenas precavido, desviando de um pedestre que invadiu a pista, ou mesmo tenha sido abalroado por outro veículo. A atitude nessa circunstância pode ter sido adotada para evitar novos danos. A atitude lícita, nesse caso, seria causadora de danos, à pessoa ou a um bem, e não exime a sua responsabilidade como prescreve o ordenamento civil.[52]

---

consciente entre os diversos causadores e o efeito se verificaria ainda que somente um dos fatores interviesse. Mas isso não faculta a nenhum deles se escusar, pois não haveria sentido se da alegação dos agentes resultasse a não responsabilidade de nenhum.

[52] Daniel Ustárroz, que faz também menção ao exemplo referido em obra sobre a responsabilidade por ato lícito, aponta a situação que envolve o chamado "estado de necessidade". A atitude do sujeito que se encontra em uma situação extrema e de riscos para si ou para outrem e que age com o ímpeto de evitar o mal que lhe aflige, assim o faz, muitas vezes, sob a guarda da lei, conforme dispõem os artigos 188, 929 e 930 do Código Civil. O ato lícito nessa circunstância, no entanto, não exime a responsabilidade pela indenização, conforme as referidas normas: "Art. 188. Não constituem atos ilícitos: I – os praticados em legítima defesa ou no exercício regular de um direito reconhecido; II – a deterioração ou destruição da coisa alheia, ou a lesão a pessoa, a fim de remover perigo iminente. Parágrafo único. No caso do inciso II, o ato será legítimo somente quando as circunstâncias o tornarem absolutamente necessário, não excedendo os limites do indispensável para a remoção do perigo. Art. 929. Se a pessoa lesada, ou o dono da coisa, no caso do inciso II do art. 188, não forem culpados do perigo, assistir-lhes-á direito à indenização do prejuízo que sofreram. Art. 930. No caso do inciso II do art. 188, se o perigo ocorrer por culpa de terceiro, contra este terá o autor do dano ação regressiva para haver a importância que tiver ressarcido ao lesado. Parágrafo

As fontes romanas, como se viu anteriormente, já mostravam casos práticos de interrupção do nexo causal, como o do escravo ferido mortalmente que morre por causa da ruína de um edifício, ou de um naufrágio, ou de outro fato ocorrido antes que a ferida completasse a sua eficácia letal. São hipóteses que afastam a responsabilidade do agente que participa da relação causal, mas que, por razões alheias às circunstâncias da sua presença ou de seus atos, não é a "causa" preponderante para a produção do evento, não há entre o seu agir e o dano causado uma relação de causa e efeito. O nexo foi interrompido pela ação superveniente de uma causa estranha.

Pode ocorrer, todavia, que a causa não interrompa totalmente o vínculo causal, e as duas forças, do agente e do fato alheio, contribuam conjuntamente para a verificação do evento. Nessa hipótese, estabelece-se uma relação de concausas e de participação mútua, nas quais a responsabilidade do agente não vem totalmente excluída, mas somente atenuada. Caberá, então, nesse caso, verificar a forma de reparação.[53]

O caso fortuito nessa hipótese e em determinadas circunstâncias não afasta de modo absoluto a responsabilidade, quando o fato havido na configuração do dano é imprescindível à atividade (serviço prestado ou produto fabricado) daquele que o alega. Nesse sentido, Sergio Cavalieri destaca a diferenciação entre o fortuito interno e o externo, assinalando que a hipótese é constatada, sobretudo, em situações de consumo, tornando a responsabilidade objetiva:

> O fortuito interno, assim entendido o fato imprevisível e, por isso, inevitável ocorrido no momento da fabricação do produto ou da realização do serviço, não exclui a responsabilidade do fornecedor porque faz parte de sua atividade, liga-se aos riscos do empreendimento, submetendo-se a noção geral de defeito de concepção do produto ou de formulação do serviço. Vale dizer, se o defeito ocorreu antes da introdução do produto no mercado de consumo ou durante a prestação do serviço, não importa saber o motivo que determinou o defeito; o fornecedor é sempre responsável pelas suas consequências, ainda que decorrente de fato imprevisível e inevitável.
>
> O mesmo já não ocorre com o fortuito externo, assim entendido aquele fato que não guarda nenhuma relação com a atividade do fornecedor, absolutamente estranho ao produto ou serviço, via de regra ocorrido em momento posterior ao da sua fabricação ou formulação. Em caso tal, nem se pode falar em defeito do

---

único. A mesma ação competirá contra aquele em defesa de quem se causou o dano (art. 188, inciso I)" (USTÁRROZ, Daniel. *Responsabilidade por ato lícito*. São Paulo: Atlas, 2014, p. 137 ss).

[53] O Código Civil brasileiro, na segunda parte do artigo 942, estabelece a responsabilidade integral e solidária em caso de múltiplos autores: os bens do responsável pela ofensa ou violação do direito de outrem ficam sujeitos à reparação do dano causado; se a ofensa tiver mais de um autor, todos responderão solidariamente pela reparação.

CASOS DIFÍCIES NA SELEÇÃO DOS DANOS | **143**

produto ou do serviço, o que, a rigor, já estaria abrangido pela primeira excludente examinada – inexistência de defeito (art. 14, § 3º, I).[54]

Esse entendimento tem vigorado na jurisprudência do STJ, especialmente em casos de fraudes ocorridas no sistema bancário[55] nos quais há danos causados aos correntistas, por uso de talões de cheques roubados dentro da instituição, ou dados *hackeados* do sistema, que são considerados riscos da própria atividade e, portanto, previsíveis.

Em um caso envolvendo roubo de talões de cheques julgado no STJ, a ministra Nancy Andrighi,[56] fundada na doutrina do ministro Paulo de Tarso Sanseverino, assim se manifestou:

> Não basta, portanto, que o fato de terceiro seja *inevitável* para excluir a respon-
> sabilidade do fornecedor, é indispensável que seja também *imprevisível*. Nesse
> sentido, é notório o fato de que furtos e roubos de talões de cheques passaram a ser
> prática corriqueira nos dias atuais. Assim, a instituição financeira, ao desempenhar
> suas atividades, tem ciência dos riscos da guarda e do transporte dos talões de
> cheques de clientes, havendo previsibilidade quanto à possibilidade de ocorrência

---

[54] CAVALIERI FILHO, Sergio. *Programa de direito do consumidor*. São Paulo: Atlas, 2008, p. 256-257.

[55] Neste caso, *já foi inclusive* objeto da Súmula do STJ n. 479: As instituições financeiras res-pondem objetivamente pelos danos gerados por fortuito interno relativo a fraudes e delitos praticados por terceiros no âmbito de operações bancárias.

[56] STJ: REsp 685662/RJ, Rel. Min. Nancy Andrighi, 3ª Turma, j. 10/11/2005, *DJ* 5/12/2005, p. 323; vide, ainda, em julgamento de recurso repetido: REsp 1.197.929/PR, Rel. Min. Luis Felipe Salomão, 2ª Seção, *DJe* de 12/9/2011. Outros casos que vêm sendo admitidos, como no do tratado de transporte de serviço aéreo: STJ: REsp n. 1.280.372/SP Rel. Min. Ricardo Villas Bôas Cueva 1.280.372/SP RECURSO ESPECIAL. DIREITO DO CONSUMIDOR. AÇÃO INDENIZATÓRIA. COMPANHIA AÉREA. CONTRATO DE TRANSPORTE. OBRIGAÇÃO DE RESULTADO. RESPONSABILIDADE OBJETIVA. DANOS MORAIS. ATRASO DE VOO. SUPERIOR A QUATRO HORAS. PASSAGEIRO DESAMPARADO. PERNOITE NO AEROPORTO. ABALO PSÍQUICO. CONFIGURAÇÃO. CAOS AÉREO. FORTUITO INTERNO. INDENIZAÇÃO DEVIDA. 1. Cuida-se de ação por danos morais proposta por consumidor desamparado pela companhia aérea transportadora que, ao atrasar desarrazoadamente o voo, submeteu o passageiro a toda sorte de humilhações e angústias em aeroporto, no qual ficou sem assistência ou informação quanto às razões do atraso durante toda a noite. 2. O contrato de transporte consiste em obrigação de resultado, configurando o atraso manifesta prestação inadequada. 3. A postergação da viagem superior a quatro horas constitui falha no serviço de transporte aéreo contratado e gera o direito à devida assistência material e informacional ao consumidor lesado, independentemente da causa originária do atraso. 4. O dano moral decorrente de atraso de voo prescinde de prova e a responsabilidade de seu causador opera-se *in re ipsa* em virtude do desconforto, da aflição e dos transtornos suportados pelo passageiro. 5. Em virtude das especificidades fáticas da demanda, afigura-se razoável a fixação da verba indenizatória por danos morais no valor de R$ 10.000,00 (dez mil reais). 6. Recurso especial provido.

de furtos e roubos de malotes do banco; em que pese haver imprevisibilidade em relação a qual (ou quais) malote será roubado. Aliás, o roubo de talões de cheques é, na verdade, um *caso fortuito interno*, que não rompe o nexo causal, ou seja, não elide o dever de indenizar, pois é um fato que se liga à organização da empresa; relaciona-se com os riscos da própria atividade desenvolvida (cfr. Paulo de Tarso Vieira Sanseverino, *Responsabilidade civil no Código do consumidor e a defesa do fornecedor*. São Paulo: Saraiva, 2002, p. 293). Portanto, o roubo de malote contendo cheques de clientes não configura fato de terceiro, pois é um fato que, embora muitas vezes inevitável, está na linha de previsibilidade da atividade bancária, o que atrai a responsabilidade civil da instituição financeira.

Um precedente importante à discussão, no qual se aprofundou a questão relacionada à causalidade, ocorreu em julgado no Tribunal de Justiça do Rio Grande do Sul, em 2001.[57] Na oportunidade, houve a apreciação de um caso de responsabilidade do empregador em relação ao empregado que padecia de um problema auditivo e que teria tido a moléstia agravada pelo ambiente ruidoso do local de trabalho.

---

[57] Apelação Cível N. 70002337749, 9ª Câmara Cível, Tribunal de Justiça do RS, Rel. Paulo de Tarso Vieira Sanseverino, j. 30/5/2001. Cf. a ementa: ACIDENTE DE TRABALHO. RESPONSABILIDADE DO EMPREGADOR. HIPOACUSIA NEUROSENSORIAL NEXO CAUSAL. 1) Responsabilidade do Empregador. A responsabilidade civil do empregador é subjetiva, exigindo a presença de culpa. Art. 7º, XXVIII, da Constituição Federal, do art. 159 do Código Civil e da Súmula n. 229 do STF. 2) Ônus da Prova: Em principio, o ônus da prova é da vítima, inclusive no que tange à culpa da empresa empregadora. Entretanto, tratando-se do respeito a normas de segurança do trabalho (NR – emitidas pelo Ministério do Trabalho), o ônus da prova do seu correto e adequado cumprimento é da empresa empregadora. 3) Culpa do Empregador. A culpa está evidenciada no caso concreto pelo não fornecimento de EPIs e, igualmente, pela ausência de Certificado de Aprovação (CA) e do Nível de Redução de Ruído (NRR) dos mesmos. 4) Teorias acerca do Nexo Causal: Embora predomine o entendimento de que a teoria da causalidade adequada seja a prevalente na responsabilidade civil, mostra-se conveniente a sua compatibilização com a teoria da equivalência dos antecedentes para efeito probatório. Compete ao autor demonstrar que o fato imputado ao réu situa-se dentro do leque de "condições" aptas à provocação dos danos sofridos. Compete ao réu provar que esse fato é causa inadequada dentro do processo causal que culminou com a ocorrência do dano. Doutrina e jurisprudência acerca da matéria. 5) Nexo de Causalidade no Caso: Demonstração do nexo causal entre alto nível de pressão sonora do ambiente laboral e a perda auditiva induzida por ruído (PAIRO). 6) Danos Patrimoniais: Remessa para liquidação de sentença da quantificação dos danos patrimoniais ensejados pelo acidente de trabalho, uma vez que o laudo médico judiciário não consignou o valor percentual (tabela DPVAT) da redução da capacidade do examinado. 7) Dano Moral: Lesões graves que acarretaram incapacidade parcial e permanente para o empregado acidentado, atingindo bem jurídico ligado à esfera dos direitos de personalidade (integridade físico--corporal e saúde). Caracterização do dano moral, sendo a indenização arbitrada segundo precedentes desta Câmara. Arbitramento em 30 SM. Sentença de improcedência reformada. Apelação totalmente provida.

CASOS DIFÍCIES NA SELEÇÃO DOS DANOS | **145**

A decisão, inicialmente, abordou a teoria da causalidade adequada e a sua eventual compatibilização com a teoria da equivalência das condições, ponderando que os conceitos de adequação em abstrato apresentariam dificuldades na resolução de casos de maior complexidade, como os que envolvem a multiplicidade causal:

> [...] no direito brasileiro, a teoria da causalidade adequada é a que fornece melhor explicação para estabelecer o nexo causal na responsabilidade civil, embora seja recomendável a sua compatibilização com a teoria da equivalência dos antecedentes. A teoria da causalidade adequada restringe o conceito de causa, estabelecendo como tal apenas a condição que, formulado um juízo abstrato, se apresenta adequada à produção de determinado resultado.

A causa é aquela condição que demonstrar a melhor aptidão ou idoneidade para causação de um resultado lesivo. Nessa perspectiva, causa adequada é aquela que apresenta como consequência normal e efeito provável a ocorrência de outro fato. [...] Na prática, esse conceito de causa gera dificuldades, quando o fato em questão apresenta uma multiplicidade de causas, sendo difícil estabelecer qual delas seria a causa mais adequada.

O julgado, em síntese, considerou que havia o nexo de causalidade entre a atividade da empresa que proporcionava o ambiente ruidoso e o agravamento danoso da doença do empregado. E assim o fez levando em consideração as teorias da causa adequada e da equivalência de condições, conjuntamente:

> A causa é conceito jurídico-normativo que exige a sua valoração concreta pelo juiz, dentro do processo de causação do dano, para estabelecer precisamente a relação entre certo fato e determinado resultado. Por tudo isso, a teoria da causa adequada representou um significativo avanço em relação à teoria da equivalência das condições. Nem por isso, entretanto, há incompatibilidade entre elas. [...] a conjugação das duas teorias permite distribuir com razoabilidade o ônus probatório do nexo causal, inclusive na responsabilidade objetiva [...] No caso em questão, o ônus da prova de que o ambiente ruidoso da empresa apelada foi causa inadequada da redução da capacidade auditiva do apelante era da empresa apelada que não se desincumbiu do encargo. Pelo contrário, a prova colhida, ainda que fornecendo indícios do uso de equipamentos de proteção, deixou claro que há a compatibilidade entre a doença apresentada e a exposição a ruídos ocupacionais (PAIRO), sendo, portanto, a causa adequada dos danos.

A conclusão demonstra o entendimento implícito da duplicidade causal, na visão de que se pode justamente verificar a imputabilidade de um lado e a extensão de outro com base em teorias causais distintas, porém complementares:

> O lesado, enquanto autor da ação indenizatória, deve demonstrar apenas que o fato imputado ao demandado situa-se dentro do espectro das condições aptas à produção do dano sofrido. Feita essa prova, transfere-se para o demandado o

ônus de provar a inadequação da causa que lhe é imputada para a produção do resultado alegado ou, pelo menos, na extensão pretendida.

A adesão aos conceitos que integram a causalidade jurídica justifica o entendimento de que cada agente responda pela sua participação na causação, estabelecendo os respectivos vínculos causais pela utilização de seus critérios de seleção. A repartição de responsabilidade pode se utilizar dos elementos constituintes da causalidade, como parâmetros de aferição e imputação da responsabilidade[58] e de extensão dos danos.

É, portanto, equivocado falar de excludente de responsabilidade sem precisar que nem sempre se exclui a responsabilidade de forma integral. Impõe-se, em uma perspectiva mais apurada, a distinção entre as participações de cada agente ou dos fatos envolvidos para que se possa também delimitar a atribuição dos resultados. Já se viu anteriormente que quando a vítima concorre com culpa para o dano, poderá reduzir o montante da indenização ou excluir a responsabilidade totalmente daquele que atuou.[59]

Nesse contexto que se reafirma a figura do observador experiente, capaz de discernir e distinguir causas com o fim precípuo de estabelecer as cadeias causais in-

---

[58] Nesse sentido, afirma Aguiar Dias que "a culpa da vítima, quando concorre para a produção do dano, influi na indenização, contribuindo para a repartição proporcional dos prejuízos" (DIAS, José de Aguiar. *Da responsabilidade civil*. 11. ed. São Paulo: Renovar, 2006, p. 727). É de se observar também a lição de Cunha Gonçalves: "A melhor doutrina é a que propõe a partilha dos prejuízos em partes iguais: se forem iguais as culpas ou não for possível provar o grau de culpabilidade de cada um dos coautores; em partes proporcionais aos graus das culpas, quando estas forem desiguais" (CUNHA GONÇALVES, Luiz. *Tratado de direito civil*. Coimbra: Coimbra, 1937, v. 12, p. 1.906. O autor chama atenção, ainda, para o fato de que a gravidade da culpa deve ser apreciada objetivamente, ou seja, conforme "grau de causalidade do ato de cada um".

[59] Em algumas hipóteses de dano, pode ocorrer que a vítima tenha concorrido para a sua produção, agravando os seus resultados, ou ainda, que tenha sido a causadora da totalidade do evento danoso. No primeiro caso, a responsabilidade se atenua, pois o evento foi produzido tanto pela culpa do agente quanto da vítima; no segundo, desaparece a relação de causa e efeito entre o ato do agente causador do dano e o prejuízo sofrido pela vítima (GONÇALVES, Carlos Roberto. *Responsabilidade civil*. São Paulo: Saraiva, 1994, p. 487). Quando o evento danoso ocorre por culpa exclusiva da vítima, desaparece a responsabilidade do agente. Nesse caso, deixa de existir a relação de causa e efeito entre o seu ato e o prejuízo da vítima. Pode-se afirmar que, no caso de culpa exclusiva da vítima, o causador do dano não passa de mero instrumento do acidente. Não há liame de causalidade entre o seu ato e o prejuízo da vítima (RODRIGUES, Silvio. *Direito civil*: responsabilidade civil. 30. ed. São Paulo: Saraiva, 2008, v. 4, p. 165). Existem casos, entretanto, em que, paralela à culpa da vítima, concorre a culpa do agente causador do dano. Nessas hipóteses, o evento danoso decorre do comportamento culposo de ambos os sujeitos envolvidos. Por consequência disso, a indenização será repartida entre os dois responsáveis, na proporção em que deram causa.

denizáveis. Se a causa está inter-relacionada a outra ou se simplesmente são distintas e apontam para agentes diversos, é o critério de regularidade e o de sua comparação ao caso concreto que evitarão que se impute ilimitadamente a responsabilidade.

O *standard* proposto permite observar sob a ótica da objetividade e da experiência, confrontando as situações concretamente visualizadas no caso em análise de tal forma que permita individualizar as cadeias e nomear uma delas como a que se encontra, pela observação regular dos acontecimentos, mais apta e provável ao resultado. O modelo, em sua aplicação prática, considera a experiência geral em situações análogas, de forma abstrata, e as cadeias causais ocorridas, podendo inferir a que atingiu o resultado (real) e a que não o alcançou (virtual).

A distinção das cadeias e a individualização dos processos causais tendo por parâmetro o modelo do observador permitirão estabelecer o curso sucessivo de consequências que se agregam ao dano a fim de imputar a responsabilidade pela indenização. Auxilia, portanto, na escolha da cadeia que se apresenta adequada para o resultado havido e que direcionará o caminho das consequências e também seus limites, em consideração aos mesmos critérios objetivos que evidenciam até onde a reparação deve ser admitida – e não configurar o excesso.

A grande dificuldade encontrada nas situações vislumbradas pela doutrina quando discorre sobre a causalidade virtual é justamente discerni-la no emaranhado de cadeias nas quais concorre.[60] A cadeia real interrompe um processo causal em curso que se torna assim virtual. A cadeia interrompida deve ser identificada para se saber em que medida contribuiu para o evento dano, ou se simplesmente foi um risco potencial não concretizado e sem efeito prático algum.

Parece evidente que não há responsabilidade a ser imputada na hipótese de causalidade virtual, o problema está em distinguir as causas real e virtual e daí se estabelecer o percurso de acontecimentos que de fato conduzem aos danos que ao direito interessa apurar. A virtualidade se encerra na potencialidade, sem efeitos concretos, enquanto a causalidade jurídica decorre do entendimento aplicado ao caso para a definição do que se tem por real. A materialidade é um critério de distinção entre os acontecimentos. Mas não é o único. Há situações anômalas, amparadas pelo direito e independente da verificação simplesmente fática ou física.

---

[60] Quézel-Ambrunaz afirma que, normalmente, utiliza-se para explicar a causalidade da imagem de uma cadeia de acontecimentos formada por linhas entrelaçadas (*"tout les antécédent du dommage s'engendrant les uns aux autres em forment les maillons"*). Certos elementos interferem, no entanto, rompendo essa cadeia, o que traz a ideia de colateralidade. Quézel diz que, em consideração à multiplicidade de causas, que produzem um evento, a melhor metáfora seria de uma árvore que com suas ramificações caracterizariam a convergência das cadeias, e propõe o modelo de uma "causalidade reticular", na qual as diversas causas atuantes seguem caminhos concorrentes e podem apresentar influências recíprocas (QUÉZEL-AMBRUNAZ, Christophe. *Essai sur la causalié en droit de la responsabilité civile*. Paris: Dalloz, 2010, p. 261 ss).

A própria ideia de causalidade direta e imediata insculpida nos mais diversos ordenamentos, de origem no Direito Romano e que alcança a codificação francesa, advém da necessidade de se estabelecer critérios que possibilitem a diferenciação de situações potenciais das que ocorrem efetivamente, resultando um dano. Nesse aspecto, dá-se sentido à literalidade da locução, muito embora, como se viu, a sua interpretação não é absoluta, e tem sido alargada para que não distorça o objetivo igualmente essencial de reparar as consequências danosas suportadas pela vítima.

Na doutrina portuguesa, Pereira Coelho tem obra relevante sobre o tema da causa virtual, apontando uma série de situações em que concorrem causas que ele chama de operante e causa hipotética. O exemplo que traz do prédio que é incendiado por um determinado sujeito quando estava para ser demolido por seu proprietário. A segunda causa não se operou, é hipotética, e não traz consequências para o fato ocorrido. A causa real é que agiu para "interromper" uma cadeia causal que era lícita, e que se torna assim hipotética.[61]

O autor português, ao contrário do professado na tese trazida neste livro, afirma que a causalidade é única, e não a admite de forma autônoma para a apuração da extensão. Segundo Pereira Coelho, a questão se resolveria em termos fáticos da causalidade, que, uma vez determinada, bastaria então o cálculo do *quantum*. Por outro lado, admite que essa posição tem sido alvo de críticas e que a discussão da autonomia da extensão do dano tem ganhado outros contornos ao ponto de serem considerados.[62]

A causalidade virtual que comporta uma sucessão de acontecimentos em direção a um resultado e que é interrompida por outra cadeia causal pode também ser vista em seu aspecto inverso para que se estabeleça uma análise problemática do tema. É o caso em que o comportamento (ato ou omissão) que interrompe a cadeia é a causa do prejuízo. A virtualidade nesta hipótese caminhava positivamente para um acontecimento benéfico, quando a interrupção dessa cadeia esperada resulta no dano. O erro médico evidencia essa situação. O médico que erra o diagnóstico ou deixa de atender o paciente impede a formação da cadeia causal desejada, doença--tratamento-cura.

É sutil a classificação de situações que envolvem os diversos processos causais que se alinham ou concorrem para a produção do dano. No caso da concausalidade, o critério que a define é o da conjunção de movimentos direcionados ao mesmo fim, diferente do que comumente se trata na causalidade alternativa ou disjuntiva, cujo

---

[61] PEREIRA COELHO, Francisco Manuel. *O problema da causa virtual na responsabilidade civil*. Coimbra: Almedina, 1998, p. 125.

[62] O autor discorre a esta altura sobre a teoria diferencial que aponta para a relevância da causa virtual de acordo com o conceito de dano diferença, "*quando mesmo a verificação hipotética do dano seja posterior à verificação efetiva do dano real*" (PEREIRA COELHO, Francisco Manuel. *O problema da causa virtual na responsabilidade civil*. Coimbra: Almedina, 1998, p. 202 ss.).

fim é um resultado não esperado e não identificado na sua origem, caracterizada pela presunção de causalidade.

Na concausalidade se identificam todas as causas concorrentes e se apura em que medida cada uma delas contribui para o desfecho danoso. Nesse enquadramento a verificação da regularidade das cadeias causais serve como elemento preponderante para que se imputem consequências, é o fato ordinário com que se agregam as causas para a produção do dano que determinará o ressarcimento.

A questão a ser tratada a seguir não foge a essa problemática da dificuldade e contribui à reflexão em curso, que se configura na ideia de duplicidade, de autonomia da causalidade jurídica em uma função de imputação de responsabilidade e de seleção de danos.

5.2 ALCANCE VIRTUAL DA CAUSALIDADE

A discussão acerca do "risco criado" se instaura no momento em que se perquire a imputação de consequências ao comportamento de um agente que não participou diretamente na causação de um determinado evento. O fato originário desencadeador de uma determinada série causal, ainda que venha a sofrer a interrupção de outro evento, poderia abrangê-lo pela avaliação de que tenha constituído o risco ou criado as condições para que os resultados ocorressem?

O risco se constitui na conduta de um sujeito que desfere um soco em outro que vem a ter seu ferimento agravado pela conduta do médico no decorrer de uma cirurgia para corrigir que se fez necessária pela agressão. A primeira ação não é tida como causa para o resultado havido, já que teve a participação de outra cadeia de acontecimentos desencadeada pela ação do cirurgião.

A necessidade de se imputar a responsabilidade conduz a diversas soluções, algumas baseadas na participação de cada sujeito na causação[63], ou no grau de culpa, já que o próprio risco poderia ser considerado como um agir culposo (negligente, imprudente ou imperito).[64] O problema foi por isso enfrentado pela jurisprudência.

---

[63] MIRANDA, Francisco C. Pontes de. *Tratado de direito privado*. São Paulo: Revista dos Tribunais, 1984, v. 26, p. 205-206.

[64] Pompônio no *Digesto*, Livro L, Título XVIII, Lei 203 (na edição de GARCÍA DEL CORRAL, t. 3, p. 961) afirmara que "não se entende que quem sofre um dano por sua culpa, 'sofre um dano'". Peirano Facio, referindo os autores antigos, dá o exemplo da pessoa que instiga um cão, e que não deve ser indenizada caso seja mordida, ou o que envolve a responsabilidade do hoteleiro que cessa quando concorre uma negligência do hóspede com relação a sua bagagem. Esse critério foi adotado por Domat (DOMAT, *Les lois...*, t. I, 1785, p. 178, apud PEIRANO FACIO, op. cit., p. 435, nota n. 5) e passou também ao direito anglo-saxão no qual se nega a vítima toda a ação de ressarcimento nos casos em que houve a sua contribuição, conforme o termo técnico: *contributory negligence*. Segundo Peirano Facio, encontram-se

A adoção da teoria do "risco criado" pressupõe a responsabilização do agente pelo resultado mais grave ocasionado, justificando-se pelo fato de seu comportamento ter criado condições para o evento como um todo, independentemente de qualquer situação preexistente. As condições particulares do lesado se inserem indistintamente no dano pela atitude daquele que o provocou, ainda que leve e incapaz de causar o resultado mais lesivo.

A morte da vítima por ser hemofílica, diabética, ou por possuir qualquer anomalia ou patologia preexistente, não afeta a integral responsabilização do agente ofensor. O tema é recorrente na doutrina anglo-saxônica, que a consagra sob a denominação *the thin skin skull rule* ou *the egg-shell skull rule*. Trata-se do alargamento das regras da causalidade visando à proteção da vítima.[65]

Nesse caso, o ofensor responderá pelo risco de sua conduta, pouco importando se agiu com maior ou menor grau de culpa, a solução é dada exclusivamente pela

---

também casos que, em virtude da teoria da causa próxima, o ofensor é obrigado a reparar o dano ainda que haja culpa da vítima (PEIRANO FACIO, op. cit., p. 435). Esse critério rigoroso apontado pelo Direito Romano não foi aceito pelo direito moderno, por tornar demasiado injusto admitir que somente um dos culpados se exima de toda a responsabilidade, fazendo recair a soma das consequências danosas sobre o outro. A grande maioria das legislações modernas adota o critério anteriormente mencionado da repartição das responsabilidades. A questão que se coloca nesse caso é de como proceder esta distribuição, problema que pode ser resolvido de diferentes formas, conforme a teoria da equivalência das condições, ou da gravidade da culpa ou ainda do grau de causalidade. A primeira destas soluções, apontada pela teoria da equivalência das condições, estabelece a divisão da responsabilidade em partes iguais, na medida em que entende que cada condição do dano é causa do mesmo. O segundo sistema conclui que a repartição de responsabilidade deve ser feita segundo o grau de culpa e era preconizada pelos franceses. Tais com o Lalou, Demongue, Colin e Capitant, citados por Peirano Facio (PEIRANO FACIO, Jorge. *Responsabilidad extracontratual*. Montevideo: Barreiro y Ramos, 1954, p. 438). A última tese citada, com relação ao grau de causalidade, é aceita pela maioria da doutrina contemporânea e é também acolhida pelo Código alemão, no artigo 254. Assim, se o fato da vítima é causa total ou parcial do dano, este deve ser ressarcido pelo agente na medida em que deu causa. O problema é resolvido no âmbito do nexo causal (PEIRANO FACIO, op. cit., p. 436 ss.) Alguns códigos europeus preveem uma norma específica sobre o fato da vítima, como é o caso do Código alemão (art. 254), o Código Federal suíço (art. 44), o Código Civil austríaco de 1811 (art. 1.304). Na América Latina, o Código chileno (art. 2.323) constitui exceção aos demais códigos que não estabelecem regras expressas no caso desta excludente que vem normalmente prevista em legislação especial nos casos de acidente de trabalho, códigos aeronáuticos etc. É fundamental que haja uma relação causal entre o fato da vítima e o dano. O problema é identificar em cada caso concreto a existência da relação de causalidade. O fato da vítima deve ser estranho e inimputável ao ofensor (MAZEAUD, Henri; MAZEAUD, LEON, Jean. *Traité theorique et pratique e la responsabilité civile*. 6. ed. Paris: Montchrestien, 1978, p. 412, n. 1.460).

65 Quézel-Ambrunaz chega a afirmar que não se trata de se recorrer a causalidade propriamente, mas à intenção de se assumir a melhor indenização possível à vítima (QUÉZEL-AMBRUNAZ. *Essai sur la causalié en droit de la responsabilité civile*. Paris: Dalloz, 2010, p. 329).

CASOS DIFÍCIES NA SELEÇÃO DOS DANOS | **151**

causalidade. Agir em si e causar o dano, ainda que o sujeito lesado já suportasse alguma fragilidade, não afastará o ofensor pelo dano maior causado.[66]

A causalidade nessa perspectiva é aplicada para que atinja um fim que apresenta conotações políticas e ideológicas. A teoria é utilizada muitas vezes recorrendo a imprecisões terminológicas e às teorias causais como forma de encontrar justificativa à reparação.[67] A indenização da vítima, a qualquer custo, desconsiderando as variáveis existentes no caso concreto, constitui risco ao próprio instituto da responsabilidade civil, que, nessa hipótese, tem um dos seus elementos fundamentais, a causalidade, flexibilizada e esticada, gerando insegurança quanto aos limites do ressarcimento.

O convívio em uma sociedade na qual as relações são intensificadas, e cujo cenário é favorável à proliferação de danos, e novos danos, deve estar alicerçado em um direito que assegura a concreta definição de conceitos. A definição de elementos da causalidade jurídica, tal como exposto nesta obra, deve contribuir para uma correta avaliação – e quiçá releitura da responsabilidade civil –, apontando para a causalidade como um elemento importante na mensuração das consequências, fugindo do casuísmo ideológico, sem com isso prescindir da correta e justa reparação.

A discricionariedade jurisdicional propiciada pelo sistema de cláusulas gerais deve ser preenchida com a adequação técnica, com a formulação de conceitos – não de fórmulas – que permitam igualmente a abertura para uma constante adaptação às transformações sociais e culturais, mas não podem servir para justificar o excesso e a insegurança generalizada, sob pena de contaminar e difundir uma equívoca deformação do direito e de seus propósitos.

A limitação não deve servir como empecilho à indenização. É a imputação pelo modelo da causalidade, ao contrário, um instrumento de mensuração, necessário a manter equilibrada a relação entre ofensor e ofendido, de um lado reparando a vítima, restabelecendo a sua situação anterior ao dano, de outro impedindo a extensão injustificada, na proporção vedada de enriquecimento injustificado. A causalidade tem um papel, e a teoria sob a qual se pretende o seu desenvolvimento

---

[66] A propósito dessa afirmação, SCHREIBER, Anderson. *Novos paradigmas da responsabilidade civil*. 4. ed. São Paulo: Atlas, 2012, p. 72-73; CAVALIERI FILHO, Sergio. *Programa de responsabilidade civil*. São Paulo: Atlas, 2007, p. 59.

[67] A esse propósito, identifica Anderson Schreiber o que chama de erosão dos filtros da responsabilidade civil, especialmente no tocante à causalidade, para quem a "ampla margem de discricionariedade na aferição da causalidade jurídica não apenas produz decisões incoerentes, mas também resulta, por toda a parte, em certa insegurança no que concerne às próprias responsabilidades", mas que isso, ainda: "a liberdade com que o Poder Judiciário trata a questão do nexo causal estimula pedidos de reparação, fundados mais na desgraça da vítima que em uma possibilidade jurídica de imputação dos infortúnios ao sujeito que se considera responsável" (SCHREIBER, Anderson. *Novos paradigmas da responsabilidade civil*. 4. ed. São Paulo: Atlas, 2012, p. 78-79).

fornece conceitos e elementos que na aplicação prática podem dar resposta aos anseios de justiça.

A discussão proposta acerca da causalidade e da sua instrumentalidade na imputação e na seleção dos danos é um problema ao qual se indaga também a doutrina portuguesa. Miranda Barbosa,[68] em tese sobre o nexo causal, afirma que as questões de materialidade podem apontar para a autoria ou para a circunscrição do círculo de danos.

A autora ilustra as duas questões com o caso do hemofílico que atingido levemente vem a falecer, em que se questiona se o sujeito que desferiu o soco deve responder pelo evento morte, e o caso do sujeito que tem seu carro atingido quando se dirigia para uma reunião, e que, além dos prejuízos imediatamente suportados, não chega a tempo ao compromisso e perde uma oportunidade de negócios que estava a concretizar.[69]

As situações expostas ficticiamente demonstram a possibilidade de aplicação da causalidade em sua dúplice acepção: na imputação e na aferição da extensão do dano, conforme afirma a própria autora:

> O carácter caleidoscópico com que a categoria da causalidade tem vindo a ser conformada não permite percepcionar claramente a cisão entre a natureza das duas questões. Com tantas consequências que isso comporta.
>
> Consequências ao nível da pureza dos alicerces, pois no primeiro caso o que está verdadeiramente em causa é um problema referente à imputação [...] consequências ao nível intersistemático, já que a possibilidade de salvaguardar a pureza da adequação, pela imperiosa consciência da impertinência de um critério fisicista, desarreigado de considerações normativas, impõe a introdução de correções ao mesmo.[70]

A dificuldade enfrentada na utilização da causalidade na apuração de danos é decorrente da sua própria concepção mecânica, muito embora seja possível visualizar, sobretudo na jurisprudência, que a complexidade das situações que envolvem a causalidade enseja uma discussão mais profunda, abarcando casos que se correlacionam, em prova de materialidade, imputação, e de extensão danosa.

Nos casos narrados, e considerando as características particulares do lesado, que impõem o agravamento da sua condição, o parâmetro do observador, novamente, serve como elemento objetivo e prático de verificação da extensão. Age nesse caso levando em consideração a situação abstrata, mas incluindo a situação real

---

[68] BARBOSA, Ana Mafalda Castanheiras Neves de. *Do nexo de causalidade ao nexo de imputação*. Cascais: Principia, 2013, vol. I, p. 31.

[69] Idem, p. 31-32.

[70] BARBOSA, Ana Mafalda Castanheiras Neves de. *Do nexo de causalidade ao nexo de imputação*. Cascais: Principia, 2013, v. I, p. 32.

da vítima. Se a vítima do dano padece de uma doença, como hemofilia, é razoável considerar seu estado na verificação do dano. Ainda que o agente não conhecesse, mas considerando o fato de que poderia conhecê-lo pelas circunstâncias, pelo contexto, segundo a normalidade; se estava, por exemplo, saindo de uma clínica de tratamento para hemofílicos quando é atingido.

O modelo de causalidade não se atém ao subjetivismo do agente e seu grau de previsibilidade, o que é levado em conta para a atribuição da responsabilidade civil, em si, mas, no caso em apreço, a respeito da apuração dos danos, o critério para a verificação da extensão será o da probabilidade, em uma ordem natural dos acontecimentos, considerando o possível abstratamente e as circunstâncias concretas para determinar provável, selecionar consequências e delimitar a área de ressarcibilidade.

A seleção de danos, portanto, pressupõe no direito brasileiro, especialmente, o critério restrito da causalidade. Os casos que se pretende ainda debater adiante, relacionados à extensão causal, nos quais se verificam situações que o direito abarca, em dissonância com o aspecto físico puro, constituem mais um passo dado em direção à construção de parâmetros ou de critérios de causalidade mais sólidos, e quiçá cada vez mais eficientes.

5.3 DANO POR RICOCHETE E PERDA DE CHANCE

Apesar da necessidade de verificação dos danos diretos e imediatos, tal como expresso no artigo 403 do Código Civil brasileiro, a jurisprudência vem adotando e construindo hipóteses de ressarcimento baseadas na problemática dos danos reflexos ou por ricochetes. O artigo 948 do mesmo código prevê a possibilidade de indenização dos filhos pela morte dos pais, incluindo o ressarcimento de despesas funerais e também concedendo o direito à pensão alimentar aos dependentes pelo tempo da expectativa de vida do falecido. É referência teórica na aceitação da reparação dos terceiros que sofrem, por consequência direta – porém, mediata –, os danos causados em razão da morte do provedor.

A própria exceção à regra que exige o dano direto e imediato serve como chave de interpretação para a aplicação da causalidade para a apuração das consequências decorrentes do dano, ainda que não causadas às pessoas indiretamente relacionadas. Há casos de admissão, inclusive, da reparação pelos danos extrapatrimoniais, como no julgado do STJ que concedeu indenização aos pais pelo erro médico cometido no parto do filho que sobreviveu com sequelas e a necessidade de permanente amparo.[71]

---

[71] BRASIL, ST, 2ª T., REsp. 734303/RJ, Rel. Min. Eliana Calmon, j. 7-6-2005, *DJ* de 15/8/2005, cf. ementa: ADMINISTRATIVO – RESPONSABILIDADE CIVIL – SEQUELAS DEFINITIVAS INCAPACITANTES DE RECÉM-NASCIDO – DANO MORAL – VALOR DA INDENIZAÇÃO. 1. O valor do dano moral tem sido enfrentado no STJ com o escopo de

Segundo Sanseverino, o principal problema é o de "estabelecer um limite para as pessoas atingidas reflexamente pelo evento danoso", já que a morte trágica pode atingir não só os parentes próximos, mas todo um círculo de amigos e pessoas relacionadas.[72] A solução encontrada, particularmente no Brasil, foi o do grau de parentesco. Na França, onde o tema é profundamente estudado, a jurisprudência fixou critérios para assegurar a legitimidade, como liame de parentesco e dano-morte. E, posteriormente, passou para uma via intermediária, exigindo a comprovação pelo terceiro dos sentimentos provocados pelo dano havido.

Inegável o fato de que admissão da possibilidade mais ampla de reparação dos danos reflexos é decorrente do entendimento da necessária reparação integral das vítimas, concentrando-se o problema justamente na esfera das consequências, por vezes difusas, do dano e da comprovação causal em relação à abrangência jurídica.[73]

Assim, mesmo que a jurisprudência de um modo geral tenha flexibilizado as regras para admitir os danos àqueles que comprovam a sua condição de atingidos reflexamente, pode-se afirmar que o mecanismo da causalidade, e da causalidade jurídica, na visão proposta, permite a concretização do direito na delimitação do curso das consequências. Também vislumbrando duas etapas a serem atingidas. A primeira no que diz respeito ao dano e à pessoa atingida, e, em segundo, os limites das consequências (patrimoniais e extrapatrimoniais) a essa terceira interessada.

A admissão do dano causado por ricochete, isto é, por fator indireto, que em princípio seria afastado pelo disposto no artigo 403 do Código Civil, dada a restrição prevista, é decorrente da construção jurisprudencial. O nexo de causalidade que se estabelece está baseado na probabilidade, na eventualidade de ter determinado ato atingido de forma indireta um terceiro de modo imprevisível originariamente. A pedra que jogada no indivíduo rebate e causa a lesão a outro não diretamente envolvido é uma ilustração que permite imaginá-la do ponto de vista fático.[74] Mas

---

atender a sua dupla função: reparar o dano buscando minimizar a dor da vítima e punir o ofensor, para que não volte a reincidir. 2. Posição jurisprudencial que contorna o óbice da Súmula 7/STJ, pela valoração jurídica da prova. 3. Fixação de valor que não observa regra fixa, oscilando de acordo com os contornos fáticos e circunstanciais. 4. A morte do filho no parto, por negligência médica, embora ocasione dor indescritível aos genitores, é evidentemente menor do que o sofrimento diário dos pais que terão de cuidar sempre do filho inválido, portador de deficiência mental irreversível. 5. Mantido o acórdão que fixou o valor do dano moral em 500 (quinhentos) salários-mínimos, diante das circunstâncias fáticas da demanda. 6. Recurso especial improvido.

[72] SANSEVERINO, Paulo de Tarso Vieira. *Princípio da reparação integral*: indenização no Código Civil. São Paulo: Saraiva, 2010, p. 177.

[73] ABRANTES GERALDES, António Santos. *Temas da responsabilidade civil*: II volume. Indenização por danos reflexos. Coimbra: Almedina, 2007.

[74] A começar, evidentemente, pela ocorrência do denominado fato ilícito - assim entendido em seu sentido *lato sensu*, abrangendo o ato ou omissão, doloso ou culposo - e, por conseguinte, do dano havido, que se liga ao primeiro elemento justamente pelo elemento da causalidade

o dano moral causado aos pais que perderam o filho em um acidente no qual não estavam presentes exige uma abstração psicológica, por ser um dano extrapatrimonial, igualmente suscetível de se verificar.

A essa possibilidade há que se evidenciar na causalidade o que se expressa como "direto e imediato" na leitura que se subtrai da regra de que os danos são por assim dizer vinculados e intrínsecos aos atos originários, ainda que em direção oposta aos atingidos. O dano ricochete será ressarcível, nessa lógica, quando justamente se encontrar em relação de correspondência com os atos praticados. Há que se demonstrar uma linha de repercussão, que não foge ao enquadramento proposto na regra do Código Civil quanto à reparação dos danos.[75]

Em julgado do STJ de 2012[76] apreciou-se a questão correlata da perda de uma chance de sobrevida de um bebê cujo atendimento foi retardado por questões bu-

---

- perceptível a partir da observação de um encadeamento fático entre a ação ou omissão (previstas em lei) e os efeitos decorrentes. É pressuposto para a configuração de causa o conceito de adequação; que considera a causa de um prejuízo àquela que se apresente em uma perspectiva abstrata como condição adequada a produzi-lo, porém em juízo de avaliação posterior ao acontecimento. Couto e Silva observa, de qualquer modo, que a questão a saber se um fato em geral pode ser causador de um dano não depende de uma valorização subjetiva. Tal questionamento não pode ser respondido em abstrato, mas em face da situação concreta. No seu exemplo, se alguém atira uma pedra em outra que em seguida veio a falecer haverá a necessidade de examinar o caso concreto. Mesmo que a pedra e a força de quem a lançou pudessem causar o evento morte, aparecendo como causa adequada, a possível interferência de um elemento externo, como a de um tiro desferido por terceiro, ou a própria condição da vítima, podem ter atuado ainda que forma concorrente para o resultado. Assim, afirma que "o necessário, para colhê-lo nas malhas do nexo de causalidade, é que seu ato possa, em geral, ocasionar o evento", e em um "segundo momento, verificar-se-á se foi causa ou concausa, in concreto, ou se não contribuiu para o acontecimento" (COUTO E SILVA, Clóvis. O dever de indenizar. In: FRADERA,Vera Maria Jacob (org.). *O direito privado brasileiro na visão de Clóvis do Couto e Silva*. Porto Alegre: Livraria do Advogado, 1997, p. 195-196.

[75] A jurisprudência do STJ já firmou posição pacífica acerca da possibilidade de indenizar os genitores e irmãos pelos ligados à vítima por laços de afeição (*préjudice d'affection*), conforme precedente: STJ REsp 876.448/RJ, Rel. Min. Sidnei Beneti, 3ª Turma, *DJe* de 21/9/2010.

[76] STJ: REsp. 1335622 / DF, RECURSO ESPECIAL, 2012/0041973-0, Rel. Min. Ricardo Villas Bôas Cueva, **Órgão Julgador** T3 – 3ª Turma, j. 18/12/2012. *DJe* 27/2/2013. RSTJ vol. 229, p. 382. RECURSO ESPECIAL. RESPONSABILIDADE CIVIL. VIOLAÇÃO DO ART. 535 DO CPC. INEXISTÊNCIA. SÚMULA N. 7/STJ. NÃO INCIDÊNCIA. HOSPITAL PARTICULAR. RECUSA DE ATENDIMENTO. OMISSÃO. PERDA DE UMA CHANCE. DANOS MORAIS. CABIMENTO. 1. Não viola o artigo 535 do Código de Processo Civil, nem importa negativa de prestação jurisdicional, o acórdão que adotou, para a resolução da causa, fundamentação suficiente, porém diversa da pretendida pelo recorrente, para decidir de modo integral a controvérsia posta. 2. Não há falar, na espécie, no óbice contido na Súmula n. 7/STJ, porquanto para a resolução da questão basta a valoração das consequências jurídicas dos fatos incontroversos para a correta interpretação do direito. Precedentes. 3. A dignidade da pessoa humana, alçada a princípio fundamental do nosso ordenamento jurídico, é vetor para a consecução material dos direitos fundamentais e somente estará assegurada quando

rocráticas e o dano por ricochete causado aos pais do menor que veio a falecer. O acórdão de relatoria do ministro Ricardo Villas Bôas Cueva, assim como o voto vista da ministra Nancy Andrighi, é bastante ilustrativo do debate acerca da causalidade no plano dos dois institutos.

O fato em si verificado é que houve omissão do hospital no atendimento do paciente que veio a falecer; o nexo de causalidade entre a omissão e a morte não é demonstrado, sendo aviltada a teoria da perda de uma chance, que desloca o problema para a perda da oportunidade de cura ou sobrevida, e não do evento morte. Não se pode ter certeza se o atendimento imediato teria evitado o óbito, nem houve prova técnica nesse sentido.

O relator menciona que diante do caso não haveria a possibilidade de aplicação da causalidade adequada de forma pura. Não é o evento morte que vem a ser indenizado, mas o fato de que a omissão da instituição hospitalar teria evidenciado

---

for possível ao homem uma existência compatível com uma vida digna, na qual estão presentes, no mínimo, saúde, educação e segurança. 4. Restando evidenciado que nossas leis estão refletindo e representando quais as prerrogativas que devem ser prioritariamente observadas, a recusa de atendimento médico, que privilegiou trâmites burocráticos em detrimento da saúde da menor, não tem respaldo legal ou moral. 5. A omissão adquire relevância jurídica e torna o omitente responsável quando este tem o dever jurídico de agir, de praticar um ato para impedir o resultado, como na hipótese, criando, assim, sua omissão, risco da ocorrência do resultado. 6. A simples chance (de cura ou sobrevivência) passa a ser considerada como bem juridicamente protegido, pelo que sua privação indevida vem a ser considerada como passível de ser reparada. 7. Na linha dos precedentes deste Superior Tribunal de Justiça, restando evidentes os requisitos ensejadores ao ressarcimento por ilícito civil, a indenização por danos morais é medida que se impõe. 8. Recurso especial parcialmente provido. REsp. 1291247 / RJ, 2011/0267279-8, Rel. Min. Paulo de Tarso Sanseverino (1144) – 3ª Turma, j. 19/8/2014 *DJe* 1/10/2014 RECURSO ESPECIAL. RESPONSABILIDADE CIVIL. PERDA DE UMA CHANCE. DESCUMPRIMENTO DE CONTRATO DE COLETA DE CÉLULAS-TRONCO EMBRIONÁRIAS DO CORDÃO UMBILICAL DO RECÉM-NASCIDO. NÃO COMPARECIMENTO AO HOSPITAL. LEGITIMIDADE DA CRIANÇA PREJUDICADA. DANO EXTRAPATRIMONIAL CARACTERIZADO. 1. Demanda indenizatória movida contra empresa especializada em coleta e armazenagem de células-tronco embrionárias, em face da falha na prestação de serviço caracterizada pela ausência de prepostos no momento do parto. 2. Legitimidade do recém-nascido, pois "as crianças, mesmo da mais tenra idade, fazem jus à proteção irrestrita dos direitos da personalidade, entre os quais se inclui o direito à integralidade mental, assegurada a indenização pelo dano moral decorrente de sua violação" (REsp. 1.037.759/RJ, Rel. Min. Nancy Andrighi, 3ª Turma, julgado em 23/2/2010, *DJe* 5/3/2010). 3. A teoria da perda de uma chance aplica-se quando o evento danoso acarreta para alguém a frustração da chance de obter um proveito determinado ou de evitar uma perda. 4. Não se exige a comprovação da existência do dano final, bastando prova da certeza da chance perdida, pois esta é o objeto de reparação. 5. Caracterização de dano extrapatrimonial para criança que tem frustrada a chance de ter suas células embrionárias colhidas e armazenadas para, se for preciso, no futuro, fazer uso em tratamento de saúde. 6. Arbitramento de indenização pelo dano extrapatrimonial sofrido pela criança prejudicada. 7. Doutrina e jurisprudência acerca do tema. 8. Recurso especial provido.

um dano ao reduzir substancialmente as chances de sobrevivência do paciente. A situação se põe em confronto também com a regra do artigo 403, dos danos diretos e imediatos, ao menos em sua textualidade, a se apurar então o fato ocasionado com o "não atendimento" pelo hospital.

Em seu voto, o ministro Villas Bôas afirma que:

> não se desconhece que no direito brasileiro vige o *princípio de causalidade adequada* e, por outros, o *princípio do dano direto e imediato,* cujo enunciado pode ser expresso em duas partes: a primeira (que decorre, a *contrario sensu*, do art. 159 do CC/16 e do art. 927 do CC/2002, que fixa a indispensabilidade do nexo causal) dispõe que *ninguém pode ser responsabilizado por aquilo a que não tiver dado causa*; e a outra (que decorre do art. 1.060 do CC/16 e do art. 403 do CC/2002 e que fixa o conteúdo e os limites do nexo causal) diz que *somente se considera causa o evento que produziu direta e concretamente o resultado danoso*. Com razão, uma das condições básicas para a concessão da indenização nos casos de responsabilidade civil é o nexo causal certo entre a falha e o dano. Ou seja, ou se reconhece o ato e o relaciona ao dano ou julga-se absolutamente improcedente o pedido, é a regra do tudo ou nada. Na espécie, contudo, há peculiaridades que atraem outro enfoque para o deslinde da causa.
>
> [...]
>
> A interrupção do tratamento, ao qual tinha a obrigação jurídica de realizar, ainda que nunca se venha a saber se geraria resultado positivo ou negativo para a vítima.
>
> Desse modo, a relação entre a omissão do hospital e o dano à paciente não é natural, mas estritamente jurídica. Ao omitir-se, o nosocômio acabou evidenciando o dano, ao reduzir substancialmente a possibilidade de sobrevivência da menor.

O mesmo acórdão remete ao caso emblemático da jurisprudência francesa, julgado pela 1ª Câmara de Cassação da França, em julho 1964, que se tem como marco histórico da aplicação da *perte d'une chance*, em que o médico teria cometido um erro de diagnóstico ao decidir amputar os braços de um bebê para facilitar o parto. Entendeu-se que entre a conduta médica e a invalidez do menor não se podia estabelecer um preciso nexo de causalidade, concluindo pela indenização em face da perda de uma chance que teria o menor caso o médico tivesse agido de outro modo.

No caso apreciado pela corte brasileira, a conclusão foi então pelo direito à indenização dos pais, por danos reflexos ou por ricochete, causado pela impossibilidade de ter a criança a chance de sobrevida em razão do não atendimento pelo hospital. O dano indenizado não foi o evento final, morte, mas o relativo à probabilidade de tratamento, interrompido pela omissão do estabelecimento hospitalar.

A grande dificuldade enfrentada, como manifestou a ministra Andrighi em seu voto, está em apurar o valor econômico da chance perdida. O debate em torno dessa questão acaba por colocar em confronto a ideia de causalidade que extrai teoria da *conditio sine qua non*, ou seja, baseada em um liame de condicionalidade, e o que assevera a corrente da doutrina que advoga pela avaliação probabilística dos danos, baseada em cálculos percentuais da chance perdida. Em xeque o próprio uso da causalidade. Nesse caso, não se admite a causalidade parcial, tem-se em conta tudo ou nada ou se admite a presunção de causalidade.

Em seu voto-vista, a prop**ósito, a Ministra consignou:**

> A solução para esse impasse, contudo, está em notar que a responsabilidade civil pela perda da chance não atua, nem mesmo na seara médica, no campo da *mitigação do nexo causal com o resultado*. A perda da chance, em verdade, consubstancia uma *modalidade autônoma de indenização, passível de ser invocada nas hipóteses em que não se puder apurar a responsabilidade direta do agente pelo dano final*. Nessas situações, o agente não responde pelo resultado para o qual sua conduta *pode* ter contribuído, mas apenas *pela chance de que ele privou a vítima*. Com isso, resolve-se, de maneira eficiente, toda a perplexidade que a apuração do nexo causal pode suscitar.

Um dos problemas relativos à causalidade, e mormente da prova dos danos, é o que envolve, particularmente, a responsabilidade civil pela perda de uma chance. O instituto, que tem origem no direito francês, é largamente difundido. No Brasil o debate é tímido e a aplicação tem sido normalmente associada às hipóteses de erro médico ou aos casos da impossibilidade de participar de concursos ou sorteios e mesmo nos casos de perdas de prazos processuais.[77]

Não é o objetivo aprofundar os conceitos e a dogmática da perda de uma chance, impondo aqui a sua consideração pela relevância do tema no âmbito da responsabilidade civil, e, em especial, da necessária comprovação da causalidade para a sua efetivação e apuração dos danos. Entende-se que o elemento da causalidade é de fundamental relevância para a comprovação necessária ao ressarcimento dos danos decorrentes.

Em tal hipótese, consagrada também no direito brasileiro, a partir da elaboração teórica e jurisprudencial, o foco se volta para a pesquisa de um liame existente entre uma conduta comissiva ou omissiva que venha a interromper a possibilidade de determinado desenrolar causal de tal modo que a consequência não advinda constitua um dano para a vítima. São os casos clássicos de erro médico, caracterizado pela conduta imperita ou mesmo pela omissão que, por sua vez, impedem a chance de cura do paciente.

---

[77] SILVA, Rafael Peteffi da. *Responsabilidade civil pela perda de uma chance:* uma análise do direito comparado e brasileiro. São Paulo: Atlas, 2007, p. 185 ss.; AMARAL, Ana Cláudia Zuin Mattos do. *Responsabilidade civil pela perda de uma chance*: natureza jurídica e quantificação do dano. Curitiba: Juruá, 2015, p. 56 ss.; SAVI, Sérgio. *Responsabilidade civil pela perda de uma chance.* 3. ed. São Paulo: Atlas, 2012, p. 46 ss; BÉNABENT, Alain. *La chance et le droit.* Paris: LGDJ, 1973; CHINDEMI, D. *Il danno da perdita di chance.* Milano: Giuffrè, 2007.

Há dois nexos causais a serem pesquisados. O primeiro diz respeito ao ato ou à omissão e o evento que se interrompe; o segundo é mais complexo, e se dá por presunção, apresentando-se como nexo entre fatos que deveriam normalmente ocorrer de forma provável. Diz-se que para aplicação da teoria e a reparação de danos se deve ter certeza da probabilidade, já que não se pode ter certeza quanto ao desfecho. Não se pode ter certeza de que o paciente não tratado fosse sobreviver, o que se responsabiliza – e consequentemente se deve indenizar –, e a perda da oportunidade, havida em decorrência da prática de um erro ou da ausência do devido tratamento (omissão).

Nessa segunda função, exercida para a verificação do que provavelmente se perdeu, pode-se dizer que prova da causalidade é utilizada como modelo de raciocínio lógico para que se possam projetar as prováveis consequências e assim inferir o que efetivamente teria acontecido. O cálculo praticado para a apuração dos danos leva em conta a proporcionalidade de determinado evento (ganho, lucro, sobrevida etc.,) ter ocorrido, de tal forma que não se indenizará concretamente o fato, mas a probabilidade estatística de que houvesse ocorrido.

A causalidade é também presumida em face da impossibilidade concreta de se verificar um dano que é constituído pela prova de sua probabilidade, e não de sua ocorrência no plano fático. Daí que a causalidade, como modelo de raciocínio lógico, desempenha uma função indicadora do que poderia ter ocorrido na situação em que indivíduo é impedido de praticar determinado comportamento ou de usufruir de um bem, patrimonial ou pessoal, pela interferência de um ato praticado ou omitido por terceiro interruptor da cadeia causal. O dano é decorrente da interrupção. O prejuízo é verificado pela ausência de um desenrolar causal que teria havido caso não houvesse a interrupção.

Há evidente flexibilização da prova da causalidade na apuração dos danos no que tange a admissão da responsabilidade civil pela perda de uma chance, já que as consequências são prováveis e se verificam por hipótese ou presunção. Fatores de atribuição, como o curso normal dos acontecimentos e o *standard* do observador experiente, são determinantes para que se possa comprovar o direito à indenização daquele que perdeu uma oportunidade.

No caso, reafirma-se o parâmetro objetivo que considera a regularidade dos acontecimentos, afastando os resultados inesperados e extraordinários, reforçando a probabilidade de que determinado acontecimento, se ocorrido, pudesse resultar em um ganho. Na perda de uma chance, o critério de maior ou menor probabilidade pode determinar a efetiva perda de oportunidade, a ser indenizada. A causalidade é utilizada para apurar o grau de probabilidade, do desenrolar causal que não ocorreu pela interrupção que configura a perda.

Há duas situações que são comumente apreciadas na jurisprudência e que se repetem com variações circunstanciais. Uma diz respeito à perda de uma oportunidade concreta, como a do cavalo de corrida que não chega a tempo de participar porque a transportadora atrasou, ou do participante de um jogo de perguntas e respostas a quem é obstaculizada a oportunidade de responder corretamente e receber o prêmio mais vultoso. A segunda, também recorrente, é a do erro ou omissão médica, que resulte na morte do paciente. Naqueles casos, a perda é da oportunidade de participar, no segundo o evento ocorrido poderia ter sido evitado não fosse o erro ou a omissão.

No caso do evento morte, o dano ocorreu real e concretamente, e a prova, tanto do ato ilícito como da causalidade, deve se ater ao fato condicionante, cuja exclusão teria impedido o desfecho trágico. Remonta-se, então, a discussão teórica da causalidade, recorrendo-se aos seus elementos integradores, na análise das varáveis causais que podem determinar as consequências ordinárias do evento. Já se sabe a extensão do dano. O critério para a aferição da causalidade ganha importância com instrumento de imputação. Essa distinção em relação ao primeiro problema apresentado faz com que muitos autores questionem a aplicação do instituto da perda de uma chance à seara médica.[78]

Não se poderia, nessa visão, admitir um cálculo de probabilidade. No caso do paciente que é levado ao hospital a causa já está determinada por fator anterior da emergência que o conduziu ao tratamento, sendo o erro ou a omissão fator concorrente do desfecho morte, sem que se possa nesse caso admiti-la com certeza absoluta. Excetuadas, evidentemente, as situações em que o ato praticado ou omitido possa ser comprovadamente a causa da morte, e não se estaria a discutir a hipótese de perda de uma chance, mas de um dano concreto ligado diretamente à conduta comissiva ou omissiva.

Tem-se, pois, que há também um debate calcado na natureza da causalidade, se hipotética ou real, se alternativa ou concreta.

Em oposição à noção de flexibilização vinha a necessária certeza quanto à prova da causalidade (*all or nothing*), ao menos em tese, consideradas formulações matemáticas e probabilísticas, que, contudo, jamais evidenciariam um juízo irrefutável. A certeza é inatingível em termos de causalidade no âmbito da figura jurídica da perda de uma chance. Não se pode dizer com certeza absoluta o que teria ocorrido caso não fosse a interrupção da relação causal.

A abordagem admitida pela jurisprudência, com forte tendência à utilização de critérios de causalidade para apuração dos danos decorrentes da perda de uma chance, tem sido a da adoção do critério de probabilidade. A doutrina da *common law* adiciona a essa formulação probabilística a simplicidade do raciocínio do *more probable than not*, propondo a lógica do bom senso na verificação do que era provável na situação posta à apreciação.

---

[78] SILVA, Rafael Peteffi da. *Responsabilidade civil pela perda de uma chance:* uma análise do direito comparado e brasileiro. São Paulo: Atlas, 2007, p. 222 ss.

A visão do observador frente aos fatos é a de um juízo de probabilidade; adotando conceitos positivos ou negativos, "sim" ou "não", em maior ou menor grau, "mais" ou "menos", a respeito de uma verdade que é evidentemente relativa, que pode ser refutada com a prova contrária que se encontra na margem que impede a certeza. À disposição do intérprete estão outros elementos como a verossimilhança e a coerência.

O tema remete também a discussão sobre previsibilidade e probabilidade, especialmente no direito civil argentino, que em seu Código estabelece um regime de imputações baseadas na previsibilidade para distinguir a causalidade e selecionar os danos indenizáveis. Não por isso, ausente de crítica, salientando a doutrina[79] a necessidade de substituir a locução pela "probabilidade", com intuito de reduzir os problemas que a primeira suscita quanto ao grau de subjetividade inerente.

O que se propõe, no entanto, é articulação dos fatores constituintes da chamada causalidade jurídica, em seu atual panorama teórico, reafirmado neste livro, para a apuração e a comprovação dos danos ressarcíveis, exercendo uma função auxiliar na formação da convicção do juízo e que culmina sempre em uma questão relativa à prova, à efetiva comprovação de prejuízos.

5.4 PROBABILIDADE NA SELEÇÃO DE DANOS

Na configuração da responsabilidade civil são necessários alguns requisitos exigidos no ordenamento jurídico. O dano, a conduta ilícita, o dolo, a imprudência ou a negligência do agente, e o nexo causal. Verificados, surge para o autor do evento danoso o dever jurídico de indenizar o prejuízo causado. A pretensão de ressarcimento se dá pelo ajuizamento de ação para obter a reparação do dano, em que o autor deverá provar necessariamente a conexão entre a conduta do agente e o dano sofrido, de modo tal que apareçam vinculados por uma relação de causa e efeito.

O mesmo vale no tocante à chamada imputação das consequências decorrentes do dano, caracterizadas pela sucessão de situações danosas que decorrem do evento danoso em si. Uma vez demonstrado liame causal existente entre a conduta do agente ofensor e o dano, e, portanto, cumpridos os requisitos fundamentais da responsabilidade civil, nasce o dever de indenizar. Esse segundo momento instaura uma nova cadeia de acontecimentos que repercutem de forma causal e merecem a comprovação para fins de determinar a extensão e o *quantum* a ser indenizado.

Reforça-se aqui a função instrumental que a causalidade pode ter na apuração dos danos. E, sobretudo, da utilização dos elementos constituintes da causalidade

---

[79] Em especial as observações de PRÉVÔT, Juan Manuel; CHAIA, Rubén Alberto. *Pérdida de chance de curación*. Buenos Aires: Astrea, 2007, p. 146.

jurídica, tais como os que são apresentados de forma individualizada nesta obra. A prova da causalidade nessa segunda instância de apuração, que é o objeto central deste livro, passa pela escolha de critérios relativos aos múltiplos entendimentos teóricos acerca do tema. O exame da prova das consequências dos danos pode revelar um ou outro desenrolar causal, e, portanto, consequências indenizáveis, em razão da escolha a respeito da teoria causal a ser utilizada.

A jurisprudência reafirma na prática esse problema. E por vezes confunde os conceitos ou os apresenta de forma contraditória em relação aos seus fundamentos teóricos. As decisões em geral se pautam por elementos de subjetividade e intuição, algumas até recorrem à análise estatística de probabilidade, tendo por parâmetro conceitos admitidos da análise economicista do direito, ou de flexibilização de causalidade, para o atingimento da reparação. Indubitável, porém, a necessidade de se identificar causalidade e, principalmente, de justificá-las em bases racionais e teóricas do direito.

A prova no direito que é um problema tratado primordialmente no âmbito da disciplina processual e, no entanto, envolve indissociadamente a matéria de conteúdo, pertinente ao direito material. A distinção entre forma e conteúdo assume caráter didático, mas não se encontra de modo algum dissociada na prática das relações forenses. A toda prova exigida em matéria processual há que existir o substantivo fundamento legal, consubstanciado na matéria relativa ao direito aplicável.

A causalidade jurídica está presente como regra estabelecida nas normas de direito civil, no tocante a responsabilidade, tanto na regra geral quanto nas regras que estabelecem os parâmetros de apuração de danos. Especialmente, no novo Código Civil brasileiro de 2002, o disposto no artigo 944, que estabelece a reparação integral dos danos ou na regra que prevê a limitação aos danos diretos e imediatos (art. 403, CC).

Outra regra auxiliar que se coaduna com o tema que se propõe é a referida no artigo 375 do Código de Processo Civil, que estabelece a possibilidade de o juiz se valer da observação da experiência comum, e que nesse caso é regra auxiliar na aplicação da causalidade, em sua defendida função de seleção de danos, justamente pelo critério adotado na legislação processual.

As regras substanciais e as que estabelecem referências à hermenêutica e à aplicação do direito se articulam de forma essencial na concretização da prova, tal como estabelece ainda o artigo 332 do Código de Processo Civil de 1973,[80] e no atual, entrando em vigência em 2016, e de redação similar, no artigo 369, a respeito da utilização de todos os meios legais para a comprovação da verdade dos fatos:

> As partes têm o direito de empregar todos os meios legais, bem como os moralmente legítimos, ainda que não especificados neste Código, para provar a

---

[80] Todos os meios legais, bem como moralmente legítimos, ainda que não especificados neste Código, são hábeis para provar a verdade dos fatos, em que se funda a ação ou defesa.

verdade dos fatos, em que se funda o pedido ou a defesa e influir eficazmente na convicção do juiz.[81]

A interdisciplinaridade vista nesses dispositivos, a par de favorecer a demonstração das consequências danosas na responsabilidade civil, completam, por assim dizer, o quadro legislativo que suporta a ideia de se determinar uma zona do dano. A circunscrição de consequências que são selecionadas pela relevância jurídica que apresentam e que formarão a reparação.

A causalidade, entretanto, à diferença do tratamento que recebe em outras disciplinas não jurídicas, mormente a naturalística, no direito pressupõe para a sua comprovação, e, sobretudo, ao juiz na tomada de uma decisão, uma série de argumentos e razões de ordem lógica e retórica. A argumentação em torno da motivação do magistrado ao analisar a causalidade decorre da própria dificuldade em se estabelecer um critério assertivo de certeza causal.[82]

Durante os séculos XVIII e XIX, pode-se notar a passagem de uma visão absoluta da causalidade, tida como um princípio filosófico, que admitia a certeza dos acontecimentos sucessórios, para a adoção de critérios probabilísticos. O declínio do princípio da causalidade que tem por fundamento a ideia de empirismo científico, como propusera Hume, ou determinismo de leis da física de Newton, encontra razão em novas descobertas da física atômica, na quântica, ou teoria da relatividade, em relação ao tempo, de Einstein, e na teoria da incerteza de Heisenberg.[83]

A certeza a respeito dos fenômenos da física e da ciência de um modo geral colocou em crise o conceito de causalidade pelo advento das novas descobertas científicas. A causalidade se apresentava como uma fórmula perfeita, a explicação

---

[81] Código de Processo Civil Brasileiro, de 2015, artigo 369.

[82] CAPECCHI, M. *Il nesso di causalità*: dalla *conditio sine qua non* alla responsabilità proporzionale. 3. ed. Padova: Cedam, 2012, p. 207. O autor, a propósito, ressalta que a causalidade como princípio pode ser analisada sob o ângulo de duas acepções distintas, uma que se pode definir como "naturalística", que possibilita determinar com grau de certeza a relação de causa e efeito entre os acontecimentos, e outra que pode ser definida como "positiva" enquanto postulado do legislador, o qual previu o nexo causal como elemento constitutivo da responsabilidade civil, que deve ser definido pelo magistrado; vide ainda: ALEXY, Robert. *Teoria da argumentação jurídica*. Rio de Janeiro: Forense, 2011.

[83] A propósito, Manfred Maiwald afirma que as descobertas científicas em relação à quântica, que abalaram o mundo da física moderna e por consequência a reflexão filosófica, não configuram um impeditivo à tradicional abordagem da causalidade pelo jurista. O raciocínio lógico que se estabelece na visão determinista, em que, se vislumbram na dinâmica entre causas e efeitos, não se põe diretamente em confronto com o direito. Ao contrário disso, na sua visão, são dos questionamentos que o jurista faz que dependem os fins pretendidos. Essa lição advinda da experimentação científica, que confunde e corrompe as leis das físicas tais como concebidas por Newton, trazem ao direito, como mostra Maniwald, uma nova percepção dos fatos em si compreendidos na ótica da causalidade (MAINWALD, Manfred, op. cit., p.13-4).

de determinado fenômeno se dava pela descrição de seu antecedente. Entretanto, há inúmeras variáveis antecedentes que tornam impossível a tarefa de se ter uma lei determinista.

A impossibilidade de se atingir a certeza natural dos acontecimentos, por certo, reflete no plano jurídico. A noção de causalidade determinante dá lugar à provável, um efeito não decorre necessariamente de um evento, mas pode tê-lo como provável. Capecchi, discorrendo sobre a interdisciplinaridade da causalidade, chega a afirmar que "falar de causa significa falar de probabilidade e de aumento de risco na produção de um evento".[84]

Capecchi alerta que na diferenciação existente entre o conhecimento quantitativo da relação causal, própria da causalidade naturalística, e o juízo de subsistência ou não do nexo causal, exigido pelo direito positivo, pode ser mediada recorrendo aos institutos processuais que são os instrumentos dos quais o julgador dispõe para o conhecimento da "verdade processual", observando os acontecimentos naturais pelo prisma do processo.[85]

A comprovação do nexo de causalidade em sede processual, ainda que eventualmente se possa tratar de prova científica, é sempre cercada de incerteza. A solução a que recorrem os julgadores é com base em critérios probabilísticos e de proximidade; a matemática não é descartada nessa hipótese quando possível de ser aferida e avaliada em percentuais que apontem para a maior ou menor certeza do fato ocorrido. A causalidade ganha espaço não como certeza, mas como probabilidade, e daí o caráter igualmente auxiliar da opção por determinada teoria ou critério de inferência da relação entre danos e suas consequências.

A utilização de dados estatísticos para a verificação da causalidade foi objeto de estudo de um dos expoentes da doutrina civilista americana, Richard Wright, segundo o qual na análise de dados estatísticos não se pode desconsiderar totalmente o caso concreto:

> para provar que uma condição específica é causa de um determinado acontecimento se deve verificar se são ambos a condição e o evento no caso concreto, e se, ainda, na generalização causal é possível ligar condições daquele tipo com eventos do mesmo tipo havidos.[86]

O autor adverte que não se pode ter por existente o nexo causal baseando-se unicamente em leis universais, sejam essas de natureza lógica ou científica;

---

[84] CAPECCHI, M. *Il nesso di causalità*: dalla conditio sine qua non alla responsabilità proporzionale. 3. ed. Padova: Cedam, 2012, p. 214-215.

[85] Ibidem, p. 223.

[86] WRIGHT, Richard W. Causation, responsibility, risk, probability, naked statistics, and proof: Pruning the bramble bush by clarifying the concepts. *Iowa L. Rev.*, v. 73, p. 1001, 1987, p. 135.

ao contrário, a prova deve ser sempre obtida em consideração ao caso particular, constatada a existência de um liame causal no caso concreto que foi submetido à apreciação pelo juízo.[87]

Pucella, manifestando posição semelhante, desconfia da utilização isolada do instrumento estatístico para aferir os fenômenos particulares. Afirma que a probabilidade individualiza o fenômeno conforme o grau de frequência com que ocorre, permitindo o seu enquadramento em um contexto, dando-lhe dimensão, mas não se deve abdicar de ter em conta o caso concreto, não somente esperar o acontecimento pelo seu dado estatístico.[88]

Para Wright, a probabilidade calculada *ex ante*, avaliada em consideração às situações existentes naquele momento, é menos útil do que as verificadas *ex post*, em que se consideram todas as circunstâncias, as anteriores e as posteriores ao acontecimento.[89]

O coeficiente estatístico nessa perspectiva é ponto de partida, dando a dimensão, como afirma Pucella, a determinado acontecimento, mas não pode assumir por si uma posição de necessidade em relação aos eventos. Há que se apurar as circunstâncias particulares, o que se faz por meio de uma verificação generalizante e ao mesmo tempo concreta, papel que cumpre o *standard* do observador experiente, que vislumbra a hipótese do acontecimento em sua frequência ou regularidade e a compara com o caso concreto (a probabilidade diante do caso concreto).

A propósito, Capecchi afirma que na discussão acerca do objeto da prova (se certo ou provável) há certo grau de especulação e que muitas vezes admite uma solução de tipo probabilístico, baseada na presunção. Os elementos verificáveis no caso em apreciação pelo juízo devem considerar a prova que as partes fornecem e disso resulta a avaliação do que a lei determina para fundamentar a responsabilidade civil e suas consequências indenizatórias. É preciso valorar os meios de prova de que as partes dispõem para demonstrar a existência de um nexo causal.[90]

O nexo de causalidade é apreciado dentro de uma lógica de explicação probatória em diversas situações, particularmente em casos de responsabilidade objetiva, nos quais ganha relevo e importância na configuração do dever reparatório. A hipótese de responsabilidade dos fabricantes de cigarro é uma das quais a prova

---

[87]   Idem, p. 138-139.

[88]   PUCELLA, R. *La causalità incerta*. Torino: Giappichelli, 2007, p. 100.

[89]   WRIGHT, Richard W. Causation, responsibility, risk, probability, naked statistics, and proof: Pruning the bramble bush by clarifying the concepts. *Iowa L. Rev.*, v. 73, p. 1001, 1987, p. 138-139.

[90]   CAPECCHI, op. cit., p. 252 ss.; vide ainda: BORDON, Raniero; ROSSI, Stefano; TRAMON-TANO, Luigi. *La nuova responsabilità civile*: causalità, responsabilità oggettiva, lavoro. Torino: Utet Giuridica, 2010, p. 261.

do nexo causal tem relevância fundamental à constatação da obrigação de indenizar a vítima ou os familiares quando da morte do usuário.

Há casos recorrentes na jurisprudência da *common law* e mesmo na brasileira, tendo aqui se pacificado o entendimento de que não é possível estabelecer um liame direto entre o consumo de cigarro e as doenças pulmonares sofridas pelos fumantes. Os argumentos comuns e contrários à responsabilização são os de que há múltiplos fatores potenciais ao desenvolvimento de doenças cancerígenas, como predisposições genéticas e outros agentes igualmente indutores, além do livre-arbítrio do tabagista, que assume o risco pelo uso de um produto que contém substâncias notadamente cancerígenas.

A discussão jurídica sobre o tema é também de grande valor à reflexão que se faz sobre a causalidade. A compreensão e a utilização de conceitos acerca da problemática causal podem determinar caminhos e soluções múltiplas, e até conflitantes. A necessidade de aprofundar os conceitos se faz nesse sentido preponderante.

Em julgado de 2015, ocorrido no Tribunal de Justiça do Rio Grande do Sul, em que a família de um fumante morto, vitimado por câncer de pulmão, pleiteou a indenização pelos danos materiais e morais suportados em decorrência do tratamento e do óbito, trouxe importantes considerações a respeito do assunto e tratou com profundidade as variáveis da causalidade conforme diferentes correntes doutrinárias e suas atuais tendências e atualizações.[91]

A família recorria da decisão de primeiro grau que julgou improcedente a demanda, com base nos aludidos argumentos, já sustentados em julgados similares. O relator votou pela manutenção da sentença; o presidente, desembargador Eugenio Facchini Neto, entretanto, proferiu voto ímpar sobre o tema, trazendo indiscutivelmente novos elementos ao debate. Foi acompanhado pelo vogal, tendo o acórdão por maioria decidido desconstituir a sentença para se reabrir a instrução processual, em consideração ao julgamento preliminar de um agravo retido interposto justamente contra a decisão do magistrado de primeiro grau que negou a produção probatória.

Pretendia-se provar na demanda "o nexo causal entre a insuficiência ventilatória – doença pulmonar obstrutiva crônica que ensejou o óbito e o uso continuado do

---

[91] Cf. Ementa: TJRS: Apelação Cível, 9ª Câmara Cível, Processo N. 7005950289-8; Apelação cível. AÇÃO DE REPARAÇÃO DE DANOS. TABAGISMO. RESPONSABILIDADE CIVIL DA INDÚSTRIA DO FUMO. AGRAVO RETIDO DA RÉ. PRESCRIÇÃO. INOCORRÊNCIA. AGRAVO RETIDO DA AUTORA. PROVIMENTO. CERCEAMENTO DE DEFESA. NECESSIDADE DE PRODUÇÃO DAS PROVAS REQUERIDAS. NEXO DE CAUSALIDADE. MULTIFATORIALIDADE QUE NÃO IMPEDE O ACOLHIMENTO, EM TESE, DA DEMANDA. LIVRE-ARBÍTRIO. LIMITAÇÃO. INVOCABILIDADE APENAS PARCIAL DA IDEIA. APLICABILIDADE DO **CÓDIGO DE** DEFESA DO CONSUMIDOR. INAPLICABILIDADE DA IDEIA DE PERICULOSIDADE INERENTE.

cigarro".[92] O falecido foi tabagista por mais de 30 anos e adquiriu o hábito de fumar influenciado pela ampla propaganda promovida pela fabricante.

O revisor reuniu admirável material sobre o estudo dos malefícios causados pelo tabagismo e considerou os atuais posicionamentos adotados pelas cortes norte--americanas. A questão se voltou, sobretudo, à causalidade.

O voto discordante procurou refutar os principais argumentos trazidos pela indústria fabricante do cigarro. O primeiro deles diz respeito ao fato de a doença acometida ser de natureza multifatorial, de tal modo que não se poderia excluir a hipótese de que outras causas poderiam ter agido para a doença e não o fumo, e nesse caso afirmou a relatividade da prova no sistema brasileiro:

> [...] nosso sistema probatório não exige uma prova uníssona e indiscutível, mas sim uma prova que possa convencer o juiz, dentro do princípio da persuasão racional [...] não há necessidade de que a prova seja incontroversa. O princípio universal e antigo do *in dubio pro reo* aplica-se exclusivamente à seara penal [...] Mesmo na esfera penal, aliás, é muito mais expressiva a locução utilizada nos países de *Common Law,* no sentido de que a condenação criminal só ocorrerá se o julgador estiver Convencido *beyond any reasonable doubt* – além de qualquer dúvida razoável. Ou seja, mesmo na esfera penal não se exige um juízo de certeza absoluta. Requer-se, apenas, que o julgador esteja racionalmente convencido, sem dúvidas razoáveis pairando sobre sua mente.

Afastando a necessidade de certeza, e consubstanciando o entendimento de que a probabilidade pode exercer influência na justificativa de decisão, pôs argumento baseado no cálculo genérico das probabilidades, para se chegar a uma conclusão insólita, de que as condenações em casos de responsabilidade pelo consumo do cigarro não correspondem percentualmente ao número de casos em que se tem por certo que decorreram do seu uso:

> O acolhimento irrestrito da tese ventilada na sentença e acolhida em muitos julgados leva, com a devida vênia, a um absurdo lógico: levando-se a sério as conclusões da ciência médica que aponta, com dados cientificamente irrefutáveis e objeto de consenso técnico universal, que determinadas doenças (especialmente as pulmonares) estão necessariamente vinculadas ao vício do fumo num percentual que por vezes se situa entre 80 e 90% dos casos, conclui-se coerentemente que de cada cem portadores de tais doenças, entre 80 e 90 indivíduos a contraíram em razão do hábito de fumar. A *contrario sensu,* os outros 10 a 20 indivíduos desenvolveram a doença em razão de outros fatores que não o tabagismo. É quase impossível afirmar-se, categoricamente, quais dessas cem pessoas se encontram num grupo ou no outro. Isso não abala, porém, a certeza científica de que abstratamente 80 a 90% deles realmente desenvolveram a doença em razão do taba-

---

[92]   Cf. acórdão suprarreferido.

gismo. Inequívoco, portanto, o nexo de causalidade científico e irrefutável entre a conduta (tabagismo) e o efeito (desenvolvimento da doença). Todavia, se todas essas cem pessoas ajuizassem ações individuais, a invocação da tese sentencial faria com que todas as cem pretensões fossem desacolhidas, apesar da certeza científica e irrefutável de que entre 80 a 90% daqueles autores tinham inteira razão. Para se evitar que a indústria do fumo seja injustamente condenada num percentual de 10 a 20% das causas, prefere-se, assim, injustamente, desacolher as justas pretensões de 80 a 90% dos autores!

A decisão apoiada na doutrina de Carlos Alberto de Oliveira e do processualista Michele Taruffo conclui pela possibilidade de o magistrado vir a decidir casos complexos envolvendo a pluralidade de causas e condições:[93]

> [...] aliás, tal posicionamento é longe de ser isolado. Carlos Alberto Alvaro de Oliveira, por exemplo, sustenta que "a tendência hodierna dominante inclina-se decididamente por racionalizar o sistema mediante prevalência da verdade empírica extraída dos fatos da causa por meio da lógica e de critérios científicos"[94]. [...] abertura nos é dada por um dos maiores processualistas da atualidade, o italiano Michele Taruffo, que dedica vários de seus escritos ao estudo do fenômeno da prova. Numa de suas obras, ao abordar as concepções sobre prova acolhidas nos sistemas jurídicos modernos, distingue um modelo "fechado" – caracterizado pela concepção de que o fenômeno da prova estaria comprimido e fechado nas normas que dela se ocupam – de um modelo "aberto", que parte da concepção de que a prova é precipuamente um fenômeno que pertence à esfera da lógica e do racional, ou, ao menos, do razoável, sendo apenas alguns de seus aspectos previstos e regulados por normas. [...] "As normas em matéria de prova não servem para definir e delimitar o conceito jurídico de prova, porque qualquer coisa que serve para estabelecer um fato é prova. Essas servem somente (ao menos em linha de princípio) para excluir a admissibilidade de alguns meios de prova quando existem especiais razões para exclusão." E, prossegue ele: "se considerarmos essas duas concepções para além das respectivas origens históricas e culturais, parece evidente que a segunda conta com bem maiores títulos para ser compartilhada de um ponto de vista geral". Um pouco mais adiante, refere aspecto que interessa ao debate aqui travado: "basta lembrar que fenômenos como os das 'provas científicas' ou 'tecnológicas' fogem a qualquer tipicização normativa".[95]

---

[93] DELFINO, Lúcio. Responsabilidade Civil da Indústria do Tabaco. In: HOMSI, Clarissa Menezes (coord.). *Controle do tabaco e o ordenamento jurídico brasileiro*. Rio de Janeiro: Lumen Juris, 2011, p. 91-92.

[94] ALVARO DE OLIVEIRA, Carlos Alberto. Problemas atuais da livre apreciação da prova. In: ALVARO DE OLIVEIRA, Carlos Alberto (org.). *Prova cível*. Rio de Janeiro: Forense, p. 52.

[95] TARUFFO, Michele. Verdade e processo. In: TARUFFO, Michele. *Processo civil comparado: ensaios*. Apres., org. e trad. de Daniel Mitidiero. São Paulo: Marcial Pons, 2013 (Coleção processo e direito), p. 50-53.

O voto analisa as atuais ideias sobre a relação afirmando que transitam em outros ordenamentos jurídicos. Nota-se uma nítida flexibilização da lógica da certeza e abertura de espaço para a lógica da probabilidade. Na prática, por meio do desenvolvimento teórico, vem-se propugnando a flexibilização da prova da causalidade; no voto se discorre sobre esse aspecto e algumas das atuais teorias em voga:

> [...] Portanto, a simples dificuldade de se encontrar provas contundentes para comprovar os fatos constitutivos do direito do autor não deve levar o magistrado a um fácil juízo de improcedência. Diante da potencial injustiça que ele pode estar causando, deve ele ampliar seu horizonte e esgotar as possibilidades de um veredicto contrário. [...] para uma tal flexibilização da prova do nexo de causalidade, citam-se a doutrina da *res ipsa loquitur;* a *doutrina da market share liability;* a doutrina da perda de uma chance (*perte d'une chance*); a doutrina da causalidade alternativa; a doutrina da presunção de causalidade; a doutrina do *more probable than not*; a doutrina da redução do módulo da prova; a doutrina sueca da verossimilhança; bem como a admissão de probabilidades estatísticas (esta última especialmente importante para o caso em tela).

> Em todas essas teorias/doutrinas/práticas jurisprudenciais, troca-se a verdade pela verossimilhança, a certeza pela probabilidade, no intuito de se fazer justiça. Não são simples construções subjetivas que expressam um desejo íntimo e imperscrutável do julgador, mas sim construtos que guardam uma lógica e uma racionalidade que resistem ao diálogo intersubjetivo.

E reafirma, com isso, a aplicação dos conceitos de flexibilização aos casos de responsabilidade na indústria dos cigarros, ressaltando as palavras do jurista português Gomes Canotilho e, na Itália, a doutrina de Raniero Bordon, que inclusive faz referência a julgamento das Sessões Unidas do Tribunal de Cassação Penal de 2002, que teve importante repercussão no meio jurídico:

> [...] igualmente aplicável aos casos de responsabilidade das indústrias fumageiras. Eis suas palavras: "Só existe responsabilidade civil se houver provada a existência de uma relação causa-efeito entre o fato e o dano. Esta relação de causalidade não tem que ser determinística, como uma relação mecânica, mas deve ser uma causalidade probabilística. Considera-se que um determinado fato foi a causa de um determinado dano se, de acordo com as regras da experiência normal, aquele tipo de fato for adequado a causar aquele tipo de dano."[96] Também em solo italiano, o doutrinador Raniero Bordon[97] refere-se aos julgamentos que aceitam as evidências estatísticas como o *modello della sussunzione sotto leggi scientifiche*

---

[96] GOMES CANOTILHO, José Joaquim. *Introdução ao direito do ambiente*. Lisboa: Universidade Aberta, 1998, p. 142; DÍAZ-REGAÑÓN GARCÍA ALCALÁ, C. *Responsabilidad objetiva y nexo causal en el ámbito sanitario*. Granada: Comares, 2006; CUESTA AGUADO, P. M. D. L. *Causalidad de los delitos contra el medio ambiente*. Cádiz: Universidad de Cádiz, 1995.

[97] BORDON, Raniero. *Il nesso di causalità*. Torino: Utet, 2006, p. 50 ss.

(modelo da subsunção sob leis científicas) ou *teoria della causalità scientifica* (teoria da causalidade científica). Cita este autor importante julgamento das Seções Criminais Unidas, da Corte de Cassação, órgão supremo da jurisdição ordinária italiana (*Cassazione Penale, Sezioni Unite*, 11/9/2002, n. 30328): que assim se posicionou: "O saber científico sobre o qual o juiz pode embasar suas decisões é constituído tanto por 'leis universais' (muito raras, na verdade), que identificam no encadeamento de determinados eventos uma invariável regularidade sem exceções, como por 'leis estatísticas', que se limitam a afirmar que a verificação de um efeito decorre da identificação de certo evento num certo percentual de casos e com uma relativa frequência".[98]

O conhecimento concreto do processo causal, desconsiderado em sede penal, é relevante na apuração do dano civil, e leva em consideração as regras da experiência para fins de constatar a causalidade, e o que não é provável na relação de causa e efeito para excluir as circunstâncias e selecionar as que se tornam juridicamente devem ser objeto da reparação.

O segundo argumento refutado no voto do relator é o que diz respeito à liberdade do indivíduo e seu livre-arbítrio. O revisor dissertou sobre questões psicológicas e de natureza cognoscitiva e comportamental que demonstram a tendência humana de tomar decisões influenciadas e de caráter imediatista. A indústria gastou fortunas ao longo do tempo para explorar o *marketing* do cigarro, esconder seus malefícios e influenciar cada vez mais jovens ao consumo. Também demonstrou a profusão de estudos científicos que concluem pelo alto poder viciante de substâncias como a nicotina, inclusive causando crises de abstinência pela interrupção do seu consumo.

Mesmo as campanhas de advertência surgiram em momento bastante posterior à imensa quantidade de propaganda e de toda uma cultura criada em torno do tabaco e seu consumo. Isso estimulou outras estratégias de convencimento e influência subliminares. Outra constatação foi de que há assimetria do conhecimento, em níveis que se alteram na sociedade em geral, ao contrário do que acontece na indústria que notadamente há mais de cinquenta anos tem plena consciência dos malefícios do produto que comercializa. O livre-arbítrio estaria, igualmente, prejudicado pela ausência de escolhas efetivamente livres e autônomas. Se é um vício, até que ponto está o indivíduo sujeito à sua exclusiva volição racional?

O terceiro argumento refutado no voto do desembargador Facchini, e que é recorrente na defesa dos interesses da indústria fumageira, é o da ausência de um defeito do produto – nos termos do que prevê o artigo 12 do Código de Defesa

---

[98] No original: "Il sapere scientifico su cui il giudice può basare le proprie decisioni è costituito sia da leggi 'universali' (invero assai rare), che asseriscono nella successione di determinati eventi invariabili regolarità senza eccezioni, sia da leggi 'statistiche' che si limitano ad affermare che il verificarsi di un evento è accompagnato dal verificarsi di un altro evento in una certa percentuale di casi e con una frequenza relativa".

CASOS DIFÍCEIS NA SELEÇÃO DOS DANOS | **171**

do Consumidor. Tanto a legislação consumerista quanto o Código Civil (art. 927) preveem a responsabilidade objetiva em razão do risco da atividade; no tabaco, comprovadamente, a utilização de substâncias químicas que causam dependência, malefícios diversos; considerado ainda o fato de que as empresas não agem com transparência adequada na devida informação, limitando-se a reproduzir advertências que são impostas pelo Estado.

O relator foi, por fim, acompanhado pelo vogal e, por unanimidade, negaram provimento ao agravo retido interposto pela demandada e por maioria deram provimento ao recurso da demandante quanto ao cerceamento de defesa e ao impedimento de instrução processual, determinando a desconstituição da sentença e reabrindo o processo para a produção de provas.[99]

A mecânica da causalidade jurídica se aplica em momento posterior ao evento danoso, de modo a verificar, considerando o "observador experiente", o fenômeno que deu causa a uma determinada série de consequências, segundo um critério de regularidade, conforme o que normalmente ocorre, e daí selecionar aquelas que têm relevância jurídica, já que as estranhas à cadeia ficam excluídas e se tem o limite do que deve ser reparado.

A valoração da causalidade, no âmbito da prova das consequências do dano, admite o recurso a critério lógico, segundo a lógica aristotélica, que se utiliza da máxima da experiência (*id quod plerumque accidit*) aplicada ao caso concreto. A probabilidade ganha por isso também uma dimensão lógica, sujeita ao arbítrio do magistrado.[100]

Taruffo, sobre a prova do nexo causal, explica que se trata de demonstrar que em geral os fatos do tipo X causam consequências do tipo Y, podendo-se afirmar neste caso que X causou Y porque se depreende da regra que fatos do tipo X causam consequências do tipo Y. Segundo o processualista italiano, deve-se adotar um modelo *nomologico-deduttivo;* nomológico porque se funda em uma *leggi di copertura*, dedutivo porque a lei é geral e inclui o caso particular que é objeto de consideração. Se em todos os casos acontece que X causa Y, também no caso particular X causará Y.[101]

Já se disse anteriormente, e se procura afirmar neste livro, que a aplicação de uma dita causalidade jurídica, sobretudo quanto à articulação dos elementos que

---

[99] Cf. decisão: "por unanimidade, negaram provimento ao agravo retido da ré e, por maioria, vencido o relator, deram provimento ao agravo retido da autora para o fim de desconstituir a sentença, reabrindo a instrução, ficando prejudicado o apelo".

[100] Probabilidade nesse contexto não é a estatística, mas baconiana ou lógica que se verifica conforme o grau de confirmação de uma hipótese com base nos elementos de prova e no caso concreto, segundo o conceito de TARUFFO, M. La prova del nesso causale. *Rivista Critica del Diritto Privato*, v. 101, 2006, p. 129 ss. e 109.

[101] TARUFFO, M. La prova del nesso causale. *Rivista Critica del Diritto Privato*, v. 101, 2006, p. 101 ss.

se expôs, pode se ver fundamentada na norma do artigo 375 do NCPC,[102] segundo a qual o juiz aplicará as regras de experiência comum "subministradas pela observação do que ordinariamente acontece". É regra que autoriza o julgador a utilizar a máxima da experiência, conforme a observação do que normalmente acontece, podendo presumir de certa forma o resultado.

No que concerne à verificação de consequências, e a título de comparação, o direito argentino traz em seus novos dispositivos arrolados à temática de regime de danos, pela adoção de novo Código Civil e Comercial Unificado, em vigência a partir de 2015, classificação e conceitos úteis à comprovação, a exemplo do anterior de Vélez Sarsfield (artigo 901).

Diz o artigo 1.727:

> *Tipos de consecuencias. Las consecuencias de un hecho que acostumbran a suceder según el curso natural y ordinario de las cosas, se llaman en este Código "consecuencias inmediatas". Las consecuencias que resultan solamente de la conexión de un hecho con un acontecimiento distinto, se llaman consecuencias "mediatas". Las consecuencias mediatas que no pueden preverse se llaman "consecuencias casuales".*

Assim, são consequências imediatas as que consumam ocorrer segundo o curso normal e ordinário das coisas; as mediatas são as que resultam de conexão de um fato e um acontecimento distinto. E as mediatas, que não se podem prever, são "casuais". O que denota a preocupação do ordenamento argentino, mantendo a sua tradição, de valorar as consequências indenizáveis do dano, discernindo-as expressamente e definindo critérios específicos e consagrados objetivamente para a sua concreção.

O regime de imputação de consequências no caso argentino facilita o processo de demonstração da prova, descrevendo os tipos de consequências que devem ser consideradas, tarefa que o próprio Código Civil nesse caso relega e incumbe a quem alega, exceto se a lei a presuma.[103] As disposições inseridas na codificação civil argentina reafirmam o papel da causalidade na apuração das consequências dos danos decorrentes, aquelas que são consequências danosas que têm nexo de causalidade adequada,[104] matéria que não se vê enfrentada com a mesma clareza na abordagem legal e por consequente jurisprudencial no âmbito nacional, dificultando a comprovação nos casos em que a lei impõe.

---

[102] Com correspondência no anterior CPC de 1973 no art. 335.

[103] Código Civil e Comercial Unificado argentino: artigo 1.736: Prueba de la relación de causalidad. *La carga de la prueba de la relación de causalidad corresponde a quien la alega, excepto que la ley la impute o la presuma. La carga de la prueba de la causa ajena, o de la imposibilidad de cumplimiento, recae sobre quien la invoca.*

[104] Artigo 1.726 do Código Civil que em nova versão resume o estipulado nos artigos 903, 904 e 906 do anterior.

CASOS DIFÍCIES NA SELEÇÃO DOS DANOS | **173**

Não obstante, como se viu anteriormente, é possível extrair um regime de imputação de consequências do dano no âmbito da responsabilidade civil considerando a combinação do disposto nos artigos 944 e 403 do Código Civil, dos quais se extraem as regras de reparação e a possibilidade de interpretação e de utilização do mecanismo da causalidade jurídica. A comprovação das consequências é matéria de prova, de análise de relevância jurídica dos fatos.

5.5 QUESTÃO FÁTICA E NATUREZA LÓGICO-NORMATIVA DA CAUSALIDADE

A imensa maioria dos casos levados à apreciação do STJ, em situações que envolvem a prova do nexo de causalidade, evidencia o entendimento da corte que equipara a causalidade à discussão fática.[105] E isso fica claro na expressiva quantidade

---

[105] São inúmeros julgados do STJ que negam conhecimento a recurso especial em consideração à análise de que discutir nexo de causalidade equivale ao reexame fático-probatório, seguem ilustrativamente as seguintes ementas: AgRg no Agravo em Recurso Especial N. 813.807 Rel. Min. Antonio Carlos Ferreira – RJ (2015/0283157-2) PROCESSUAL CIVIL. AGRAVO REGIMENTAL NO AGRAVO EM RECURSO ESPECIAL. RESPONSABILIDADE CIVIL. ACIDENTE DE TRÂNSITO. RESPONSABILIDADE OBJETIVA DA AGRAVADA. CARAC-TERIZAÇÃO. AUSÊNCIA DE ELEMENTOS MÍNIMOS. CULPA EXCLUSIVA DA VÍTIMA. REVISÃO. ÓBICE DA SÚMULA N. 7/STJ. DECISÃO MANTIDA. 1. O recurso especial não comporta o exame de questões que impliquem revolvimento do contexto fático-probatório dos autos, a teor do que dispõe a Súmula n. 7 do STJ. 2. No caso concreto, o Tribunal de origem concluiu pela inexistência de provas do nexo de causalidade entre a conduta do preposto da ré e o dano. Para alterar tal conclusão seria necessário o reexame de provas, o que é inviável em recurso especial. 3. Agravo regimental a que se nega provimento. AgRg no Agravo em Recurso Especial Rel. Min. Diva Malerbi (DESEMBARGADORA CONVOCA-DA TRF 3ª REGIÃO) N. 126.420 – SP (2011/0297517-2) PROCESSUAL CIVIL. AGRAVO REGIMENTAL NO AGRAVO EM RECURSO ESPECIAL. VIOLAÇÃO DO ART. 535 DO CPC. INEXISTÊNCIA. NEXO DE CAUSALIDADE. REEXAME DO CONJUNTO FÁTICO E PROBATÓRIO. IMPOSSIBILIDADE. SÚMULA 7/STJ. 1. Afastada a alegada contrariedade ao art. 535 do CPC, tendo em vista que o Tribunal de origem decidiu as questões essenciais à solução da controvérsia. 2. O juiz não está adstrito aos fundamentos legais apontados pelas partes. Exige-se apenas que a decisão seja fundamentada, aplicando o julgador a solução por ele considerada pertinente ao caso concreto, segundo o princípio do livre convencimento fundamentado, positivado no art. 131 do CPC. 3. Alterar a fundamentação do aresto recorrido, acerca da ausência do nexo de causalidade, demandaria, necessariamente, incursão no acervo fático-probatório dos autos, o que é vedado, ante o óbice preconizado na Súmula 7 deste Tribunal. 4. Agravo regimental a que se nega provimento. AgRg no AGRAVO EM RECURSO ESPECIAL N. 782.151 Rel. Min. Marco Aurélio Bellizze – PR (2015/0234194-6) DIREITO CIVIL E PROCESSUAL CIVIL. AGRAVO REGIMENTAL NO AGRAVO EM RECURSO ESPECIAL. RESPONSABILIDADE CIVIL. AÇÃO INDENIZATÓRIA. OFENSA A HONRA. 1. VIOLAÇÃO AO ART. 535 DO CPC. NÃO OCORRÊNCIA. 2. DANO MORAL. NEXO DE CAUSALIDADE. ALEGAÇÃO. INEXISTÊNCIA. REVISÃO. FATO. PROVA. IMPOSSIBILIDADE. SÚMULA 7/STJ. APLICAÇÃO. 3. AGRAVO IMPROVIDO. 1. Não

dos recursos que não são apreciados pela corte com fundamento na Súmula n. 7[106] do mesmo tribunal que impede o reexame fático-probatório. Essa visão deixa clara a limitação com que se percebe o problema da causalidade em seu viés jurídico, remetendo sempre à sua conceituação como processo físico de causa e efeito que implica na análise fática dos acontecimentos.

A causalidade jurídica, ou o exame da causalidade nessa acepção, poderia ser utilizada para a apreciação das consequências do dano como critério jurídico-conceitual. A respeito de extensão e dos limites dos danos para fins de verificar a indenização. Não se pode olvidar a função dúplice da causalidade e que mesmo na hipótese da vinculação de um ato ilícito ou previsto em lei e o dano, há sempre uma valoração jurídica que não necessariamente se confunde com a sucessão meramente fática dos acontecimentos. Em tal circunstância, e nessa perspectiva de entendimento, a responsabilidade civil teria outra dimensão na análise que dela faz a corte superior brasileira.

A prova da causalidade é um tema que se faz relevante também à discussão que se estabelece no plano do discernimento de causas. A verificação da prova por um meio científico ou lógico pode ser atribuição de um terceiro *expert* ou de uma ou outra das partes. Não deixa de ter a apreciação do juízo, é enfrentada como matéria fundamental no processo civil. No caso da responsabilidade civil, é também um elemento de observação que importa na valoração jurídica. A causalidade não só entre eventos fáticos, como liame físico, baseado em leis científicas ou em lógica indutiva. Pode ser ela um moderador na seleção de consequências danosas, essa apreciação jurídica importará a extensão do dano indenizável.

Embora controvertida a matéria, porquanto muitas vezes é confundida a discussão do nexo causal com a eventual vedação de reexame fático-probatório, é esclarecedor, nesse aspecto, o voto do ministro Teori Albino Zavaski, em julgado no qual salientou, conforme precedente do STF, que o problema, em realidade, é de natureza interpretativa e envolve a "atividade de qualificação jurídica" de fatos, conforme o trecho que se destaca:

> Por nexo causal entende-se a relação – de natureza lógico-normativa, e não fática – entre dois fatos (ou dois conjuntos de fato): a conduta do agente e o resultado danoso. Fazer juízo sobre nexo causal não é, portanto, resolver prova, e sim esta-

---

há que se falar em ofensa ao art. 535 do CPC, uma vez que o Tribunal de origem dirimiu, fundamentadamente, as questões que lhe foram submetidas, apreciando integralmente a controvérsia posta nos presentes autos. 2. No caso dos autos, averiguar a inexistência de nexo de causalidade entre a conduta dos recorrentes e a ofensa à honra da vítima do acidente em linha férrea, de modo a afastar a responsabilidade civil (dano moral) reconhecida pelo Tribunal de origem, demandaria necessário reexame do conjunto fático-probatório dos autos, o que é obstado em recurso especial pela Súmula 7/STJ. 3. Agravo regimental improvido.

[106] STJ, Súmula n. 7: A pretensão de simples reexame de prova não enseja recurso especial.

belecer, a partir dos fatos dados como provados, a relação lógica (causa e efeito) que entre eles existe (ou não existe). Trata-se, em outras palavras, de pura atividade interpretativa, exercida por raciocínio lógico e à luz do sistema normativo. Daí não haver qualquer óbice de enfrentar, se for o caso, mesmo nas instâncias extraordinárias (recurso especial ou recurso extraordinário), as questões relativas. Nesse ponto, é pacífica a jurisprudência assentada no STF (especialmente a tratar da responsabilidade civil do Estado), no sentido de que o exame do nexo causal, estabelecido por fatos tidos como certos, constitui típica atividade de qualificação jurídica desses fatos e não exame de prova. Paradigmático, nesse sentido, o precedente do RE 130.764, 1ª Turma, Min. Moreira Alves, DJ de 07.08.92.[107]

Ao descrever a natureza da relação de causalidade como lógico-normativa e não simplesmente fática, o ministro abre o devido espaço para o debate da sua utilização em termos estritamente jurídicos. Permite não só a avaliação de um nexo imputacional do dano ao ato praticado – e, portanto, direcionado à autoria –, como também possibilita a discussão, no âmbito estrito da juridicidade, à verificação de relevância das consequências para fins de reparação.

Não se trata de valorizar os fatos, mas os critérios de utilização para determinar a relevância jurídica que permite estabelecer uma zona de ressarcimento. Esse entendimento, ao ver desta obra, reforça o papel da causalidade como instituto, como categoria autônoma na apreciação de circunstâncias do dano.

5.6. CARGA PROBATÓRIA DA CAUSALIDADE E REGRA DA MÁXIMA DA EXPERIÊNCIA

A prova do nexo causal é um problema que apresenta dificuldade e que vem, em princípio, subordinada à ideia de que incumbe ao autor da ação a prova do que alega – conforme o velho aforismo, *onus probandi incumbit ei qui dicit, non qui negat.*[108] Esse é o entendimento compartilhado pela doutrina em geral. Flour e Aubert, por exemplo, pronunciam-se nesse sentido, afirmando que a relação de causalidade, na responsabilidade, *incombe au demandeur*, vale dizer, à vítima que pretende obter a reparação do dano.[109] Esse é o princípio consagrado pela jurisprudência francesa[110] e admitida pela maioria dos sistemas jurídicos.[111]

---

[107] REsp n. 843.060/RJ.

[108] PEREIRA COELHO, Francisco Manuel. *O problema da causa virtual na responsabilidade civil.* Coimbra: Almedina, 1998, p. 76

[109] FLOUR, Jacques; AUBERT, Jean-Luc. *Les obligations:* le fait juridique. Paris: Armand Colin, 1997, v. 2, p. 154.

[110] VINEY, Geneviève. *Traité de droit civil.* Paris: LGDJ, 1982, p. 427.

[111] HONORÉ, A. M. Causation and remotness of dammage. In: *International Enciclopedy of Comparative Law.* 1967, v. 11, p. 201.

Pontes de Miranda afirma que "para a prova do nexo causal há de o interessado mostrar que o dano não se teria produzido se não houvesse ocorrido o ato que obriga à indenização".[112] A demonstração pelo demandante da existência de uma relação causal passa a ser presumida, cabendo ao demandado, neste caso, eliminar tal presunção mediante a prova da concorrência de circunstâncias extraordinárias.[113]

Na França, os irmãos Mazeaud diziam que essa regra importava raras exceções, como nas hipóteses em que a lei prevê uma presunção de culpa (*présomption de faute*), como no caso das ações propostas contra os genitores e os artesãos, em que, da mesma forma, há uma presunção de causalidade. A vítima não precisa demonstrar nem a falha na vigilância dos genitores, nem que essa falha é a causa do dano.[114] Nesses casos, incumbe ao demandado provar a inexistência do vínculo.

O mesmo se verifica nos códigos latino-americanos em geral, que, com o intuito de facilitar para a vítima a prova dos elementos mencionados, admitem as hipóteses de presunções absolutas e relativas de culpabilidade nos casos dos que exercem o pátrio poder, dos tutores, dos patrões e donos de estabelecimentos comerciais, dos diretores de colégio, dos chefes de casa, donos de hotéis e casa de hóspedes etc.

Ao presumir a culpa dessas pessoas pelos danos que foram causados por aqueles que estão abaixo de sua potestade, cuidado, direção ou a seu serviço, não se tem por justificados os outros elementos da responsabilidade civil, como o nexo causal e a existência e a quantia do dano. Essa presunção de culpa daqueles que exercem a pátria potestade não implica que a vítima não tenha a seu cargo a prova relativa à relação de causa e efeito entre o fato e o dano originado.

A presunção de culpa nas hipóteses mencionadas, entretanto, é uma presunção *iuris tantum*, isto é, que cede à prova em contrário. O princípio enunciado, *actori incumbit probatio*, ou seja, de que cabe ao demandante a prova da relação de causalidade, confirmado pela doutrina, tem sido objeto de questionamentos em direito comparado, sobretudo nas situações em que resulta grande dificuldade para o autor demonstrar a certeza do vínculo causal. Isso levou alguns Tribunais, principalmente nas questões referentes à responsabilidade profissional (em especial a médica), à responsabilidade por dano ambiental ou por danos ao consumidor, afastarem-se daquela regra, buscando atenuar a situação da vítima demandante.[115] Caminho que seguiu a legislação.[116]

---

[112] MIRANDA, Francisco C. Pontes de. *Tratado de direito privado*. São Paulo: Revista dos Tribunais, 1984. v. 26, p. 219.

[113] ENNECCERUS, Ludwig. *Tratado de derecho civil*: derecho de obligaciones. Barcelona: Bosch, 1966, t. 1, v. 2, p. 71, nota 12.

[114] MAZEAUD, Henri; MAZEAUD, LEON, Jean. *Traité theorique et pratique e la responsabilité civile*. 6. ed. Paris: Montchrestien, 1978, p. 617.

[115] VINEY, Geneviève. *Traité de droit civil*. Paris: LGDJ, 1982, p. 429.

[116] É o caso que se verifica no Código do Consumidor brasileiro, Lei 8.078, de 11 de setembro de 1990, que instituiu no parágrafo único do artigo 2º uma presunção de causalidade. Prevê

Pode-se dizer que há uma tendência em substituir a exigência de certeza por uma simples probabilidade da existência do vínculo, de modo a facilitar para a vítima o ônus da prova numa situação de difícil comprovação.[117] Santos Briz, nesse sentido, afirma que a prova *prima facie* ou de mera impressão (*anscheinbeweis*) é de importante relevância nos pleitos sobre atos ilícitos extracontratuais. O autor diz que isso "*significa que una cierta situación de hecho corresponde, según la experiencia, a un curso causal típico y determinado. Entonces puede considerarse que la causa fijada há producido cierto resultado y que no significa una inversión de la carga de probar, sino una mera facilitación de prueba*".[118]

Na prova se enfrenta também o problema da dualidade causal, de um lado a causa fundante da responsabilidade, expressa na cláusula geral, e de outro a que se diz preenchedora, que se dá do evento danoso às suas consequências. A prova nessa segunda instância é de causalidade jurídica, cujos critérios definidores têm base no direito material e dão substrato à comprovação que se quer em termos processuais à admissão do pretendido por aquele que almeja a tutela de um direito ofendido.

É, portanto, ainda mais complexa a prova da causalidade jurídica, eis que fundamental a explanação e a justificativa teórica dos critérios que serão adotados. O problema que se põe está diretamente relacionado com o que propõe este livro, a adoção de critérios para a apuração da causalidade e sua justificação discursiva. Os elementos que se trazem individualizados na Parte I desta obra são orientadores de tais escolhas e imprescindíveis à seleção de danos que se espera na determinação da extensão em que ocorrem e que ensejam o ressarcimento.

A materialidade que estaria adstrita aos critérios de proximidade (direto) e temporalidade (imediato), como se viu, já não serve. O alargamento desses conceitos se percebe desde as hipóteses pretorianas, quando da análise do dano sofrido e da sua necessária reparação. O disposto no artigo 403 do atual Código Civil brasileiro insiste em manter a locução, já defasada pela própria leitura que dela fazem os julgados pátrios.

A opção pelo critério de necessidade, admitido na jurisprudência brasileira, no entanto, não encerra o problema; ao contrário, remete-o ao campo probatório, tornando ainda mais subjetiva a discussão, para não dizer que remonta à circunstância do debate das condições que se atrelam às consequências. Fica evidente a

---

tal artigo a hipótese em que, levados à prova pelo autor que estão reunidas as condições da responsabilidade, contra um grupo de possíveis produtores de um produto defeituoso colocado no mercado, esses respondem solidariamente pelo dano, exonerando-se aquele que provar que não colocou o produto no mercado. Pesa, todavia, contra os demais a presunção de causa do dano, materializada na colocação do produto no mercado e a consequente solidariedade.

[117] DELLA GIUSTINA, Vasco. *Responsabilidade civil dos grupos*. Rio de Janeiro: Aide, 1991, p. 61.

[118] SANTOS BRIZ, Jaime. *La responsabilidad civil:* derecho sustantivo y derecho procesal. Madrid: Montecorvo, 1981, p. 270, p. 743.

preocupação em se qualificar a causa, dando-a por "necessária", que não difere da que a entende como "adequada" ou "eficiente". A intenção é sempre a de encontrar a causa que se apresente em vínculo de obrigatoriedade, que se estabeleça com liame determinístico, inquestionável.

Há aparentemente uma exigência de certeza por trás da utilização de um liame de "necessidade", em detrimento do que é provável.[119] A interpretação extraída do texto legal remonta ao pensamento da teoria das condicionantes, sem as quais o efeito não se produziria. Enquanto que a vertente mais atual, não se tratando a causalidade de uma prova técnico-científica, de caráter matemático, resida muito mais no plano da probabilidade, daquilo que costuma ocorrer e que indica a solução para o problema que se põe.

A metodologia proposta que tem como referência a causalidade na apuração dos danos, e, sobretudo, da utilização dos seus elementos individualizados, propicia a criação de *standards* de apuração, como o do observador experiente, que é quem tem por função discernir os fatos em um prognóstico que mescla a situação concreta em si e a experiência humana, estabelecendo o liame causal entre os efeitos decorrentes de determinado evento.

Na prática jurídica não difere do uso que se faz dos princípios jurídicos, o que envolve "polissemia, abertura e flexibilidade".[120] Servem como elementos metajurídicos que auxiliam à formação da convicção do juízo no tocante ao conteúdo e à extensão do dano. A prova no que concerne à causalidade jurídica pode justamente recorrer a determinados parâmetros úteis a esse propósito, sobretudo em casos de difícil comprovação. MacCormick, por exemplo, refere a "congruência narrativa" para se testar a veracidade ou a probabilidade de questões de fato e de prova, já que o que se analisa são sempre situações pretéritas que exigem do julgado um esforço de verificação da narrativa.[121]

MacCormick afirma que a realidade é explicada segundo princípios e leis de tipo naturalístico-causal e probabilístico, ao passo que nas vivências e ocorrências humanas existem "leis" de tipo racional, intencional e motivacional. Isso torna evidente

---

[119] Peczenik, na obra *Causes and damages,* fala em causa fraca e forte, em sua análise da causalidade pressupõe que em uma multiplicidade de causas a causa forte será a que apresentar um grau de necessidade em relação ao caso particular, distinguindo-se das demais ("*the strong cause must be necessary on ther particular occasion for the product the harm*"). Afirma, ainda, que é matéria de política legislativa a exigência de um grau de intensidade que uma causa, forte ou fraca, deverá ter para a determinação do dano. (PECZENIK, Aleksander. *Causes and damages.* Juridiska föreningen, 1979, p. 85).

[120] Para utilizar a mesma comparação feita por Danilo Knijnik em artigo que trata da utilização de *standards* ou paradigmas para o controle da prova judicial (KNIJNIK, Danilo. Os *standards* de convencimento judicial: paradigmas para o seu possível controle. *Revista Forense*, Rio de Janeiro, n. 353, p. 15-52, jan-fev. 2001).

[121] MAcCORMICK, Neil. *Retórica e estado de direito*. São Paulo: Campus, 2008.

a necessidade de se verificar todos os elementos que compõem as circunstâncias que se apuram, e que a experiência em relação à normalidade dos acontecimentos (ditas máximas da experiência) não pode ser desconsiderada na aferição dos fatos que se ligam a atos e efeitos.

À utilização de *standards* no controle lógico dos juízos fáticos Danilo Knijnik afirma que:

> [...] o *standard* da congruência narrativa manifesta-se como um bom instrumento para o controle das inferências judiciais em casos complexos, principalmente os que envolvem os indícios e circunstâncias e, mais exatamente, para o controle da transição do fato conhecido ao fato desconhecido. Fiel ao programa, dever-se-á, num primeiro mo0mento, selecionar o tipo de causalidade explicativa para a premissa conhecida (naturalístico-causal ou motivacional) e, a partir disso, examinar qual, dentre as proposições fáticas possíveis e não contraditórias, recorre a um menor número de premissas auxiliares, refugindo, assim, ao paradigma da normalidade, o qual tem o seu processo de generalização indutiva quebrado por um desvio fático considerável.[122]

A prova da causalidade também tem suscitado o debate a respeito da utilização de formulações estatísticas, com ênfase na maior ou menor probabilidade matemática de ocorrência de um resultado.[123] O debate deu azo à teoria denominada de subsunção de lei científica que pressupõe a utilização de uma lei de cobertura de tipo naturalístico ou determinista e universalmente aceita[124]. Assim, para que se aceite que determinado evento A é causa de um evento B se recorre a uma lei dotada de validade científica.[125]

A probabilidade que se espera no exame da causalidade jurídica não é a de aplicação matemática, mas a que se baseia no *id quod plerumq eu accidit*, ou seja, na normalidade dos acontecimentos, a partir de um *standard* de verificação que se baseia no acúmulo da experiência humana. Não está isento de erro, mas se apresenta como o modelo prático eficiente a maioria dos casos, excetuando os que podem ser demonstrados efetivamente por provas técnico-científicas aceitas como tais (como o exame de DNA, por exemplo).

---

[122] KNIJNIK, Danilo. Os *standards* de convencimento judicial: paradigmas para o seu possível controle. *Revista Forense*, Rio de Janeiro, n. 353, p. 15-52, jan-fev., 2001, p. 37.

[123] Há inúmeros casos na jurisprudência norte-americana que têm admitido a utilização de teoremas, como de Bayes, para a verificação de grau de probabilidade, de modo a assegurar um determinado resultado (vide caso Collins vs. People).

[124] BORDON, Raniero. *Il nesso di causalità*. Torino: Utet, 2006, p. 55.

[125] A própria existência de leis científicas universalmente válidas pode ser contestada, a exemplo do que afirma Karl Popper, que nega a existência de leis verdadeiras, mas somente por conjectura, sendo válidas até que não venham a ser falseadas por fatos que as contrafiguram (POPPER, Karl R. *A lógica da pesquisa científica*. São Paulo: Cultrix, 2004).

Dados os elementos fáticos e probatórios pelas partes, cabe ao julgador analisar o caso concreto em comparação com as máximas da experiência. Taruffo explica que o conceito de máxima da experiência, cunhado por Carnelutti, coincide com o *id quod plerumque accidit* e completa que se trata de "qualquer noção que se encontre no interior do senso comum ou da cultura média de um lugar em um certo momento".[126]

As máximas da experiência fazem parte do raciocínio jurídico que importa na decisão e sua justificação pelo magistrado, e, segundo Taruffo, desempenham um papel importante no âmbito da prova e da sua valorização. Isoladamente não são suficientes para motivar a subsistência do nexo causal, e por isso devem ser sempre confrontadas com as provas fornecidas pelas partes para que se possa analisar o caso concreto.[127]

A legislação processual autoriza o magistrado ao recurso a observações da experiência comum, podendo prescindir de um dado elemento que julgue desnecessário para acolher uma presunção baseada em raciocínio lógico, como decidiu o STJ em embargos de declaração no qual consignou expressamente que:

> Não é suficiente sustentar que o *decisum* ignorou documento "x" ou "y" juntado aos autos, pois, de acordo com o sistema da persuasão racional, adotado pelo direito pátrio, o juiz é livre para apreciar a prova, sendo-lhe imposto o uso das regras lógicas e das máximas da experiência comuns, sempre fundamentando seus posicionamentos. Portanto, o limite da liberdade de apreciação das provas é o imperativo constitucional que lhe obriga a motivar suas decisões (art. 93, IX, CF/88).[128]

---

[126] Originalmente: "*qualunque nozione che si ritrovi all'interno del senso comune o della cultura media di um certo luogo in un certo momento*" (TARUFFO, op. cit., p. 121 e 101); vide ainda: CARNELUTTI, Francesco. *Perseverare diabolicum*: a proposito del limite della responsabilità per danni. Foro Italiano, v. 77, n. 75, p. 9-97, 1952.

[127] TARUFFO, op. cit., p. 121 e 10.

[128] EDcl no AgRg no AgRg nos EMBARGOS DE DIVERGÊNCIA EM AGRAVO EM RECURSO ESPECIAL N. 258.835 – PE Rel. Min. OG FERNANDES (2013/0155489-6) PROCESSUAL CIVIL. EMBARGOS DE DECLARAÇÃO NO AGRAVO REGIMENTAL NOS EMBARGOS DE DIVERGÊNCIA EM RECURSO ESPECIAL. ART. 535, INCS. I E II, DO CPC. OMISSÃO, CONTRADIÇÃO OU OBSCURIDADE. AUSÊNCIA. 1. Os embargos de declaração, conforme dispõe o art. 535, incs. I e II, do CPC, destinam-se a suprir omissão, afastar obscuridade ou eliminar contradição existente no julgado, o que não ocorre na hipótese em apreço. 2. Não é suficiente sustentar que o *decisum* ignorou documento "x" ou "y" juntado aos autos, pois, de acordo com o sistema da persuasão racional, adotado pelo direito pátrio, o juiz é livre para apreciar a prova, sendo-lhe imposto o uso das regras lógicas e das máximas da experiência comuns, sempre fundamentando seus posicionamentos. Portanto, o limite da liberdade de apreciação das provas é o imperativo constitucional que lhe obriga a motivar suas decisões (art. 93, IX, CF/88). 3. Não há vício de embargabilidade quando o

A mesma razão encontra para admitir as máximas da experiência em complemento às normas, como já se pronunciou de igual forma o Supremo Tribunal Federal – "as máximas da experiência integram-se na norma jurídica e a completam"[129] – e se apresentam como substrato racional para escolha de um *standard* de observação que pode ter perfeita aplicação na hipótese de seleção de danos pelo critério da causalidade.

Pensamento problemático do direito não significa assim que se está a dar formulações exatas e absolutas. São ferramentas auxiliares ao propósito de compreender as questões atinentes aos danos, na esfera da indenidade, como aliados à compreensão e ao processo argumentativo por que passa na comprovação e justificação dos fatos objetos de apreciação jurisdicional.[130]

A causalidade exsurge nesse contexto como categoria jurídica ou modelo de aplicação que serve à seleção de consequências. Nessa função deve aglutinar e uniformizar conceito. E, não obstante, pode estar aberta ao preenchimento racional, lógico-dedutivo, em consonância com as transformações históricas e sociais que abarcam o direito. A prova da causalidade não está adstrita a um problema físico-natural, mas à normatividade, à subsunção das regras, também na apuração de danos.

---

aresto recorrido decide integralmente a controvérsia, de maneira sólida e fundamentada. 4. Embargos de declaração rejeitados.

[129] Cf. decisão do STF: RE 75675 / SP, Recurso Extraordinário, Rel. Min. Aliomar Baleeiro, j. 17/6/1974, 1ª Turma, *DJ* 13/12/1976 PP-00713; Ementa: RESPONSABILIDADE CIVIL – DANO ESTÉTICO ORIUNDO DE AMPUTAÇÃO DA PERNA. 1) a jurisprudência do STF admite a reparação do chamado dano estético ou morfológico. 2) as máximas da experiência integram-se na norma jurídica e a completam na apreciação do recurso extraordinário, mormente quando diagnosticam vício lógico do julgado.

[130] Vide o problema da causa virtual, p. 221, nota 83 (PEREIRA COELHO, Francisco Manuel. *O problema da causa virtual na responsabilidade civil*. Coimbra: Almedina, 1998) e vide nota 34, p. 21. BARBOSA, Ana Mafalda Castanheiras Neves de. *Do nexo de causalidade ao nexo de imputação*. Cascais: Principia, 2013, v. I, p. 79.

SÍNTESE DAS IDEIAS

Os conceitos são realidades do mundo jurídico, do mundo do pensamento, embora não se constituam em mera substância; são, em certa medida, realidades funcionais, não submetidas a uma causalidade semelhante à do mundo da natureza.

Couto e Silva[31]

No início deste livro, propôs-se uma indagação sobre possibilidade de a causalidade servir como um instrumento de apuração de consequências decorrentes do dano. Procurou-se no seu desenvolvimento demonstrar os conceitos a respeito do tema, as posições doutrinárias e a sua aplicação na jurisprudência. Ficou evidente a dificuldade que o tópico enfrenta e, especialmente, a ausência de um modelo de causalidade jurídica na apuração de danos no direito brasileiro. O fato em si exorta o estudo, sobretudo em consideração à demonstração de sua viabilidade como técnica de seleção de danos que conjuga elementos, individualizados e expostos no trabalho, que confirmam positivamente o questionamento apresentado.

Assim considerado, havia um segundo questionamento, sobre como se aplica a causalidade jurídica na seleção de consequências danosas, mensuração da extensão e limitação. Novamente, procurou-se aprofundar os conceitos do que seriam os elementos constituintes da causalidade jurídica e sua utilização como parâmetro e referência ao juízo de apreciação da extensão dos danos. O objetivo não é o de apresentar uma fórmula invariável e certeira, o que não parece possível, mas de demonstrar que se pode utilizar o critério da causalidade não só como elemento--pressuposto da responsabilidade civil, tradicionalmente aceito, como também em sua já admitida segunda função de apurar os danos. E, nesse caso, não se trata simplesmente do cálculo da indenização. A causalidade jurídica, na elaboração proposta, serve à delimitação da zona de reparação. Ela seleciona as consequências

---

[31] COUTO E SILVA, Clóvis. Para uma história dos conceitos em direito civil e no direito processual civil: a atualidade do pensamento de Otto Karlowa e Oskar Bülow, in *Revista de Processo*, v. 37, p. 238-270, São Paulo: Revista dos Tribunais, jan./mar. 1985.

jurídicas que serão indenizadas, para então, após, a efetiva liquidação pelas técnicas previstas processualmente.

Pretendeu-se a elaboração de um modelo teórico, cujo avanço em direção à prática constitui desafio ao posterior desenvolvimento e à aplicação no quotidiano jurídico. A sua testagem aqui é tese, é dogmática por ora. Não obstante, podem-se extrair algumas conclusões assertivas, a seguir delineadas em tópicos:

1. Função e aplicação da causalidade (na mensuração dos danos, seleção e imputação). Defendeu-se a dúplice função da causalidade: uma verificada na relação que se estabelece entre o ato ilícito e o dano, e outra, a que se chamou de "causalidade jurídica", que adquire função na apuração das consequências decorrentes do dano. Essa proposição é timidamente confirmada pela doutrina brasileira, é referida em alguns manuais, mas carece de considerações mais aprofundadas, especialmente em relação ao segundo momento da sua utilização, na apuração do dano propriamente dito.

O artigo 927 do Código Civil brasileiro de 2002 utiliza a expressão "causar" danos, referindo-se ao nexo causal que deve existir entre o ato ilícito e o dano propriamente dito. É a causalidade naturalística, relação de causa e efeito, que se vê contemplada pela norma. Mas há uma segunda possibilidade de aplicação dos conceitos da causalidade, nesse caso estritamente jurídica, para selecionar as consequências do dano, preenchendo uma zona indenitária, determinando extensão e limite. Nessa, o legislador não foi claro. E aqui surge a necessidade de se estruturar conceitos a fim de se estabelecer e precisar a afirmada "causalidade jurídica" e seu instrumental utilizável na tarefa de selecionar consequências indenizáveis.

A limitação das consequências do dano se fundamenta originalmente em regra do *Code Civil* de Napoleão, de 1804, prevista no artigo 1.151, seguido por inúmeras outras codificações e incorporada no atual Código Civil brasileiro no artigo 403. Trata da hipótese de incumprimento de obrigação contratual e teve sua extensão admitida para os casos de responsabilidade civil. A redação comum traz um requisito de aparente restrição ao ressarcimento, insculpindo a fórmula que diz que o prejuízo, consistente nas perdas e danos e nos lucros cessantes, deve alcançar tão somente os que decorrerem de efeitos diretos e imediatos.

A locução foi alvo de recorrente debate doutrinário e jurisprudencial, suscitando o entendimento de que se estaria admitindo a teoria da causa próxima, em função da introdução dos elementos proximidade e temporalidade. Mas ensejou também uma discussão mais ampla, que ofereceu uma hermenêutica ao texto, de modo a interpretá-lo de acordo com outros parâmetros teórico-doutrinários, como a da teoria da *conditio sine qua non* e da causalidade adequada, ou mesmo, no caso brasileiro, como uma subteoria da primeira, qualificada como teoria da causa necessária.

É fato que essas correntes de interpretação visam conformar o texto legal com determinados princípios de direito, como o que está atualmente em voga no direito civil, da reparação integral do dano, ou mesmo a modelos paradigmáticos que se servem de critérios variados, sociais, econômicos e culturais.

No Brasil, como se demonstrou, vê-se, desde o precedente do STJ de 2002, da relatoria do ministro Moreira Alves, e fundamentado no entendimento de Agostinho Alvim, a consolidação da tendência em admitir a teoria da "causalidade necessária", propiciando uma chave para a leitura e a interpretação da limitação aos "danos diretos e imediatos", aceitando-se que não há limitação de ordem espacial ou temporal, e que o critério para a verificação de determinado fenômeno causal que tenha repercussões jurídicas é o da necessidade, ou melhor, da "causa necessária".

Pode-se dizer que esse entendimento pretendeu atribuir ao fenômeno de causa e efeito um grau de vinculação e de imprescindibilidade que remete à dogmática da teoria da *conditio sine qua non*. Mas também possibilitou, e a jurisprudência demonstra isso, adotar tal critério de forma sinônima à da chamada causalidade adequada ou idônea. Tal proposição revela, muitas vezes, atecnalidade, confusão de conceitos e ausência de compreensão das teorias da causalidade e, sobretudo, a dificuldade de aplicação prática.

2. Elementos da causalidade jurídica. A causalidade não é, de todo modo, compreendida em seu segundo aspecto jurídico sustentado de apuração de consequências. O tema, obviamente, não é simples, como insiste a doutrina mais recente que o aborda, e está longe de se tornar. O presente trabalho que resulta neste livro propôs-se à tarefa de contribuir ao desenvolvimento teórico do tema, com a individualização de determinados elementos que constituem a causalidade de forma a lhe dar funcionalidade (jurídica) na seleção dos danos ressarcíveis, imputando a obrigação de indenizar ao devedor constituído na primeira fase da pesquisa causal (causalidade material).

As teorias causais, oriundas da doutrina penalista, e igualmente apropriadas pela doutrina civil, auxiliam na visualização de um quadro de elementos definidores da causalidade. A opção por uma ou outra delas aponta para um ou outro caminho distinto, tanto na imputação da autoria, como quer o direito penal, quanto na determinação dos danos, que servem à reparação na responsabilidade civil.

A doutrina que parte da teoria das equivalências das condições, de origem na filosofia, busca incessantemente elementos para corrigir as imperfeições que surgem em razão do consequencialismo infinito que a sua aplicação traz na prática. Desse esforço, extraem-se as qualificantes, como a "causa próxima", a "causa eficiente", a "causa adequada" e outras tantas que as reelaboram sempre com o objetivo de conferir assertividade e precisão técnica.

Não obstante, há ainda lacunas e imprecisões carentes de novas e constantes correções, particularmente em sua aplicação na jurisprudência de diversos países que adotam o modelo da responsabilidade civil, subjetiva e objetiva, nas quais é nítida a falta de elementos que definam a causa de forma precisa e uniforme.

A causalidade pode ser vista como uma proposição genérica que permite a individualização de seus elementos constituintes com o objetivo de dar precisão conceitual e contribuir à construção de um modelo teórico de aplicação da causalidade com vistas à seleção e à determinação dos danos. A inovação aqui se dá, particularmente, pelo desenvolvimento da figura de um "observador experiente". A proposta surge em decorrência do estudo já realizado pela corrente da teoria da causalidade adequada e que estabelece uma visão objetiva de verificação dos fatos, combinando a hipótese abstrata (que considera as coisas como normalmente acontecem), e o acontecimento concreto (o que realmente ocorreu).

Essa lógica de reflexão sobre os acontecimentos é referenciada por meio do mencionado *standard* de observação, aos moldes do "homem médio", que, nesse caso, é o observador distante, que tem a experiência da humanidade, e que apura o acontecimento tendo como parâmetro a visão de mundo e dos acontecimentos em ordem como normalmente se apresentam.

O julgador diante de um caso de responsabilidade civil pode recorrer ao modelo do observador experiente, imprimindo um raciocínio lógico e dedutivo que levará em consideração o que normalmente ocorre em situações análogas (critério de regularidade) e o grau de probabilidade que tal circunstância tenha se verificado no caso concreto. O objetivo é o de selecionar, com base nesse arquétipo, as consequências jurídicas relevantes à ordem dos acontecimentos e apontá-las para serem reparadas pelo que lhes deram causa.

3. Interrupção e flexibilização da causalidade. Outro aspecto que surge relevante ao estudo da causalidade diz respeito ainda às hipóteses de interrupção das cadeias causais e a sua flexibilização para admitir casos de presunção ou de probabilidade. Segundo o penalista alemão Manfred Maiwald, as descobertas científicas em relação à mecânica quântica, que abalaram o mundo da física moderna e, por consequência, o pensamento filosófico, teriam interferido no raciocínio determinista até em então em voga, contudo em nada afetaria a dinâmica de causa e efeito posta à apreciação no âmbito do Direito.

Ao contrário disso, na sua visão, são dos questionamentos que o jurista faz que dependem os fins pretendidos. Essa lição, advinda da experimentação científica que solapa as leis da física tais como concebidas por Newton, trazem ao direito, como mostra Maiwald, uma nova percepção dos fatos em si compreendidos na ótica da causalidade.

A flexibilização da causalidade, daquela vista como um fenômeno natural de causa e efeito, no campo jurídico, já abarca situações concretas na conformação com princípios de direito, sobretudo daqueles que se dirigem a regular os interesses dos que são alvo de danos. A causalidade é então relativizada, na construção jurisprudencial, para atender justamente às situações da vida em que a vítima deve ser reparada integralmente.

O mesmo raciocínio se aplica às situações que envolvem os danos pela perda de uma chance e aqueles ocasionados por ricochete que implicam na construção de uma vertente causal hipotética, e até virtual, para se apropriar do termo, de modo a estabelecer as conexões necessárias ao ressarcimento. São certamente situações que se colocam aos tribunais e que propiciam novos campos de estudo e de teorização a justificar a aplicação do direito na tutela dos interesses daqueles se veem vitimados por danos em suas esferas patrimoniais e extrapatrimoniais.

4. Comprovação da causalidade. A prova é um problema essencialmente processual que encontra substantivo na realidade fática. A causalidade é um fenômeno físico ou natural que encontra respaldo na valoração jurídica necessária à apuração de danos. A comprovação da causalidade jurídica, aquela que se atém à apuração das consequências dos danos, passa justamente pela identificação e a conceituação de seus critérios determinantes.

A causa inserida na regra geral da responsabilidade civil é fundamento da obrigação de indenizar, que, surgida, abre espaço para um segundo momento de preenchimento do dano pela seleção de suas consequências indenizáveis. É um problema de ordem processual que está intrinsecamente ligado ao que se entende por causalidade jurídica, e que terá por essa razão consequência distinta da mera comprovação de fatos, exigindo ver-se dentre eles preenchidos os requisitos da causalidade que são por assim dizer respondidos pela materialidade do direito civil.

5. Proposta de regime de imputação de danos com base na utilização da causalidade jurídica e seu modelo de seleção de consequências. A causalidade naturalística que poderia pressupor na demonstração da prova é confrontada com o direito material. A relação de causa e efeito simplesmente é ignorada como fenômeno eminentemente fático, ensejando a valoração jurídica das circunstâncias, especialmente as consequências de um dano, para a determinação da extensão das consequências a serem indenizadas. A prova científica tem recorrido a elementos de probabilidade matemática, mas o substrato da admissão deve ser jurídico, e com ele não se confunde necessariamente.

Isso ocorre, fundamentalmente, no exame da causalidade jurídica. Como se viu, a doutrina tem identificado uma função dual à causalidade, de imputação de autoria e de determinação da extensão do dano. A hipótese simplesmente fática, muitas vezes, pode não ter relevância quando a responsabilidade é atribuída a um terceiro que eventualmente não tenha participado do evento, ou mesmo na situação em que o não agir, a omissão, tenha dado causa ao dano. Nesse caso, a causalidade é de apreciação eminentemente jurídica. A chamada flexibilização do nexo causal, a presunção, a sua extensão para abarcar situações reflexas ou potenciais, constituem hipóteses nas quais a causalidade ganha contorno em sua vertente jurídica, pela violação de um direito, pela imposição da lei, pela construção jurisprudencial. A causalidade fática, por seu turno, pode assumir reflexos indeterminados, considerando a condicionalidade entre eventos concatenados indefinidamente.

A questão se coloca em relação aos critérios a serem adotados para definir a causalidade jurídica. A resposta irá orientar e determinar o "espaço" do dano, a sua extensão em termos de consequências ressarcíveis. O desafio posto nesta obra foi o de justamente acrescentar ao debate teórico a respeito dos critérios que permitam resolver os problemas práticos submetidos à apreciação jurídica. O que se vê, no entanto, e é confirmado pela doutrina que se debruça sobre o tema, é a expressiva quantidade de julgados nacionais e estrangeiros carentes de um compêndio argumentativo em matéria de causalidade. Ao contrário, há permanente desencontro conceitual e argumentos que denotam superficialidade no conhecimento da temática e resultam em juízos aporéticos. Esse problema se agrava quando da visão estritamente naturalística do evento que culmina no dano, isto é, a causalidade considerada tão somente do ponto de vista natural.

A apreciação jurídica acerca da causalidade é um problema de valoração à luz do direito, que não necessariamente se confunde com a origem dos fatos; também não é meramente abstrata ou fictícia, pois, ao se falar de causalidade jurídica, por óbvio, está-se a referir a circunstância de uma relação causal que se verifica tendo por referência critérios jurídicos. Esses critérios, por sua vez, permitem extrair da norma um complexo de situações causais que se instauram entre comportamento e dano e entre este e suas consequências, que serão limitadas pela juridicidade, e serem repostas pela mensuração econômica decorrente.

A discussão que se propõe é a de ir além do mero critério de limitação de danos, expresso na locução que refere a restrição aos "diretos e imediatos", adotada no Código Civil brasileiro, e na prática superada pela jurisprudência na análise de casos de responsabilidade civil, não só no Brasil, como também em outros países que adotam a mesma expressão, para se estabelecer um critério de seleção.

Mais importante do que limitar é selecionar as consequências decorrentes do dano. A extensão do dano, nessa perspectiva, será medida pelas consequências que forem "selecionadas" para serem ressarcidas conforme o critério adotado.[32] É na causalidade jurídica que se deve amparar a seleção de tais consequências, como modelo técnico e objetivo de apuração. Para isso se recorre também às teorias causais, suas formulações e seus conceitos, com o objetivo de conformar um conceito unitário de causalidade jurídica.

A causalidade jurídica diz respeito ao *quantum debeatur*, ao passo que a causalidade material se dirige ao *debeatur*. Pode-se afirmar, ademais, que a determinação

---

[32] Bordon afirma que "causalidade jurídica designa os problemas e as regras causais ligadas à seleção das consequências danosas que merecem o ressarcimento, enquanto efetivas e reais consequências do fato ilícito". In: BORDON, Raniero. *Il nesso di causalità*. Torino: Utet, 2006, p. 233.

da extensão do dano depende do critério a ser aplicado à causalidade jurídica, o que pode compreender um fator extra de política judiciária. O que se pretendeu neste livro é afirmar a causalidade jurídica como um parâmetro de apuração do *quantum* indenizatório. Não se trata de liquidar o dano, para isso servem as técnicas científicas e matemáticas disponíveis. A causalidade jurídica funciona como elemento de seleção dos danos juridicamente relevantes. Insere-se no *quantum debeatur* como método de apuração prévia à liquidação, como selecionador e demarcador do conteúdo do dano (determinando o conjunto de suas consequências indenizáveis).

Como diz Menezes Cordeiro, "a causalidade é uma questão de valoração jurídica".[33] O autor aponta a evolução jurisprudencial da causalidade em três estágios definidos, o primeiro caracterizado pela natureza intuitiva das decisões, o segundo na adesão à doutrina da causalidade adequada, e o terceiro que passa a analisá-la em termos de ponderação normativa. Eis uma vertente com a qual a causalidade jurídica se deparará, tendo o julgador de recorrer a instrumentos e conceitos necessários ao preenchimento da regra, levando em conta como referência a prática e a tradição como elementos balizadores das suas decisões. O presente estudo teve por objetivo, de alguma forma, contribuir a essa reflexão e auxiliar na compreensão do instituto da responsabilidade civil em seu aspecto indenizatório que tanto deve preocupar a sociedade nas relações contemporâneas e futuras.

---

[33] MENEZES CORDEIRO, António. *Da responsabilidade civil dos administradores*. Lisboa: Lex, 1996, p. 547.

REFERÊNCIAS BIBLIOGRÁFICAS

ABERKANE, Hassen. Du dommage causé par une personne indéterminée dans un groupe de personnes. *Revue Trimestrielle de Droit Civil*, t. 56, p. 542 ss., 1958.

ABRANTES GERALDES, António Santos. *Temas da responsabilidade civil:* II volume. Indenização por danos reflexos. Coimbra: Almedina, 2007.

ACCIARRI, Hugo A. *La relación de causalidad y las funciones del derecho de daños:* reparación, prevención, minimización de costos sociales. Buenos Aires: Abeledo Perrot, 2009.

ALESSANDRI RODRÍGUEZ, Arturo. *De la responsabilidad extracontratual en el derecho civil chileno.* Santiago de Chile: Imprenta Universitaria, 1943.

ALEXY, Robert. *Teoria da argumentação jurídica.* Rio de Janeiro: Forense, 2011.

ALPA, Guido; BESSONE, Mario. *La responsabilità civile.* Milano: Giuffrè, 2001.

ALTERINI, Atilio Aníbal. *Responsabilidade civil.* Buenos Aires: Perrot, 1974.

ALTERINI, Atilio Aníbal; CABANA, Roberto Lopez. *Temas de responsabilidade civil.* Buenos Aires: Ciudad Argentina, 1999.

ALTHEIM, Roberto. A atividade interpretativa e a imputação do dever de indenizar no direito civil brasileiro contemporâneo. *Revista dos Tribunais*, São Paulo, v. 841, p. 127-148, nov. 2005.

ALVIM, Agostinho. *Da inexecução das obrigações e suas consequências.* São Paulo: Saraiva, 1949.

ANGEL YÁGÜEZ, Ricardo de. *Causalidad en la responsabilidad extracontractual:* sobre el arbitrio judicial, la "imputación objetiva" y otros extremos. Cizur Menor: Aranzadi, 2014.

_____. *Tratado de responsabilidad civil.* Madrid: Civitas, 1993.

ANTOLISEI, Francesco. *Il rapporto di causalità nel diritto penale.* Torino: Giappichelli, 1934.

ARAYA JASMA, F. *La relación de causalidad en la responsabilidad civil.* Santiago: Lexis Nexis, 2003.

ARISTÓTELES. *Física.* Tradução de Lucas Angioni. São Paulo: FCH/Unicamp, 1999, v. 1-2.

ATIENZA NAVARRO, Maria Luisa. Il rapporto di causalità nel diritto spagnolo. In: VISINTINI, Giovana. *Fatti illeciti. Causalità e danno.* Padova: Cedam, 1999.

BALCARCE, F. *La relación de causalidad en la doctrina penal argentina*. Córdoba: Francisco Ferreyra Editores, 1998.

BARAONA GONZÁLEZ, J. La causa del daño en la jurisprudencia reciente. *Revista Chilena de Derecho,* v. 30, n. 2, p. 211-233, 2003.

BARAONA GONZÁLEZ, J.; VARGAS PINTO, T. *La relación de causalidad:* análisis de su relevancia en la responsabilidad civil y penal. Santiago, Chile: Universidad de los Andes, 2008.

BATTESINI, Eugênio. *Direito e economia:* novos horizontes no estudo da responsabilidade civil no Brasil. São Paulo: LTr, 2011.

BARBOSA, Ana Mafalda Castanheiras Neves de Miranda. *Do Nexo de Causalidade ao Nexo de Imputação*. Cascais: Principia, 2013, v. 1-2.

_____. *Responsabilidade civil extracontratual:* novas perspectivas em matéria de nexo de causalidade. Cascais: Principia, 2014.

BEAUDEUX, Cédric. *La causalité, fondement pour une théorie générale de la responsabilité.* Saarbrücken: Éditions Universitaires Européennes, 2010.

BEAUDEUX, C.; STRICKLER, Y. *La causalité, fondement pour une théorie générale de la responsabilité civile* [S.l.], [s.n.], 2006.

BELLO, Andrés. *Obras completas de Andrés Bello:* Código Civil de la República de

Chile. 2. ed. fac-similar. Caracas: La Casa de Bello, 1981.

BELVEDERE, A. Causalità giuridica? *Rivista di Diritto Civile*, v. 52, n. 1, p. 7-27, 2006.

BÉNABENT, Alain. *La chance et le droit*. Paris: L.G.D.J., 1973.

BERDAGUER, J. *Causalidad y responsabilidad aquiliana:* un nuevo enfoque sobre "la causalidad" en la natureza y en el derecho, desde las perspectivas de la teoría del derecho y del derecho positivo. Montevideo: Fundación de Cultura Universitaria, 2013.

BERTI, L. *Il nesso di causalità in responsabilità civile nozione, onere di allegazione e onere della prova*. Milano: Giuffrè, 2013.

BETTI, Emilio. *Istituzioni di diritto romano*. Padova: Cedam, 1966, v. 2.

BEVILÁQUA, Clóvis. *Comentários ao Código Civil dos Estados Unidos do Brasil*. Rio de Janeiro: Rio, 1958.

BIANCA, Cesare Massimo. Dell'inadempimento delle obbligazioni. In: SCILOJA, Antonio; Branca, Giuseppe. *Comentario al codice civile:* delle obbligazioni. Bologna-Roma, 1967.

BIONDI, Biondo. *Istituizioni di diritto romano*. Milano: Giuffrè, 1972.

BLAIOTTA, R. *Causalità giuridica*. Torino: G. Giappichelli, 2010.

BONNET, D. *Cause et condition dans les actes juridiques*. Paris: L.G.D.J., 2005.

BORDA, Guillermo. *Manual de obligaciones*. Buenos Aires: Perrot, 1965.

_____. *Tratado de derecho civil argentino*. Buenos Aires: Perrot, 1983, v. 2.

REFERÊNCIAS BIBLIOGRÁFICAS | 193

BORDON, Raniero. *Il nesso di causalità*. Torino: Utet, 2006.

BORDON, Raniero; ROSSI, S.; TRAMONTANO, L. *La nuova responsabilità civile*: causalità, responsabilità oggettiva, lavoro. Torino: Utet Giuridica, 2010.

BORGES, Nelson. A teoria da imprevisão e os contratos aleatórios. *Revista dos Tribunais*, São Paulo, v. 782, p. 78-89, dez. 2000.

BREBBIA, R. H. *La relación de causalidad en derecho civil*. Rosario: Juris, 1975.

BRUERA, J. J. *El concepto filosófico-jurídico de causalidad, ensayo*. Buenos Aires: Depalma, 1944.

BURDESE, Alberto. *Manuale di diritto romano*. Torino: Utet, 1993.

BUSNELLI, Francesco D. *Danno e responsabilità civile*. Torino: G. Giappichelli Editore, 2013.

_____. Illecito civile: estratto dall'aggiornamento. In: *Enciclopedia Giuridica Treccani*. Roma, 1991, v. 15.

_____. Illecito civile. In: TRECCANI, Giovanni (Begr.). *Enciclopedia Giuridica*. Roma, 1989.

BUSSANI, Mauro. Causalitá e dolo nel diritto comparato della responsabilitá civile. *Revista Trimestral de Direito Civil*, Rio de Janeiro, v. 7, n. 27, p. 127-143, jul./set. 2006. BUSTAMANTE ALSINA, J. *La responsabilidad colectiva en el ressarcimiento de daños*. Buenos Aires: Depalma, 1970.

BRUSCO, Carlo. *Il rapporto di causalità*: prassi e orientamenti. Milano: Giuffrè, 2012.

CALIXTO, Marcelo Junqueira. *A culpa na responsabilidade civil*: estrutura e função. Rio de Janeiro: Renovar, 2008.

CAHALI, Yussef Sahid. *Dano e indenização*. São Paulo: Revista dos Tribunais, 1980.

CANARIS, Claus-Wilhelm. *Pensamento sistemático e conceito de sistema na Ciência do Direito*. 3. ed. Lisboa: Calouste Gulbenkian, 2002.

CAPECCHI, M. *Il nesso di causalità*: dalla condicio sine qua non alla responsabilità proporzionale. 3. ed. Padova: Cedam, 2012.

CAPPELARI, Récio Eduardo. A responsabilidade civil sob a perspectiva da ética pós--moderna. *Revista da Ajuris*, Porto Alegre v. 39, n. 125, p. 119-134, mar. 2012.

CARNELUTTI, Francesco. Perseverare diabolicum: a proposito del limite della responsabilità per danni. *Foro Italiano*, v. 77, n. 75, p. 9-97, 1952.

CARVALHO, Washington rocha de; MARTINS, Pedro A. Batista; DONNINI, Rogério; OLIVEIRA, Gleydson Kleber de. In: ARRUDA ALVIM, Thereza (coord.). *Comentários ao Código Civil brasileiro*. vol. III, São Paulo: Forense, 2013, p. 445-460

CASSIA, A. *Rapporto di causalità e concorso di persone nel reato*. Roma: Stab. tipo-litografico V. Ferri, 1968.

CAVALIERI FILHO, Sergio. *Programa de responsabilidade civil*. 8. ed. São Paulo: Atlas, 2008.

CALIXTO, Marcelo Junqueira. *A culpa na responsabilidade civil*: estrutura e função. São Paulo: Renovar, 2008.

CHABAS, François; MAZEAUD, Henri. *L'influence de la pluralité de causes sur le droit à réparation.* Paris: L.G.D.J, 1967.

CHINDEMI, D. *Il danno da perdita di chance.* Milano: Giuffrè, 2007.

COMPAGNUCCI DE CASO, R. H.; ZANNONI, E. A. *Responsabilidad civil y relación de causalidad.* Buenos Aires: Astrea de A. y R. Depalma, 1984.

COSTA, Mário Júlio de Almeida. *Direito das obrigações.* 12. ed. Coimbra: Almedina, 2009.

COSTA, Paulo José da. *Nexo causal.* 4. ed. São Paulo: Revista dos Tribunais, 2007.

CROISET, Alfred. *Essai d'une philosophie de la solidarité:* conferénces et discusions. 2. ed. Paris: Felix Alcan, 1907.

CRUZ, Gisela Sampaio da. *O problema do nexo causal na responsabilidade civil.* Rio de Janeiro: Renovar, 2005.

CUESTA AGUADO, P. M. D. L. *Causalidad de los delitos contra el medio ambiente.* Cádiz: Universidad de Cádiz, 1995.

CUEVILLAS MATOZZI, I. D. *La Relación de causalidad en la órbita del derecho de daños.* Valencia: Tirant lo Blanch, 2000.

CUNHA GONÇALVES, Luiz. *Tratado de direito civil.* Coimbra: Coimbra, 1937, v. 12.

DAVID, René. *Les grands systèmes de droit contemporains.* Paris: Dalloz, 1974.

DE COSSIO, A. *La causalidad en la responsabilidad civil:* estudio del derecho español. Anuario de Derecho Civil, v. 19, p. 527 ss., 1966.

DE CUPIS, Adriano. *L'interruzione del nesso causale:* osservazioni sull'interruzione del nesso causale nel diritto civile. Milano: Giuffrè, 1954.

_____. *Il danno.* Milano: Giuffré, 1979.

DE MAGLIE, C.; SEMINARA, S. *Scienza e causalità.* Padova: Cedam, 2006.

DEL VECCHIO, Giorgio. *Lezioni di filosofia del diritto.* Milano: Giuffrè, 1965.

DELLA GIUSTINA, Vasco. *Responsabilidade civil dos grupos.* Rio de Janeiro: Aide, 1991.

DESCAMPS, Olivier. *Les origines de la responsabilité pour faute personnelle dans le Code Civil de 1804.* Paris: L.G.D.J., 2005.

DIAS, José de Aguiar. *A responsabilidade civil.* Rio de Janeiro: Forense, 1960, v. 1-2.

_____. *Da responsabilidade civil.* 11. ed. São Paulo: Renovar, 2006.

DÍAZ, Julio Alberto. *Responsabilidade coletiva.* Del Rey: Belo Horizonte, 1998.

DÍAZ-REGAÑÓN GARCÍA ALCALÁ, C. *Responsabilidad objetiva y nexo causal en el ámbito sanitario.* Granada: Comares, 2006.

DIEZ-PICAZO, Luiz. *Derecho de daños.* Madrid: Civitas, 1999.

DONATO BUSNELLI, F.; FERNÁNDEZ CRUZ, G. *Responsabilidad civil contemporánea.* Lima: Ara, 2009.

REFERÊNCIAS BIBLIOGRÁFICAS | **195**

DWORKIN, Ronald. *Levando os direitos a sério*. São Paulo: Martins Fontes, 2010.

ENGISCH, Karl. *Introdução ao pensamento jurídico*. Tradução de João Baptista Machado. Lisboa: Fundação Calouste Gulbenkian, 2008.

ENNECCERUS, Ludwig. *Tratado de derecho civil:* derecho de obligaciones. Barcelona: Bosch, 1966, t. 1, v. 2.

ESMEIN, Paul. Trois problèmes de responsabilité civile. *Revue Trimestrielle de Droit Civil*, v. 33, p. 314-369, 1934.

FACCHINI NETO, Egênio. Da responsabilidade civil no novo código. *Revista do Tribunal Superior do Trabalho*, v. 76, p. 17-63, 2010.

_____. Code Civil francês: gênese e difusão de um modelo. *Revista de Informação Legislativa*, v. 1, p. 57-86, 2013.

_____. O Judiciário no contexto do poder: uma abordagem de direito comparado. *Juris Plenum Ouro*, v. 43, p. 527112, 2015.

FILIPPI, M. *Le préjudice indirect*. Lille, 1933.

FLOUR, Jacques; AUBERT, Jean-Luc. *Les Obligations:* le fait juridique. Paris: Armand Colin, 1997, v. 2.

FORCHIELLI, Paolo. *Il rapporto di causalità nel illecito civile*. Padova: Cedam, 1960.

_____. *Responsabilità civile*. Padova: Cedam, 1968.

FRADA, Manuel A. Carneiro. *Direito civil, responsabilidade civil:* o método do caso. Coimbra: Almedina, 2011.

FRADERA, Véra Maria Jacob de. A boa fé objetiva, uma noção presente no conceito alemão, brasileiro e japonês de contrato. *Cadernos do Programa de Pós-Graduação em Direito (UFRGS)*, Porto Alegre, v. 1, nov., p. 125 ss., 2003.

_____. A Circulação de modelos jurídicos europeus na América latina: um entrave à Integração no Cone Sul? *Revista dos Tribunais*, Rio de Janeiro, v. 736, p. 20 ss., 1997.

_____. *Party Autonomy: constitutional and International law limits in comparative perspective*, George Bermann Editor, Juris Publishing, LLC, Inc. 2005, Huntigton, New York, p.97-109.

_____. Os princípios gerais do direito comunitário. *Revista Ajuris*, Porto Alegre, nov./98, p. 17 ss., 1999.

_____. Dano pré-contratual: uma análise comparativa a partir de três sistemas jurídicos, o continental, o europeu e o latino-americano. *Revista de Informação Legislativa*, n. 136, Brasília, 1997.

FRANZONI, M. *Il danno risarcibile*. Milano: Giuffrè, 2004.

FROÉS DA CRUZ, Antônio Paulo. *Causalidade*. 1986. 2 v. Tese (Doutorado) – Universidade Federal do Rio de Janeiro, Rio de Janeiro, 1986.

FROTA, Pablo Malheiros da Cunha. *Responsabilidade por danos:* imputação e nexo de causalidade. Curitiba: Juruá, 2014.

GARCÍA DE CORRAL, Ildefonso. *Cuerpo del derecho civil romano.* Barcelona, 1889.

GARCÍA GOYENA, Florencio. *Concordâncias, motivos y comentarios del Código Civil Español.* Zaragoza: Universidad de Zaragoza, 1974.

GERKENS, J.-F. *"Aeque perituris..." une approche de la causalité dépassante en droit romain classique.* Liège: Collection Scientifique de la Faculté de Droit, 1997.

GESUALDI, D. M. *Responsabilidad civil:* factores objetivos de atribución: relación de causalidad. Buenos Aires: Hammurabi, 2000.

GNANI, Alessandro. *Sistema di responsabilità e previdibilità del danno.* Studi di Dirito Privato. Collana diretta da F. D. Busnelli, S. Patti, V. Scalisi, P. Zatti. Torino: Giappichelli, 2008.

GOLDBERG, Richard. *Perspectives on causation.* Oregon: Oxford and Portland, 2011.

GOLDENBERG, Isidoro. Causalidad. In: ALTERINI, Atilio Aníbal; LÓPEZ CABANA, Roberto M. *Enciclopedia de la Responsabilidad Civil.* Buenos Aires: Abeledo Perrot, 1998.

_____. *La relación de causalidad en la responsabilidad civil.* Buenos Aires: Astrea, 1984.

GOLDING, C. E. *The law and practice of reinsurance.* New York: CCG, 2001.

GOMES, Orlando. *Obrigações.* Forense: Rio de Janeiro, 1988.

GÓMEZ LIGÜERRE, C. *Solidaridad y derecho de daños:* los límites de la responsabilidad colectiva. Cizur Menor, Navarra: Thomson Civitas, 2007.

GONÇALVES, Carlos Roberto. *Responsabilidade civil.* Saraiva: São Paulo, 1994.

GONDIM, Glenda Gonçalves. Responsabilidade civil: teoria da perda de uma chance. *Revista dos Tribunais*, São Paulo, v. 840, p. 11-36, out. 2005.

GORLA, G. Sulla cosiddetta causalità giuridica: "fatto dannoso e conseguenze". *Rivista di Diritto Commerciale*, v. 1, p. 405 ss., 1951.

GRARE, Clothilde. *Recherches sur la coherence de la responsabilité délictuelle:* l'influence des fondements de la responsabilité sur la réparation. Paris: Dalloz, 2005.

GREZ, Pablo Rodriguez. *Responsabilidad extracontratual.* Santiago do Chile: Jurídica de Chile, 1999.

GRUA, Francois. Les effets de l'alea et la distinction des contrats aleatoires et des contrats commutatifs. *Revue Trimestrielle de Droit Civil*, v. 81, n. 2, p. 263-287, avril/juin 1983.

G'SELL-MACREZ, F.; MUIR WATT, H. *Recherches sur la notion de causalité.* Paris: [s.n.], 2005.

GUASTINI, Riccardo. *Das fontes às normas.* São Paulo: Quartier, 2005.

GUEX, F. *La rélation de cause à effet dans les obligations extra-contractuelles.* Paris, 1904.

GUZMÁN BRITO, Alejandro. *Derecho privado romano*. Santiago de Chile: Editorial Jurídica de Chile, 1996, t. 2.

HART, Herbert Lionel Adolphus; HONORÉ, Tony. *Causation in the law*. Oxford: Oxford University Press, 2002.

HODGSON, D. *The law of intervening causation*. England: Ashgate Pub, 2008.

HONORÉ, A. M. Causation and remotness of dammage. In: *International Enciclopedy of Comparative Law*, 1967, v. 11.

HUERTA FERRER, A. *La relación de causalidad en la teoría del delito*. Madrid, [s.n.], 1948.

INFANTE RUIZ, F. J. *La responsabilidad por daños:* nexo de causalidad y "causas hipotéticas". Valencia: Tirant lo Blanch, 2002.

INFANTINO, Marta. *La causalità nella responsabilità extracontrattuale:* studio di diritto comparato. Napoli: Staempfli-Edizioni Scientifiche Italiane, 2012.

JESUS, Damásio Evangelista de. O risco de tomar uma sopa. *Revista Síntese de Direito Penal e Processual Penal*, São Paulo, v. 3, n. 16, (out./nov. 2002), p. 8-10.

JOLY, Andre. *Essai sur la distinction du préjudice direct et du préjudice indirect*. Caen: Impr. Caron, 1939.

_____. Vers un critère juridique du rapport de causalité au sens de l'article 1.384, alinéa, 1ª, du Code Civil. *Revue Trimestrielle de Droit Civil*, p. 257-273, 1942.

JORGE, Fernando Pessoa. *Ensaio sobre os pressupostos da responsabilidade civil*. Coimbra: Livraria Almedina, 1995.

KANT, Immanuel. *Crítica da razão pura*. 7. ed. Lisboa: Fundação Calouste Gulbenkian, 2009.

KELSEN, Hans. *Teoria pura do direito*. Tradução de João Baptista Machado. São Paulo: Martins Fontes, 2011.

_____. *Théorie pure du droit*. Paris: Dalloz, 1962.

KNIJNIK, Danilo. Os *standards* de convencimento judicial: paradigmas para o seu possível controle. *Revista Forense*, Rio de Janeiro, n. 353, p. 15-52, jan-fev. 2001.

_____ . *Direito probatório*. Porto Alegre: Livraria do Advogado, 2007.

LAGOUTTE, J.; SAINT-PAU, J.-C.; WICKER, G. *Les conditions de la responsabilité en droit privé:* éléments pour une théorie générale de la responsabilité juridique. [S.l.], [s.n.], 2012.

LANDES, W. M.; POSNER, R. A. *Causation in tort law:* an economic approach. Toronto: University of Toronto, 1982.

LARENZ, Karl. *Derecho civil:* parte geral. Tradução de Miguel Izquierdo y Macías-Picavea. Madri: Editorial Revista de Derecho Privado, 1978.

_____. *Metodologia da ciência do direito*. 3. ed. Lisboa: Calouste Gulbenkian, 1997.

GROUPE DE RECHERCHE EUROPÉEN SUR LA RESPONSABILITÉ CIVILE ET L'ASSURANCE – G.R.E.R.C.A. *Le droit français de la responsabilité civile confronté aux projets européens d'harmonisation*. Paris: IRJS Editions, 2012, t. 36.

LÉVESQUE, M. *Le lien de causalité*. Québec: Qué, Université Laval, Faculté de Droit, 1998.

LICCI, G. *Teorie causali e rapporto di imputazione*. Napoli: Jovene, 1996.

_____. *La metafora della causalità giuridica*. Napoli: Jovene, 2011.

LLAMBÍAS, Jorge Joaquín, *Tratado de derecho civil:* obligaciones. Buenos aires: Abeledo--Perrot, 1973, t. 4-A,

LORENZETTI, Ricardo L. *Teoria da decisão judicial:* fundamentos de direito. 2. ed. São Paulo: Revista dos Tribunais, 2010.

KUHN, Thomas S. *A estrutura das revoluções científicas*. São Paulo: Perspectiva, 1975.

MAcCORMICK, Neil. *Retórica e estado de direito*. São Paulo: Campus, 2008.

MAINWALD, Manfred. *Causalità e diritto penale*. Tradução de Francesca Brunetta d'Usseaux. Milano: Giuffrè, 1990.

MALAURIE, Philipe; AYNÈS, Laurent. *Cour de droit civil:* les obligations. Paris: Cujas, 1998.

MALHEIROS, Pablo. *Imputação sem nexo causal*. 2013. 274 f. Tese (Doutorado em Direito) – Universidade Federal do Paraná, Curitiba, 2013.

MALHERBE, M. *Qu'est-ce que la causalité?* Hume et Kant. Paris: J. Vrin, 1994.

MARQUES, Claudia Lima. Violação do dever de boa-fé de informar corretamente, atos negociais omissivos afetando o direito/liberdade de escolha: nexo causal entre a falha/defeito de informação e defeito de qualidade nos produtos de tabaco e o dano final morte. Responsabilidade do fabricante do produto, direito a ressarcimento dos danos materiais e morais, sejam preventivos, reparatórios ou satisfatórios (Parecer). *Revista dos Tribunais*, São Paulo, v. 835, p. 75-133, maio 2005.

MARTEAU, P. *La notion de la causalité dans la responsabilité civile*. Marseille: Barlatier, 1914.

MARTINS-COSTA, Judith; PARGENDLER, Mariana Souza. Usos e abusos da função punitiva (*punitive damages* e o direito brasileiro). *Revista Cej*, v. 9, n. 28, p. 15-32, 2005.

_____ . Os fundamentos da Responsabilidade Civil. *Revista Trimestral de Jurisprudência dos Estados*, Seção Doutrina, vol. 93, ano 15, p. 29-52, out. 1991. Editora Jurid. Vellenich Ltda. Santana, São Paulo, S.P.

_____, O contrato de resseguro e o princípio da partilha da álea. *Revista Brasileira de Direito do Seguro e da Responsabilidade Civil*, São Paulo, v. 1, n. 2, p. 157-180, dez. 2009.

_____. Ação indenizatória. Dever de informar o fabricante sobre riscos do tabagismo. *Revista dos Tribunais*, São Paulo, n. 812, p. 75-99, jun./2003.

_____. *Comentários ao Código Civil:* do inadimplemento das obrigações. Rio de Janeiro: Forense, 2003.

MARTINS, Irena Carneiro. A limitação da responsabilidade moderna e contemporaneamente: sua relevância para o direito e para a economia no Brasil. *Revista de Direito Empresarial*, Curitiba n. 9, p. 195-216, jan./jun. 2008.

MARTY, Gabriel; RAYNAUD, Pierre. *Droit civil:* les obligations. Paris: Sirey, 1988.

MARTY, Gabriel. La relation de cause à effet comme condition de la responsabilité civil. *Revue Trimestrielle de Droit Civil*, v. 38, n. 2, p. 658-712, 1939.

_____. Le problème causal en matière de responsabilité etait fait pour séduire l'espirit des jurists d'Allemagne. *Rev. Trim. Dir. Civ.*, 1939, p. 685-689.

MAZEAUD, Henri; MAZEAUD, León. *Leçons de droit civil*. 6. ed. Paris: Montchrestien, 1965, t. 12, v. 1.

_____. *Traité théorique et pratique de la responsabilité civile, delictuelle e contractuelle*. 6. ed. Paris: Éditions Montchrestien, 1970, v. 2.

_____. *Traité theorique et pratique e la responsabilité civile*. 6. ed. Paris: Montchrestien, 1978.

_____. *Méthodes de travail*. Paris: Montchrestien, 1993.

MENEZES CORDEIRO, António. *Da responsabilidade civil dos administradores*. Lisboa: Lex, 1996.

MILL, John Stuart. *A System of Logic*. v. 2, 1868.

MIRANDA, Francisco C. Pontes de. *Tratado de direito privado:* parte especial. Rio de Janeiro: Editor Borsoi, 1966, v. 3.

_____. *Tratado de direito privado*. São Paulo: Revista dos Tribunais, São Paulo, 1984, v. 22; 26.

MOEREMANS, Daniel. Alemanha. In: ALTERINI, Atilio Aníbal; CABAÑA, Roberto M. Lopez (coord.). *Enciclopedia de responsabilidad civil*, 1998, v. 1.

MONATERI, Giuseppe. *La responsabilità civile*. Torino: Utet, 1998.

MONTEIRO, Jorge Ferreira Sinde. Sobre uma eventual definição da causalidade nos projetos nacionais europeus de reforma da responsabilidade civil. *Revista de Direito do Consumidor*, São Paulo, v. 78, p. 161-188, abr. /jun. 2011.

MOREIRA ALVES, José Carlos. A responsabilidade extracontratual e seu fundamento. Roma e América. Diritto Romano Comune. Roma: *Rivista di Diritto dell'Integrazione e Unificazione del Diritto in Europa e in America Latina*, n. 10, p. 47-68, 2000.

MORSELLO, Marco Fábio. O nexo causal e suas distintas teorias: apreciações críticas. *Revista do Iasp*, São Paulo, v. 10, n. 19, p. 211-220, jan./jun. 2007.

MOSSET ITURRASPE, Jorge. *Responsabilidad por daños*. Buenos Aires: Ediar, 1982.

_____. *Responsabilidad por daños:* responsabilidad colectiva. Santa Fé: Rubinzal-Culzoni, 1993.

MOORE, Michael S. *Causation and responsibility:* an essay in law, morals, and metaphysics. Oxford: Oxford University Press, 2009.

MULHOLLAND, Caitlim Sampaio. *A responsabilidade civil por presunção de causalidade.* Rio de Janeiro: GZ Editora, 2010.

NICOLESCO, M. *La Notion de dommage direct:* étude de doctrine et de jurisprudence sur le problème causal en matière de responsabilité civile. Paris: Les Presses Modernes, 1931.

NORONHA, Fernando. O nexo de causalidade na responsabilidade civil. *Revista da Esmesc,* Florianópolis, v. 9, n. 15, p. 125-147, jan. 2003.

ORGAZ, Alfredo. *El daño resarcible:* actos ilícitos. Buenos Aires: Depalma, 1967.

PALUDI, Osvaldo. *Responsabilidad civil por hecho próprio.* Buenos Aires: Astrea, 1975.

PANTALEÓN PRIETO, A. F. Causalidad e imputación objetiva: criterios de imputación. In: *Centenario del Código Civil (1889-1989).* Centro de Estudios Ramn Areces, 1990, v. 2.

PASCALI, Vicenzo. *Causalità ed inferenza nel diritto e nella prassi giuridica.* Milano: Giuffrè, 2011.

PAVON VASCONCELOS, Francisco. *La causalidad en el delito.* Mexico: Jus, 1977.

PEDROSA, Lauricio Alves Carvalho. Breve análise acerca do nexo causal na responsabilidade civil ambiental. *Revista do Programa de Pós-Graduação em Direito da UFBA,* Salvador, n. 14, p. 297-316, jan. 2007.

PEIRANO FACIO, Jorge. *Responsabilidad extracontratual.* Montevideo: Barreiro y Ramos, 1954.

PECZENIK, Aleksander. *Causes and damages.* Juridiska föreningen, 1979.

PEREIRA, Caio Mário da Silva. *Instituições de direito civil.* 10. ed. Rio de Janeiro: Forense, 1997.

_____. *Instituições de direito civil.* 12. ed. Rio de Janeiro: Forense, 2008, v. 3.

_____. *Responsabilidade civil.* 8. ed. Rio de Janeiro: Forense, 1998.

_____. *Instituições de direito civil:* teorial geral das obrigações (revista e atualizada por Guilherme Calmon Nogueira da Gama), vol. II, 25. ed. Rio de Janeiro: Forense, 2012.

PEREIRA COELHO, Francisco Manuel. O nexo de causalidade na responsabilidade. *Boletim da Faculdade de Direito da Universidade de Coimbra,* Coimbra, supl. 9, p. 65-242, 1951.

_____. *O problema da causa virtual na responsabilidade civil.* Coimbra: Almedina, 1998.

PERESTRELO DE OLIVEIRA, Ana. *Causalidade e imputação na responsabilidade civil ambiental.* Coimbra: Almedina, 2007.

PIROVANO, Antoine. *Faute civil e faute pénale.* Paris: Librarie Générale de Droit, 1952.

POPPER, Karl R. *A lógica da pesquisa científica.* São Paulo: Cultrix, 2004.

PORAT, A.; STEIN, A. *Tort liability under uncertainty.* Oxford: Oxford University, 2001. Disponível em: <Press.http://proxy.cm.umoncton.ca/login?url=http://dx.doi.org/10.1093/acprof:oso/9780198267973.001.0001>

POSNER, Richard. Cost-Benefit Analysis: definition, justification, and comment on conference papers. In: ADLER, Matthew D.; POSNER, Eric A. *Cost-Benefit Analysis*. Chicago: The University of Chicago Press. 2000.

POTHIER, R. Traité des obligations. In: BUGNET, M. *Oeuvres de Pothier*, Paris, 1861, v. 2.

PRÉVÔT, Juan Manuel; CHAIA, Rubén Alberto. *Pérdida de chance de curació*. Buenos Aires: Astrea, 2007.

PUCELLA, R. *La causalità incerta*. Torino: Giappichelli, 2007.

PUCELLA, R.; DE SANTIS, G. *Il nesso di causalità:* profili giuridici e scientifici. Padova: Cedam, 2007.

PUNZO, M. *Il problema della causalità materiale*. Padova: Cedam, 1951.

QUÉZEL-AMBRUNAZ, C. *Essai sur la causalité en droit de la responsabilité civile:* thèse pour le doctorat en droit de l'Université de Savoie présentée et soutenue publiquement le 29 mai 2008. Paris: Dalloz, 2010.

_____. Définition de la causalité em droit français. In: Le droit français de la responsabilité civile confronté aux projets européens d'harmonisation. Recueil des travaux du Groupe de Recherche Eurpéen sur la Responsabilité Civile et l'Assurance (Grerca). *Bibliothèque de l'Institut de Recherche Juridique de la Sorbone Adré Tunc*, t. 36, p-341-368, Paris: IRJS Editions, 2012.

RAZ, Joseph. *A moralidade da liberdade*. São Paulo: Campus, 2011.

REALE JR., Miguel. *Teoria do direito e do estado*. São Paulo: Revista dos Tribunais, 2000.

REALMONTE, Francesco. *Il problema del rapporto di causalità nel risarcimento del danno*. Milano: A. Giuffrè, 1967.

REINIG, Guilherme Henrique Lima. *O problema da causalidade na responsabilidade civil – a teoria do escopo de proteção da norma (Schutzzvecktheorie) e sua aplicabilidade no direito civil brasileiro*. Tese de doutorado. Orientadora Professora Dra. Teresa Ancona Lopez. São Paulo, Faculdade de Direito, USP, 2015.

ROCHA, Marco Aurelio Martins. O problema do nexo causal na responsabilidade civil. *Estudos Jurídicos*, Unisinos, n. 71, p. 37-54, 1994.

RODIÈRE, R.; PÉDAMON, M. *Faute et lien de causalité dans la responsabilité délictuelle:* étude comparative dans les pays du Marché commun. Paris: Pedone, 1983

RODRIGUES, Silvio. *Direito civil:* responsabilidade civil. 30. ed. São Paulo: Saraiva, 2008, v. 4.

ROTONDI, G. Dalla lex Aquilia all'art. 1151 Cod. Civ. Ricerche storico-dommatiche. In: *Rivista di Diritto Commerciale*, v. 16, p. 987 ss., 1916.

SABARD, Olivia. *La cause étrangère dans les droits privé et public de la responsabilité extracontractuelle*. Clermont-Ferrand: Fondation Varenne, 2008.

SALVI, Cesare. *La responsabilità civile*. Milano: Giuffrè, 2005.

SAVI, Sérgio. *Responsabilidade civil pela perda de uma chance*. 3. ed. São Paulo: Atlas, 2012, p. 46 ss.

SANTOS BRIZ, Jaime. *La responsabilidad civil:* derecho sustantivo y derecho procesal. Madrid: Montecorvo, 1981.

SANSEVERINO, Paulo de Tarso Vieira. *Princípio da reparação integral:* indenização no Código Civil. São Paulo: Saraiva, 2010.

SAVATIER, René. *Traité de la responsabilité civile en droit civile.* Paris: Librarie Génerale de Droit et Jurisprudence, 1939, t. 2.

SCHIPANI, Sandro. El sistema romano de la responsabilidad extracontratual: el principio de la culpa e y el método de la tipicidad. In: ALTERINI, Atilio Aníbal. *La responsabilidad:* homenaje a Goldenberg. Buenos Aires: Abeledo-Perrot, 1995.

_____. Lex Aquilia culpa e responsabilità. In: *Illecito e pena privata in età repubblicana.* Nápoles, 1992.

_____. *Responsabilità "ex lege Aquilia" criteri di imputazione e problema della "culpa".* Torino: Giappichelli, 1969.

SCHREIBER, Anderson. *Novos paradigmas da responsabilidade civil:* da erosão dos filtros da reparação à diluição dos danos. 4. ed. São Paulo: Atlas, 2012.

_____. *A proibição de comportamento contraditório:* tutela da confiança e *venire* contra *factum proprium.* 3. ed. São Paulo: Renovar, 2012.

SCIACCA, F. *Il mito della causalità normativa:* saggio su Kelsen. Torino: Giappichelli, 1993.

SCONAMIGLIO, Renato. *Responsabilità civile.* In: *Novissino Digesto Italiano.* Milano: Utet, 1968, vol. XV.

SERPA LOPES. *Curso de direito civil.* Rio de Janeiro: Freitas Bastos, 1955.

SEVERINO, L. *Causalità fisica nel diritto.* Bari: Edizioni del Levante, 1958.

SILVA, Clovis Veríssimo do Couto e. Dever de indenizar. *Revista de Jurisprudência [do] Tribunal de Justiça do Estado do Rio Grande do Sul,* Porto Alegre, v. 2, n. 6, p. 1-20, out. 1967.

_____. O dever de indenizar. In: FRADERA, Vera Maria Jacob de (org.). *O direito privado brasileiro na visão de Clóvis do Couto e Silva.* Porto Alegre: Liv. do Advogado, 1997, p. 191-216.

_____. *Les principes fondamentaux de la responsabilité civile en droit brésilien et comparé* (datilog). Porto Alegre, 1998.

_____. *A obrigação como processo.* Rio de Janeiro: FGV, 2006.

_____. *Principes Fondamentaux de la responsabilité civile en droit brésilien et comparé* [texto imprimé]. Cours fait à la Faculté de Droit et Sciences Politiques de St. Maur. Paris, 1988.

SILVA, Luciana Rhoden da. Sobre as causas em Aristóteles. Porto Alegre, *Rev. Intuitio,* v. 2, n. 1, jun., 2009, p. 67-80.

SILVA, Rafael Peteffi da. *Responsabilidade civil pela perda de uma chance:* uma análise do direito comparado e brasileiro. São Paulo: Atlas, 2007.

SILVA, Wilson Melo da. *O dano moral e sua reparação*. 3. ed. Rio de Janeiro: Forense, 1983.

_____. *Responsabilidade sem culpa*. Saraiva: São Paulo, 1974.

SINDE MONTEIRO, Jorge Ferreira. Rudimentos da Responsabilidade Civil. *Revista da Faculdade de Direito da Universidade do Porto*, Ano II, p. 379-381, 2005.

_____. Sobre uma eventual definição da causalidade nos projectos nacionais europeus de reforma da responsabilidade civil. *Revista de Direito do Consumidor*, São Paulo, v. 78, p. 161-188, abr./jun. 2011.

SINISCALCO, Marco. *Enciclopedia del diritto:* "causalità". Milano: Giuffrè, 1964.

SOMMA, Alessandro. *Il nesso causale nella disciplina tedesca, in I fatti illeciti*. Padova: Cedam, 1999.

SPIER, J.; BUSNELLI, F. D. *Unification of tort law:* causation. The Hague: Kluwer Law International, 2000.

STARCK, Boris. *Droit civil:* obligations. 2. ed. Paris: Litec, 1986.

STELLA, F. Causalità e probabilità: il giudisce corpuscolariano. *Rivista Trimestrale di Diritto e Processo Civile*, v. 48, n. 1, p. 60-129, gen./apr. 2005.

_____. *I saperi del giudice:* la causalità e il ragionevole dubbio. Milano: Giuffrè, 2004.

SUMMERER, K. *Causalità ed evitabilità:* formula della condicio sine qua non e rilevanza dei decorsi causali ipotetici nel diritto penale. Pisa: ETS, 2013.

TADEU, Silney Alves. Responsabilidade civil: nexo causal, causas de exoneração, culpa da vítima, força maior e concorrência de culpas. *Revista de Direito do Consumidor*. São Paulo, v. 64, p. 134-165, out. 2007.

TALAMANCA, M. *Instituzioni di diritto romano*. Milano: Giuffrè, 1990.

TAMAYO JARAMILLO, Javier. *De la responsabilidad civil*. Bogotá: Temis, 1999.

TAPIA SUAREZ, Orlando. *De la responsabilidad civil en general y de la responsabilidad delictual entre los contratantes*. Chile: Universidad de Concepción, 1941.

TARTAGLIA, A.; TRAMONTANO, L. *Il nesso di causalità:* prassi e orientamenti. Milano: Giuffrè, 2012.

TARTUCE, Flávio. *Responsabilidade civil objetiva*: a teoria do risco concorrente. São Paulo: Método, 2011.

TARUFFO, M. La prova scientifica nel processo civile. *Rivista Trimestrale di Diritto e Processo Civile*, v. 59, n. 4, p. 1079 ss., 2005.

_____. La prova del nesso causale. *Rivista Critica del Diritto Privato*, v. 101, 2006, p. 101 ss;

_____. Verdade e processo. In: TARUFFO, Michele. *Processo civil comparado*: Ensaios. Apres., org. e trad. de Daniel Mitidiero. São Paulo: Marcial Pons, 2013 (Coleção processo e direito).

TEIXEIRA DE FREITAS, Augusto. *Código Civil:* esboço. Brasília: Ministério da Justiça, Departamento de Imprensa Nacional, 1983.

TEPEDINO, Gustavo José Mendes. Notas sobre o nexo de causalidade. *Revista Trimestral de Direito Civil*, Rio de Janeiro, v. 2, n. 6, p. 3-20, abr. 2001.

_____. O nexo de causalidade na jurisprudência do Superior Tribunal de Justiça: comentários ao acórdão no REsp 620.777 (rel. Min. Aldir Passarinho Junior, *DJe* 18/12/2009). In: FRAZÃO, Ana de Oliveira; TEPEDINO, Gustavo José Mendes (coords.). *O Superior Tribunal de Justiça e a reconstrução do direito privado*. São Paulo: Revista dos Tribunais, 2011, p. 453-489.

TIMM, Luciano Benetti; ALVES, Francisco Kummel Ferreira. Custos de Transação no contrato de seguro: proteger o segurado é socialmente desejável? *Revista de Direito Público da Economia*, vol. 19, p. 125-158, jul./set. 2007.

TISNADO SOLÍS, L. A. *Fundamentos dogmáticos de la causalidad y la moderna teoría de la imputación objetiva*. Buenos Aires: Fabián J. Di Plácido Editor, 2008.

TRAZEGNIES, Fernando de. *La responsabilidad extracontractual*. Lima, 1995, t. 1.

TRIMARCHI, Pietro. *Causalità e danno*. Milano: Giuffré, 1967.

TUNC, André. Les récents développements des droits anglai et american sur la relation de causalité entre la faute et le dommage dont on droit reparation. *Revue Internationale de Droit Comparé*, Paris, v. 5, n. 1, p. 5-54, 1953.

USTÁRROZ, Daniel. *Responsabilidade civil por ato lícito*. São Paulo: Atlas, 2013.

VACALVI, G. Intorno al rapporto di causalità nel torto civile. *Rivista di Diritto Civile*, v. 2, p. 481 ss., 1995.

_____. Sulla causalità giuridica nella responsabilità civile da inadempienza e da illecito. *Rivista di Diritto Civile*, v. 2, p. 409 ss., 2001.

VALDITARA, Giuseppe. *Damnum iniuria datum*. Torino: Giappichelli, 1996.

_____. *Superamento dell'aestimatio rei*. Milano: Giuffrè, 1992.

VÉLEZ SARSFIELD. *(Notas do)* Código Civil de la República Argentina. Buenos Aires, 1985.

VIDAL, Hélvio Simões. *Causalidade científica no direito penal*. Belo Horizonte: Mandamentos, 2004.

VIDALI, D. *Il rapporto di causalità tra rischio ed evento nell'assicurazione*. Padova: Cedam, 1936.

VILANOVA, Lourival. *Causalidade e relação no direito*. São Paulo: Saraiva, 1989.

VINEY, G.; GHESTIN, J. *Les obligations:* la responsabilité: conditions. Paris: L.G.D.J., 1982.

VINEY, G.; JOURDAIN, P.; GHESTIN, J. *Traité de droit civil*. Paris: L.G.D.J., 2006.

VINEY, Geneviève. *Traité de droit civil*. Paris: L.G.D.J., 1982.

_____. *Le déclin de la responsabilité individuele*. Paris: L.G.D.J., 1965.

VISINTINI, Giovanna. *Cos'è la responsabilità civile:* fondamenti della disciplina dei fatti illeciti e dell'inadempimento contrattuale. 2. ed. Napoli: Edizione Scientifiche Italiane, 2014.

_____. *I fatti illeciti.* Padova: Cedam, 1987.

_____. *I fatti illeciti:* III causalità e danno. Padova: Cedam, 1999.

_____. *Il risarcimento del danno contrattuale ed extracontrattuale.* Milano: Giuffrè, 1999.

_____. *Trattato breve della responsabilità civile.* 3. ed. Padova: Cedam, 2005.

_____. *Trattato breve della responsabilità civile.* 2. ed. Padova: Cedam, 1999.

ZILIOTTO, Paola. *L'imputazione del danno aquiliano.* Padova: Cedam, 2000.

ZIMMERMMAN, R. *The law of obligations:* roman foundations of the civilian tradition. 4. ed. Cidade do Cabo, 1990.

ZYLBERSTAJN, Décio; STAJN, Rachel. *Direito & economia:* análise econômica do direito e das organizações. Rio de Janeiro: Elsevier, 2005. Conheça os Selos Editoriais da Editora dos Editores:

CONHEÇA OS SELOS EDITORIAIS DA EDITORA DOS EDITORES:

Conteúdo Original

Seleção de autores e conteúdos nacionais de excelência nas áreas científicas, técnicas e profissionais.

Conteúdo Internacional

Tradução de livros de editoras estrangeiras renomadas, cujos títulos são indicados pelas principais instituições de ensino do mundo.

Sou Editor

Projetos especiais em que o autor é o investidor de seu projeto editorial. A definição do percentual de investimento é definida após a análise dos originais de seus livros, podendo ser parcial ou integral.